Belgrad · Didaktik des Integrierten Politischen Unterrichts

Jürgen Belgrad

# Didaktik des Integrierten Politischen Unterrichts

Grundlegung und Modelle für eine emanzipatorische
Politische Bildung in der Schule

Beltz Verlag · Weinheim und Basel 1977

CIP-Kurztitelaufnahme der Deutschen Bibliothek

**Belgrad, Jürgen**
Didaktik des integrierten politischen Unterrichts :
Grundlegung u. Modelle für e. emanzipator., polit. Bildung
in d. Schule. – Weinheim, Basel : Beltz, 1977.
   (Beltz-Praxis)
   ISBN 3-407-62014-4

© 1977 Beltz Verlag · Weinheim und Basel
Gesamtherstellung: Beltz Offsetdruck, 6944 Hemsbach über Weinheim
Printed in Germany

ISBN 3 407 62014 4

# Inhaltsverzeichnis

**Vorbemerkung**

**Einleitung**

A. Zur Relevanz der Arbeit . . . . . . . . . . . . . . . . . . 11
B. Problemstellung . . . . . . . . . . . . . . . . . . . . . . 13
C. Wissenschaftstheoretische Probleme . . . . . . . . . . . . 14
D. Theoretischer Rahmen . . . . . . . . . . . . . . . . . . . 16

**I. Kapitel**
Erkenntnisinteresse und Zielvorstellung

A. Erkenntnisinteressen . . . . . . . . . . . . . . . . . . . 17
B. Emanzipatorisches Erkenntnisinteresse als Dimension von Rationalität . . . . . . . . . . . . . . . . . . . . . . . 20
C. Relevanz des emanzipatorischen Erkenntnisinteresses . . . 21
D. Konkretisierung der Zielvorstellung . . . . . . . . . . . 23

**II. Kapitel**
Skizzierung des theoretischen Rahmens politischer Bildung

A. Theorieverständnis . . . . . . . . . . . . . . . . . . . . 26
B. Kritische Theorie . . . . . . . . . . . . . . . . . . . . 27
C. Theorieelemente . . . . . . . . . . . . . . . . . . . . . 30
    1. Gesellschaftstheorie . . . . . . . . . . . . . . . . . 31
    2. Sozialisationstheorie . . . . . . . . . . . . . . . . 32
    3. Lerntheorie . . . . . . . . . . . . . . . . . . . . . 35
    4. Curriculumtheorie . . . . . . . . . . . . . . . . . . 37
D. Ziele der politischen Bildung . . . . . . . . . . . . . . 41

## III. Kapitel
Didaktischer Ansatz

| | |
|---|---|
| A. Herkömmliche Didaktikbestimmung | 48 |
| B. Neubestimmung von „Didaktik" | 50 |
| C. Die Konkretisierung von Emanzipation | 54 |
| D. Zielvorstellung der Didaktik des Integrierten Politischen Unterrichts | 56 |
| E. Das Lernziel des integrierten politischen Unterrichts | 58 |
| F. Das politisch-handlungsfähige Subjekt als Verhaltensziel | 60 |
| G. Notwendige Verhaltensdispositionen für ein politisch handlungsfähiges Subjekt | 64 |
|    1. Kommunikationsfähigkeit | 65 |
|    2. Ich-Identität | 77 |
|    3. Solidarität | 94 |
|    4. Sensibilität | 99 |
|    5. Spontaneität | 102 |
| H. Die Lernzielproblematik | 107 |
|    1. Legitimationsebenen | 107 |
|    2. Begriffsbestimmung und Funktion | 108 |
|    3. Darstellung von Lernzielen | 109 |
|    4. Lernzielarten | 110 |
|    5. Lernzielebenen | 112 |
|    6. Verhältnis von Lernzielen und Leitidee | 113 |
|    7. Lernziel-Ordnungen | 114 |
|    8. Verhältnis von Lernziel und Lerninhalt | 115 |
|    9. Lernziel-Gewinnung | 116 |
|    10. Lernziel-Analyse | 116 |
| I. Prinzipien der Didaktik | 117 |
|    1. Prinzip: Kritik, Selbstreflexion, Handlung | 117 |
|    2. Prinzip: Konflikt | 124 |
|    3. Prinzip: Situation | 134 |
|    4. Prinzip: Exemplarischer Fall | 137 |
|    5. Prinzip: Soziologische Phantasie | 141 |
|    6. Prinzip: Verfremdung | 145 |
|    7. Prinzip: Raum-Zeit-Dimension | 147 |
|    8. Prinzip: Offenheit | 149 |
| K. Probleme der didaktischen Reduktion und Vermittlung | 162 |

## IV. Kapitel
Strukturierungskategorien zur Erfassung gesellschaftlicher Realität

A. Funktionsbestimmung . . . . . . . . . . . . . . . . . . . . . 167
B. Modelle gesellschaftlicher Realitätsstrukturierung . . . . . . 168
C. Integrationsversuch der vorliegenden Modelle . . . . . . . . 176
D. Anwendungsbeispiel . . . . . . . . . . . . . . . . . . . . . . 186

## V. Kapitel
Analysevorgang – Analysestrategie

A. Verhaltensbereiche und Determinanten des Verhaltens . . . 194
B. Ausgangspunkte . . . . . . . . . . . . . . . . . . . . . . . . 197
C. Problemlösungsverhalten . . . . . . . . . . . . . . . . . . . 209
D. Verlaufsbeschreibung . . . . . . . . . . . . . . . . . . . . . 212
E. Konfliktanalyse . . . . . . . . . . . . . . . . . . . . . . . . 220

## VI. Kapitel
Bemerkungen zum Unterricht und der unterrichtlichen Anwendung des didaktischen Modells

A. Konsequenzen für die Organisation des Politikunterrichts . . 234
B. Unterrichtliche Anwendung des didaktischen Modells . . . . 238

## VII. Kapitel
Schlußbemerkungen . . . . . . . . . . . . . . . . . . . . . . . . 247

## VIII. Literaturnachweis . . . . . . . . . . . . . . . . . . . . . 255

# Vorbemerkung

Die vorliegende Arbeit entstand unter dem Anspruch, „Kritische Theorie" für die so oft beschworene Praxis des politischen Unterrichts so zu konkretisieren, daß ein Modellentwurf einer Didaktik des Integrierten Politischen Unterrichts möglich wurde.
Als erstes entstand die theoretische Konzeption. Dem Versuch der ansatzweisen Realisation in der Praxis folgten eine Revision und teilweise Veränderung des didaktischen Modells.
Die didaktischen Prinzipien und Strukturierungskategorien wurden sowohl von mir als auch von Kollegen erfolgreich erprobt.
Danken möchte ich vor allem Frau Sybille Schilling, die das Zustandekommen der Arbeit durch zahlreiche Anregungen und praktische Erprobungen mit ermöglichte und Herrn Ludwig Helbig, der mich durch seine wissenschaftliche Betreuung aktiv unterstützte.

Januar 1977                                         Jürgen Belgrad

# Einleitung

*„Die Praxis in ihrer falschen Gestalt ist gleichsam die Matrize, von der das Bewußtsein bloße Abzüge herstellt."*
(J. Habermas, 1/1971, 437)

## A. Zur Relevanz der Arbeit

Nach der Ablösung von F. Wilhelms Partnerschaftsideologie (Partnerschaft. Die Aufgabe der politischen Erziehung, Stuttgart, 1957), die sich schon bei Litt und Weniger abzeichnete[1], entwarf erstmals H. Giesecke ein in Ansätzen kritisches Didaktikmodell (Didaktik der politischen Bildung, München 3/1968; vgl. auch seine Neukonzeption München 1972).
Obwohl schon bei Giesecke das Fehlen einer politischen Theorie moniert wird (vgl. Funkkolleg Erziehungswissenschaft 1970, S. 120) konnte dieser Schritt bis heute noch nicht geleistet werden. Die Gründe hierfür liegen sicherlich an dem erst in letzter Zeit ins Bewußtsein gerückten wissenschaftstheoretischen Frage und zum anderen an der Schwierigkeit, eine Theorie der Gesellschaft zu entwerfen. Die Diskussion hierzu führte gleichfalls über Vorschläge kaum hinaus. Weitere Ansätze zu einer Didaktik finden wir bei B. Sutor (Didaktik des politischen Unterrichts, Paderborn 1971), K. G. Fischer (Einführung in die politische Bildung, Stuttgart 1970), König/Riedels (Systemtheoretischer Didaktik, Weinheim 1973) und vor allem bei E. A. Roloff (Politische Bildung zwischen Ideologie und Wissenschaft, in: Politik und Zeitgeschichte, B 41/ 71, S. 3ff. und Erziehung zur Politik, Göttingen 1972).

---
1 Vgl. E. Weniger: Politik und mitbürgerliche Erziehung. In: Z. Die Sammlung, Heft 7, Göttingen 1952, S. 304ff.
Th. Litt: Die politische Selbsterziehung des deutschen Volkes, Bonn 1957.

Ein Reader, der eine Übersicht über Schriften zur Didaktik des politischen Unterrichts bietet, findet sich in bei Hilligen (Zur Didaktik des politischen Unterrichts, Opladen 1975). Eine wissenschaftslogisch geführte Kritik der neueren Didaktikkonzeptionen ist Günter C. Behrmanns (Soziales System und politisches Sozialisation, Stuttgart 1972). F. Huisken kritisiert herkömmliche Didaktiken von marxistischer Position aus (Zur Kritik bürgerlicher Didaktik und Bildungsökonomie, München 1972).

Die Didaktiken nach Giesecke scheinen mir aber entweder zu unkritisch, da sie in ihren Kritiken bestehende gesellschaftliche Verhältnisse und deren Rechtsform kaum in Frage stellen (vgl. Sutor 1972) oder zu wenig handhabbar, praktikabel und zu wenig spezifiziert zu sein (vgl. Roloff 1971).

Ein weiterer gewichtiger Grund, sich mit der Didaktik des politischen Unterrichts zu beschäftigen, liegt darin, daß die Diskussion und Ergebnisse im Zuge der Curriculumentwicklung und -revision die explizit-theoretischen Didaktikvorstellungen überholt haben. Auch diese theoretische Differenz gilt es auszugleichen.

Aber nicht nur das. Ja die ganze Diskussion um die „Revision des Curriculums" und die bei der Zielsetzung, Planung, Durchführung und Kontrolle des Unterrichts aufgetauchten bzw. nicht mehr zu ignorierenden Probleme (Lernzielproblematik, Selbstorganisation des Unterrichts) sind kaum in bisherigen Didaktiken berücksichtigt. Lediglich im Bereich der allgemeinen Didaktik (vgl. b:e 6/72, 106) revidierte Wolfgang Schulz seine Didaktik (vgl. auch Unterricht als Emanzipationshilfe, Bertelsmann, 1971), wo er einige der genannten Probleme berücksichtigt und aufzuarbeiten versuchte.

Wir sehen, daß durch die Bemühungen der Strukturveränderung im Bildungswesen, die u. a. dadurch in Gang gesetzte Curriculumforschung und -theorie, der Verwissenschaftlichungsprozeß der Pädagogik, gekennzeichnet durch die zunehmende Einbeziehung sozialisationstheoretischer Fragestellungen, herkömmliche Didaktikvorstellung daher zumindest einer Reflexion, wenn nicht sogar einer Neuorientierung bedarf.

## B. Problemstellung

Die Problemstellung kennzeichnet gleichfalls das Arbeitsziel.
Arbeitsziel ist es, ein Modell der Didaktik des Integrierten Politischen Unterrichts („Gesellschaftslehre") wenigstens in Ansätzen zu entwikkeln. Von einer Didaktik der politischen Bildung unterscheidet sie sich dadurch, daß jene speziell für die politische Bildung in der Schule konzipiert ist, während Didaktik der politischen Bildung allgemein politische Bildung didaktisch zu vermitteln sucht. Die Theorie der politischen Bildung beschäftigt sich also allgemein mit dem, was Gegenstand politischer Bildung sei. Den Unterschied zwischen beiden Theorien könnte man so fassen: Didaktik der politischen Bildung sucht *allgemein* politische Bildung zu vermitteln, Didaktik des Integrierten Politischen Unterrichts (IPU) vermittelt politische Bildung für die *Schule*.
Die Didaktik sollte:
1. kritisch
2. wissenschaftlich gesichert
3. praktikabel
4. nicht auf „hier und jetzt" beschränkt sein.

zu 1
„Kritisch" bedeutet, daß Voraussetzungen, Ziele, Mittel und Konsequenzen zum Gegenstand der Überlegungen gemacht werden. Radikale Kritik schließt sich in diesen Kritikzusammenhang selbst mit ein: sie ist selbstkritisch.
„Kritik ist niemals dogmatisch, weil sie als Teil des praktischen Vollzugs das Kritisierte wie sich selbst notwendig permanent verändert. Sie begreift den Schein des subjektiven Ursprungs der Kritik selbst noch als vermittelt durch den konkreten gesellschaftlichen Realzusammenhang, dem sie durch die Akte der Erkenntnis selbst noch zugehört" (Holzkamp, 1972, 195). Da Kritik sich immer auf gesellschaftliche Phänomene bezieht, und diese untersucht, ist sie eo ipso praktisch. Dieser *Kritikprozeß* soll versucht werden.

zu 2
Wissenschaft will aus der Beliebigkeit möglicher Aussagen herauskommen, und die Aussagen- bzw. Aussagensysteme (Theorien) bestimmten

Kriterien unterwerfen. Wenn Aussagen bzw. Aussagensysteme als wissenschaftlich gelten wollen, müssen sie wenigstens 3 Kriterien erfüllen:
a) Verbindlichkeit (Bedingungen),
b) Nachprüfbarkeit (Nachvollzug, „Intersubjektivität"),
c) Transparenz,

zu 3
Praktikabel sein heißt, handhabbar, verfügbar sein. Handhabbar aber in dem Sinne, daß mit Hilfe theoretischer Arbeit der Umsetzungsprozeß in die Praxis gelingen kann. Dieser *Konkretisierungsprozeß* soll versucht werden. Praktikabel bedeutet aber auch unter den jetzigen Verhältnissen durchführbar, jetzt und in unserem Schulsystem.

zu 4
Wenn eine Didaktik „hier und jetzt" praktikabel sein soll, und im permanenten Innovationsprozeß nicht nur für kurze Zeit gelten will, muß sie notwendigerweise eine Perspektive aufweisen. Die Perspektive fordert den Tribut an theoretische Vorüberlegungen mit teilweiser mangelnder Operationalisierung. Die Perspektive fordert weiter Tribut an den wissenschaftlichen Gehalt der Aussagen. Sind diese nämlich auf die Zukunft bezogen, haben sie nicht den gleichen (wissenschaftlichen) Stellenwert wie Aussagen über Gegenwart. Gegenwartsaussagen sind empirisch überprüfbar, Zukunftsaussagen dagegen nicht; letztere enthalten immer ein *spekulatives* Moment und geraten mit dem Anspruch auf Wissenschaftlichkeit tendenziell in Widerspruch. Aber nicht nur das: Die Balance zwischen perspektivischer Didaktik und handhabbarer geht auf die Kosten der Stringenz. Der Vermittelungsprozeß zwischen perspektivischer, handhabbarer und wissenschaftlicher Didaktik soll versucht werden.

## C. Wissenschaftstheoretische bzw. „wissenschaftstechnische" Probleme

Obwohl die Didaktik aus Zielvorstellung und den Wissenschaftsdisziplinen wie Gesellschaftstheorie, Sozialisationstheorie, Curriculumtheorie und Lerntheorie abgeleitet wird, ist diese Ableitung doch keine stringente. Sie bezeichnet also den möglichen Weg, der begangen werden *kann*, um zu einigermaßen abgesicherten Resultaten zu gelangen. Die Gründe mangelnder Stringenz sind folgende:

1. Die Forderung nach Handhabbarkeit (s. o.)
2. Die mangelnde Operationalisierbarkeit (s. weiter unten)
3. Die Schwäche der Definitionen
4. Die Unmöglichkeit einer reinen Deduktionskette aus den Prämissen (vgl. Hilbert L. Meyer: Das ungelöste Deduktionsproblem in der Curriculumforschung in: Achtenhagen 1971, 106, vgl. auch Abschnitt „Lernziele"), da sie zu wenig spezifiziert, sprich operationabel sind.

Operationalisierungen und Explikation können nicht immer zureichend gelöst werden, denn:

– das Deduktionsproblem wurde nur verschoben: jetzt gilt es z. B. Prämissen so zu explizieren (Deduktionsvorgang), daß ihnen eindeutige Indikatoren zugeordnet werden können. Die Problematik ist offensichtlich. Nicht nur bleiben die den Prämissen zugrunde liegenden Vorstellungen im Dunkeln, sondern es fragt sich, wer bestimmt, „was eindeutige Indikatoren" sind.
– es entsteht ein Verlust an semantischer Information. Dieser Informationsverlust kann wünschenswert sein, wenn die anstehenden Probleme gelöst und abgeklärt sind (was bei der vorliegenden Arbeit nur ansatzweise der Fall ist) und Begriffe auch durch andere ersetzt werden können:
– die Konkretisierung, Zuordnung bringt Modifikationen mit sich, so daß zusätzliche Entscheidungen zu fällen sind, die unkontrolliert oder unbeabsichtigt mit einfließen. Soweit dem Verfasser bekannt ist, existiert noch keine hinreichend abgesicherte Theorie des Messens (die ja ihrerseits wieder begründungsbedürftig wäre).

Die aufgestellten wissenschaftlichen Minimalforderungen machen Operationalisierungen aber nötig (Kriterium der Intersubjektivität und Transparenz). Soweit dadurch nicht die Probleme vorschnell „gelöst" bzw. Begriffe semantisch modifiziert werden, ist die Forderung nach Eindeutigkeit eine legitime.

Für die Definition gilt ähnliches. So sehr auch Definitionen von den meisten Wissenschaftlern begrüßt werden, weil damit der Gegenstand faßbar wird, ist doch die „Praxis des Definierens" wissenschaftstheoretisch ziemlich problematisch. Durch Definitionen werden zugunsten der Einfachheit eventuelle Widersprüchlichkeiten ausgeklammert. Definitionen werden hier als Arbeitsgeräte zur Orientierung, besserer Verständigung und Nachprüfbarkeit verwendet[2].

## D. Theoretischer Rahmen

Eine Didaktik des IPU muß ein Potential besitzen, aus dem sie ihre Überlegungen, Ergebnisse usw. zieht. Dieses Potential bilden die Wissenschaftsdisziplinen „Gesellschaftstheorie", „Sozialisationstheorie", „Curriculumtheorie" und „Lerntheorie". Der Steuerungsfaktor zur Selektion von Entscheidungen, von Kategorien usw. bildet das sich in immer weitergehende Konkretionen ausfächernde Erkenntnisinteresse; d. h. die Zielvorstellung und die sich daraus ergebenden Implikationen werden aus dem Steuerungsfaktor und als Rahmen aus dem Regelkreis der genannten Wissenschaftsdisziplinen gewonnen.
Die Didaktik selbst vermittelt zwischen den theoretischen Fragen, wie sie die Curriculumtheorie, Sozialisationstheorie usw. stellt, und den praktischen Fragen der Realisierung verhandener Ziele, indem sie als Reduktions- und Vermittlungswissenschaft komplexer Umweltrealität Kategorien bereitstellt, mit deren Hilfe Umwelt zu reduzieren, zu analysieren und zu kritisieren ist.
Außerdem leistet die Reduktionswissenschaft die Herauskristallisierung von Verhaltensdispositionen und -kompetenzen, mittels derer Umweltsituationen zu bewältigen sind.
Damit ist der Gang der Darstellung vorgezeichnet und der Bereich möglicher Fragenkomplexe abgesteckt. Dabei kommt es dem Verfasser auf die kritische und wissenschaftliche Konsumtion des Vorhandenen und die Produktion neu zu schaffender Ansätze an.

---

2 Als Literatur hierzu sei empfohlen: H. Albert: Traktat über kritische Vernunft, Tübingen 1968, bes: „Münchhausen Trilemma" S. 11 ff.

# I. Kapitel:
# Erkenntnisinteresse und Zielvorstellung

Eine Arbeit, die kritisch (reflektiv und reflexiv) und wissenschaftlich sein will, muß ihre Zielsetzungen und Prämissen offenlegen, um sie diskutierbar zu machen. Unter „Ziel" wollen wir die Angaben eines Zustandes, Verlaufs, usw., verstehen, den es zu einem bestimmten Zweck zu erreichen gilt. „Prämissen" sind letzte, festgesetzte, hinterfragbare und argumentativ zu kritisierende Wertvorstellungen.

## A. Die Erkenntnisinteressen

Wie Habermas nachweist (vgl. 1970) stehen „hinter" jeder Prämisse oder Zielsetzung Interessen, die die Erkenntnis leiten, ja sie sind, so Habermas, vom Erkenntnisprozeß unablösbar. Die in das Vorverständnis des Erkennenden eingehenden Interessen müssen sichtbar gemacht werden, um sie der Kritik zuführen zu können. Interessen, so Lempert (1969), sind „situationsbedingte Verhaltensorientierungen". Nach Habermas (s.o.) lassen sich drei Arten von erkenntnisleitenden Interessen unterscheiden:

– technisches Erkenntnisinteresse
– praktisches Erkenntnisinteresse
– emanzipatorisches Erkenntnisinteresse

Er charakterisiert die Erkenntnisinteressen näher: „Die Erkenntnisinteressen lassen sich als generalisierte Motive für Handlungssysteme auffassen, die mittels Kommunikation wahrheitsfähiger Sätze gesteuert werden (1971, 27).

*Das technische Erkenntnisinteresse*
Das technische Erkenntnisinteresse ist „an der möglichen Sicherung und Erweiterung erfolgskontrollierten Handelns" und an „der technischen Verfügung über vergegenständlichte Prozesse" orientiert (Habermas, 1970, 187). Unter „Technik" wollen wir hier ein System von Regeln verstehen, die zweckrationales Handeln festlegen, also Strategien und Technologien (vgl. ders. 1971, 337).
Dem technischen Erkenntnisinteresse werden gemeinhin die empirisch-analytischen Wissenschaften zugeordnet. Dieser Wissenschaftstypus ist an der Erfassung objektivierter Wirklichkeit interessiert, an Regeln des Aufbaus und kritischen Überprüfung von Theorien, also an nomologischem Wissen (Erstellung allgemeiner Prinzipien und Gesetze). Aus den hypothetisch-deduktiven Zusammenhängen werden empirische Gesetzeshypothesen gefolgert, die prognostisches Wissen ermöglichen. Erzeugt werden „technische Empfehlungen" aber „keine Antwort auf praktische Fragen" (Habermas, 1971, 308).
Diese Art von Theorie ist „nicht mehr an das *Bewußtsein* (Hervorh. v. Verf.) zusammenlebender und miteinander sprechender, sondern an das *Verhalten* (Hervorh. v. Verf.) hantierender Menschen adressiert. Der Preis für die Ökonomie der Mittelwahl ist ein freigesetzter Dezisionismus in der Wahl der obersten Ziele": (Habermas, 1971, 308 und 318).

*Das praktische Erkenntnisinteresse*
Habermas ordnet dem praktischen Erkenntnisinteresse die historisch-hermeneutischen Wissenschaften zu. Er charakterisiert das praktische Erkenntnisinteresse so: das hermeneutische Verfahren geht darauf hinaus, „die Intersubjektivität der Verständigung in der umgangssprachlichen Kommunikation und im Handeln unter gemeinsamen Normen zu sichern. Das hermeneutische Verstehen ist seiner Struktur nach darauf angelegt, innerhalb kultureller Überlieferungen ein mögliches handlungsorientiertes Selbstverständnis von Individuen und Gruppen und ein reziprokes Fremdverständnis anderer Individuen und anderer Gruppen zu garantieren" (Habermas 1968, 221).

*Das emanzipatorische Erkenntnisinteresse*
„Was nun das dritte, das emanzipatorische Erkenntnisinteresse anbetrifft, so scheint mir eine deutlichere Abgrenzung geboten zu sein.

Dieses Interesse kann sich erst in dem Maße ausbilden, als repressive Gewalt in Form normativer Machtausübung in den Strukturen verzerrter Kommunikation auf Dauer gestellt, d.h. als Herrschaft institutionalisiert wird" (Habermas, 1971, 28).
Damit wird auf die Gedanken der Aufklärung verwiesen, die sich eben der Herrschaft und Unterdrückung (zunächst noch philosophisch) widersetzten.
Aus der Negation von Herrschaft und Unterdrückung konstituiert sich als Reaktion das emanzipatorische Interesse positiv: Es ist „das Interesse des Menschen an der Erweiterung und Erhaltung der Verfügung über sich selbst." (Lempert, 1969, 352). Die Negation von Herrschaft und die Forderung nach Selbstbestimmung verweist auf den zentralen Begriff: Mündigkeit.
„Das Erkenntnisinteresse der Aufklärungstheorie ist erklärtermaßen kritisch, es setzt eine spezifische Erfahrung voraus..., die Erfahrung der Emanzipation durch kritische Einsichten in Gewaltverhältnisse, deren Objektivität allein daher rührt, daß sie nicht durchschaut sind. Kritische Vernunft gewinnt analytisch Macht über dogmatische Befangenheit" (Habermas 1971, 307).
Kritik, die sich nicht von vornherein selbst beschneidet, macht sich selbst zum Gegenstand der Kritik: sie zielt auf Selbstreflexion ab.
Kritik und Selbstreflexion, da sie aus der Negation von Herrschaft und Unterdrückung entstehen, steuern auf Handeln, auf wirksames politisches Handeln zu. Es ist daher Lempert zuzustimmen, wenn er bemerkt, „daß Kritik und Selbstreflexion praktisch folgenlos bleiben (können). Sie sind darum keine hinreichenden, wohl aber notwendige Bedingungen der Emanzipation" (Lempert 1969, 353).
Durch das Postulat von Mündigkeit werden Herrschaft und Emanzipation zu identischen Begriffen im Sinne Hegels, d.h. sie bedingen einander.

## B. Das emanzipatorische Erkenntnisinteresse als die Dimension von Rationalität, die das technische und das kommunikative Interesse miteinschließt

Die Idee der Aufklärung als (wenn auch spätes) Moment der Reaktion auf die Institutionalisierung von Herrschaft fordert Emanzipation, um die Mündigkeit des Menschen zu erreichen.
Technisches und kommunikatives Erkenntnisinteresse greifen hier zu kurz.
„Die Reflexion auf das technische, allenfalls strategische Leitmotiv der Gewinnung empirisch-analytischen Wissens beschränkt dessen Anwendung auf den Bereich der Verwirklichung von Zwecken, die selbst stets fragwürdig und damit revidierbar sind. Die Besinnung auf das praktische und aktuelle Interesse an der Deutung historischer Dokumente dagegen erweitert das Potential der Setzung neuer Zwecke bis zur Grenze des jeweils technisch Möglichen... Das technische und das kommunikative Interesse erweisen sich damit als mögliche Momente des emanzipatorischen Interesses" (Lempert 1969, 353/354).
Die Institutionalisierung der Permanenz von Kritik und Selbstreflexion bewahrt die Rationalität des technischen und kommunikativen Erkenntnisinteresses, hebt sie aber als einzelne, als isolierte auf, um ihre je spezifischen Leistungen in der Dimension emanzipatorischer Rationalität aufzufangen und zu kontrollieren.
Freilich: solange die institutionellen Voraussetzungen und politischen Möglichkeiten der Durchsetzung rationaler Handlungen nur ansatzweise gegeben sind, bleibt die Beschwörung von Emanzipation folgenlos. Nur die Organisation von Aufklärungsprozessen und der Entwurf emanzipierender Strategien vermag die theoretischen Erkenntnisse abzusichern. Zudem muß man sich vor der Illusion hüten, als lasse sich aus den Interessen oder aus dem Rationalitätskriterium *direkte* Handlungsanweisungen ableiten. „Dauernd gültige und zugleich konkrete emanzipatorische Aussagen liefert die substantielle Vernunft[1] nur in Form von Negationen – als Kritik" (Lempert, 1969, 358).

---

[1] „Substantielle Vernunft heißt das Vermögen, unbefriedigte, unterdrückte menschliche Bedürfnisse und unentfaltete) Fähigkeiten zu bestimmen, die Verhältnisse zu kritisieren, die ihre Befriedigung hemmen – physische und soziale Abhängigkeit, dogmatische Intoleranz und ideologische Manipulation – und die Bedingungen zu formulieren, unter denen sie (besser) befriedigt werden können" (Lempert 1969, 357).

Zu den wissenschaftstheoretischen Argumenten fügen sich noch die politischen:
Unsere Gesellschaft ist in dem Sinne eine mobile, als die permanent technologischen Erneuerungsprozesse bestehende Strukturen mehr oder minder langsam umwälzen. Wenn also Innovation als Strukturmoment unserer Gesellschaft begriffen wird, ist die Beschränkung auf technokratische Innovationen nicht einsehbar. Die alleinige Orientierung an den Problemen zweckrationalen und erfolgskontrollierten Handelns perpetuiert fast bewußtlos sowieso Bestehendes fort oder ändert es blindlings.
Ebenso das Interesse an der bloßen Wahrung der Intersubjektivität der Verständigung harmonisiert verdinglichte Interaktionsformen und fixiert erkenntnistheoretisch Entfremdung.
Technisches und kommunikatives Erkenntnisinteresse halbiert so mögliche Rationalität durch die Ausklammerung von *Herrschafts*kritik und *Ziel*diskussion.

## C. Die Relevanz des emanzipatorischen Erkenntnisinteresses

Selbst wenn zugestanden würde, daß die Dimension von Rationalität des emanzipatorischen Erkenntnisinteresses weiter faßt, als die des technischen und kommunikativen Interesses, könnte man doch bei Entscheidungsdiskussionen um Zielwerte, unter Berufung auf die Beliebigkeit der Wertsetzung, gegen das emanzipatorische Erkenntnisinteresse votieren.
Diese Argumentation übersieht aber, wie ich meine, gewichtige Gründe der Nichtbeliebigkeit von Wertentscheidungen. Die Festsetzbarkeit von Werten ist nämlich einmal sozialisationsgebunden, d. h. die Abhängigkeit regeln solche Faktoren wie Klasse, Schicht, Gruppenzugehörigkeit, Erziehungstechniken usw., und zum anderen haben die verschiedenen Werte verschiedene gesellschaftliche Durchsetzungskraft. Sie sind damit gesellschaftsabhängig und ein direktes Politikum. Als drittes kommt noch hinzu, daß Werte insofern nicht beliebig gesetzt werden können, da die historischen Aufgaben, vor die sich eine Gesellschaft gestellt sieht, nicht so ohne weiteres selbst ausgewählt werden können.

Viertens schließlich müssen Werte auf ihre Folgen hin untersucht werden, d.h. es muß eine Folgenkalkulation stattfinden[2]. Hier kann nur eine umrißhafte Argumentation erfolgen: Durch den unterentwickelten Stand der Produktivkräfte früherer Gesellschaften war die Tätigkeit des Menschen wesentlich durch die Auseinandersetzung mit der Natur und ihren für den Menschen noch unkontrollierten Kräften bestimmt[3]. Emanzipation konnte hier Emanzipation von unbeherrschten Naturgewalten heißen. Mit der Entfaltung der Produktivkräfte, der Entwicklung der Technik setzte ein Prozeß ein (ca. 16./17. Jhdt.), der als Prozeß der sukzessiven Naturbeherrschung und damit auch sukzessiver Unabhängigkeit gegenüber ihr gekennzeichnet war (gemeinhin als Industrialisierung bezeichnet). Die Menschen begannen das Verhältnis von Mensch zu Mensch stärker zu reflektieren. Die Epoche der Aufklärung zeigt diese Versuche. Bestimmende Begriffe waren „Vernunft" und „Freiheit". Das Verhältnis der Menschen untereinander sollte vernünftig sein. Marcuse charakterisiert den Vernunftgedanken:
„Mit dieser Idee war die Überzeugung verbunden, daß das Seiende nicht unmittelbar vernünftig sei, sondern erst zur Vernunft gebracht werden müsse. Die Vernunft soll die höchste Möglichkeit des Menschen und des Seienden selbst darstellen... Die Welt gilt als ihrer Struktur nach der Vernunft zugänglich, auf sie angewiesen, von ihr beherrschbar"... „was nicht vernünftig war, (war) als etwas Überwindendes dargestellt. Die Vernunft war als kritische Instanz aufgerichtet. Vernunft und Freiheit wurden identifiziert: Freiheit ist das ‚Formelle' der Vernünftigkeit, die Form, unter der allein Vernunft sein kann" (Horkheimer/Marcuse 1937, 632/633). Für die Vernunft ist also Freiheit die Voraussetzung. So erscheint es nur logisch und konsequent, daß nach der Forderung der Emanzipation von der Herrschaft der Natur, die Forderung nach Emanzipation von der Herrschaft des Menschen über den Menschen noch hinzutrat. In unserer hochindustrialisierten und hochtechnisierten Gesellschaft ist der Emanzipationsprozeß von der Herrschaft der Natur

---

2 Hier müßte nun eine genaue Untersuchung folgen, die das emanzipatorische Erkenntnisinteresse auf die 4 Bedingungen hin untersucht und wertet. Das allerdings würde eine Themaverschiebung der Arbeit bedeuten.
3 Vgl. dazu die von Habermas ausgelöste neueste Diskussion zu diesem Problem: J. Habermas: „Zur Rekonstruktion des Historischen Materialismus", Frankfurt 1976

weit fortgeschritten, die Emanzipation von Herrschaft des Menschen über den Menschen erscheint beseitigbar.

### D. Konkretisierung der Zielvorstellung

Oberster Zweck menschlichen Handelns wird Mündigkeit. Freiheit und Vernunft bestimmen diese Zweckgröße inhaltlich.
Daraus folgt: ist Mündigkeit als Zweck anerkannt und der herrschaftsfreie Zustand nicht erreicht[4], wird Emanzipation (Befreiung von Herrschaft) zum Zielwert und zwar so lange, so lange Herrschaft existiert. Damit bedingt die Dimension von Herrschaft die Dimension von Emanzipation.
Zur Vermeidung von strukturellen Kollisionen und Aufrechterhaltung von Rationalität des fortschreitenden Emanzipationsprozesses mit dem obersten Zweck „Mündigkeit", bedarf es der institutionalisierten permanenten Kontrolle: der Kritik. Kritik, die umstandslos *alles* in den Kritikprozeß mit einbezieht, also auch sich selbst, erweitert sich zu Selbstreflexion.
Kritik und Selbstreflexion werden somit zu konstitutiven Momenten der Zielvorstellung *Emanzipation*. Damit ist die Dimension umfassender Rationalität vorgezeichnet.
Emanzipation wird zur zweifachen *Leitidee:*

1. als *wissenschaftliches (Erkenntnis)interesse;* Wissenschaft hat somit als Prämisse Emanzipation und ist daher kritisch im obigen Sinne.
2. als *politische Forderung;* gesellschaftliche Emanzipation, anzustreben in Form von Aufklärungsprozessen und befreienden Strategien.

Es gilt, die Voraussetzungen für einen mündigen Menschen zu ermöglichen.
Darunter wollen wir einen autonomen, in freiem Dialog sich entfaltenden Menschen verstehen. Er reflektiert als Subjekt seine Umwelt

---

4 Einen Endpunkt kann es hier nicht geben, sondern nur einen *Prozeß.* Man kann also immer nur den herrschafts*ärmeren* Zustand konstatieren bzw. anstreben.

gestaltender Menschen in je konkreter historisch-gesellschaftlicher Lage (vgl. Holzkamp, 1972, 54).
Die Voraussetzung für Mündigkeit, Emanzipation, können wir näher bestimmen: es ist die Erweiterung der Verfügung über sich selbst. „Es (Emanzipation; der Verf.) zielt auf die Aufhebung und Abwehr irrationaler Herrschaft, auf die Befreiung von Zwängen aller Art" (Lempert, 1969, 352) ab.
Und zwar:
1. Abbau von Herrschaft der Natur über den Menschen.
2. Abbau nicht notwendiger bzw. nicht mehr legitimierbarer Herrschaft über den Menschen.

Krope (1972, 52) charakterisiert diesen Prozeß noch genauer: Emanzipation ist für ihn die „Befreiung von unbegründeten Zwängen, die Menschen über Menschen ausüben, eine Befreiung, die das Ziel hat, die Neubestimmung der Bedürfnisse und Interessen und der durch sie geleiteten Normen und Verhaltensweisen einzuleiten[5]. In bezug auf unsere Gesellschaft setzt H. Stubenrauch als Ziel: „Liquidation von Herrschaftsstrukturen, die Selbstbestimmung verhindern und Bewahrung zugleich der tendenziell befreienden Elemente der bestehenden Gesellschaft, um sie auf der Stufe des historischen Prozesses verändert und voller entfalten zu können" (1971, 61).
Hieraus ergeben sich vorläufige Zielwerte von Emanzipation:

– Selbstbestimmung
– Abbau physischer und psychischer Leiden
– unnötige Herrschaft und Arbeit
– Rationalität
– Bedürfnisbefriedigung und Genußfähigkeit
– Aufhebung von Verdinglichung und Entfremdung

Es soll in den einzelnen Kapiteln versucht werden, die Leitidee „Emanzipation" schrittweise noch mehr zu konkretisieren und sie als bestimmendes und regulierendes Prinzip der Didaktik des IPU zu entfalten.

---
5 Und zwar: „...Normen, welche die Dialektik des sittlichen Verhältnisses in herrschaftsfreier Interaktion auf der Grundlage zwanglos sich einspielender Reziprozität vollenden können" (Habermas, 4/1970, 46).

Hierzu muß zunächst der theoretische Rahmen einer Theorie der politischen Bildung abgesteckt werden. Es erfolgt die Beschreibung der hierfür notwendigen Theorieelemente und schließlich die Herausarbeitung der Ziele politischer Bildung.

## II. Kapitel:
## Skizzierung des theoretischen Rahmens politischer Bildung

### A. Theorieverständnis

Unter „Theorie" können wir die „systematische sprachliche Darstellung realer Zusammenhänge, die in einem durch Angabe von Bedingungen abgegrenzten Gegenstandsbereich vorliegen" (W. Eichhorn, u. a., 1972, Stichwort „Theorie"), verstehen. Formell erscheint eine Theorie als Zusammenfassung von generellen Aussagen zu einer geordneten Aussagenmenge. „Sie unterscheidet sich von beliebigen Aussagenmengen dadurch, daß sie Gesetzesaussagen enthält, die wesentliche und notwendige Beziehungen für die Gegenstände des Bereichs behauptet. Theorien dienen der Erklärung und Prognose von Zuständen oder Ereignissen, und damit der praktischen Handlungsorientierung" (ebenda). Theorien fußen also auf Gesetzen. Unter „Gesetzen" verstehen wir einen Zusammenhang, der relativ stabil ist und der sich „in den Beziehungen zwischen verschiedenen Erscheinungen wiederholt und deren grundlegende Bewegungs- und Entwicklungsrichtung bestimmt ist" (ebenda, Stichwort „Gesetz"). Gesetze wiederum entstehen aus Hypothesen (das sind wissenschaftlich begründete aber nicht bewiesene Annahmen). Der Weg der formellen Theoriebildung ist damit vorgezeichnet: Annahme, Hypothese, Gesetz, Theorie. (Theorien enthalten natürlich nicht nur Gesetze, sondern auch Hypothesen und Annahmen, „reine" Gesetzestheorien gibt es nicht). Theorien sind nun nicht reine Abbildungen der Realität. Vor allem die kritische Theorie – im Gegensatz zur traditionellen – erhebt den Anspruch, über Realität hinauszuweisen und richtungsweisende Elemente zu enthalten. Durch die schon bekannten Elemente von Kritik und Selbstreflexion unterscheidet sie sich dagegen von der traditionellen: „Mit der Reflexion ihres Entstehungs- und der Antizipation ihres Verwendungszusammenhangs begreift sich die Theorie selbst als ein notwendiges katalysatorisches Moment desselben gesellschaftlichen Lebenszusammenhangs, den sie analysiert; und zwar analysiert sie ihn als einen integralen Zwangszusammenhang unter dem Gesichtspunkt seiner möglichen Aufhebung" (Habermas, 1/1971, 9). Kritische Theorie kritisiert also wesentlich Inhalt und Konsequenzen. Methodologische Fragen werden in diesem Zusammenhang mitdiskutiert. Der Methodologie aber den Primat zu geben, hieße die Reflexion faktisch ausschalten bzw. auf logische Probleme zu reduzieren.

## B. Kritische Theorie

Das erkenntnisleitende Interesse einer Theorie, die gemäß der vorher explizierten Zielvorstellung – nämlich der Aufklärung und Durchsichtbarmachung von Sachverhalten, die Mündigkeit verhindern – entsprechen will, ist das Interesse an Emanzipation.

Eine so verstandene kritische Theorie kann nicht bei philosophischen Überlegungen stehen bleiben, sie muß notwendigerweise die Empirie miteinbeziehen. Dies bedeutet jedoch nicht die Orientierung an empirisch-analytischen Verfahrensweisen, da sonst die Gefahr besteht, nicht über das technische Erkenntnisinteresse hinauszukommen. „Kommunikationsprozesse zwischen Subjekten würden als instrumentelles Handeln des Erzieher-Subjekts am Kind-Objekt interpretiert. Motive des Handelns im Sinne von Intentionen, die dem Bewußtsein des Handelnden verfügbar sind, würden als Ursachen mißverstanden" (Mollenhauer, 4/1970, 16).

Eine rein hermeneutisch orientierte Erziehungswissenschaft könnte in ihrer verstehenden Analyse nur beschränkt zur Kritik fähig sein. Sie würde zwar eine Beschreibung liefern, aber nicht die Ursachen, die solche Verhältnisse hervorrufen, aufzeigen. Hermeneutik wäre das Sprach-Spiel der Herrschenden. Denn dann „bliebe gerade auch die Abhängigkeit der Sprache von sozialen Gewalten undurchsichtig, ihr ideologischer Charakter ungeklärt, ihre Funktion als Vehikel materieller Interessen verborgen" (Mollenhauer, 4/1970, 17). Hermeneutische Verfahrensweisen, die auf solche Abhängigkeiten im symbolischen Zusammenhang von faktischen Verhältnissen stoßen, werden ideologiekritisch. „Faktische" Verhältnisse gilt es mit Hilfe von empirisch-analytischen Verfahrensweisen konkret nachzuweisen. Selbst ideologie-

kritisch gewonnene und empirisch nachgewiesene „Fakten" bedürfen der weiteren Kritik.
Habermas bemerkt zu Recht: „Eine kritische Sozialwissenschaft wird sich freilich dabei nicht bescheiden. Sie bemüht sich darüber hinaus zu prüfen, wann die theoretischen Aussagen invariante Gesetzesmäßigkeiten des sozialen Handelns überhaupt und wann sie ideologisch festgefrorene, im Prinzip aber veränderliche Abhängigkeitsverhältnisse erfassen" (Habermas, 4/1970, 158).
Kritische Theorie folgt „in der Bildung ihrer Kategorien in allen Phasen ihres Fortgangs ganz bewußt dem Interesse an der vernünftigen Organisation der menschlichen Aktivität, das aufzuhellen und zu legitimieren ihr selbst auch aufgegeben ist, ...sie ist ein ablösbares Moment der historischen Anstrengung, eine Welt zu schaffen, die den Bedürfnissen und Kräften der Menschen genügt, ...sie zielt nirgends bloß auf die Vermehrung des Wissens als solchem ab, sondern auf die Emanzipation des Menschen aus versklavten Verhältnissen" (Horkheimer, 1937, 626). Daraus folgt, daß Theorie die Aufgabe hat, einen Spielraum für sinnvolle, d.h. in „Zwecksetzung und realer Möglichkeit übereinstimmende, praktische Aktion zu setzen" (Wörterbuch, 1972, 476). Und zwar vergrößert sich der Spielraum, je gründlicher und umfassender diese Theorie ist, d.h. ohne Theorie kann überhaupt nicht sinnvoll und kontrolliert gehandelt werden, da keine Möglichkeit besteht, mit der eine Zwecksetzung verglichen werden könnte. Theorie schließt so in ihrem Anspruch Praxis mit ein.
Und zwar wird eine zweifache Beziehung zwischen Theorie und Praxis erfaßt:
Horkheimer (von dem u.a. der Begriff „kritische Theorie" stammt) bezeichnet den Gegenstand der kritischen Theorie: „die Menschen als die Produzenten ihrer gesamten historischen Lebensformen" (Horkheimer 1937, 625). Man könnte sie auch als praktische Theorie kennzeichnen; sie ist praktisch, weil sie Anleitung zum Handeln ist, und sie ist theoretisch, weil in ihr Handeln antizipiert wird. Sie umfaßt damit Theorie und Praxis gleichermaßen; und zwar in einer doppelten Beziehung:" 1. sie untersucht einerseits den geschichtlichen Konstitutionszusammenhang einer Interessenlage, der die Theorie gleichsam durch die Akte der Erkenntnis hindurch noch angehört; 2. den geschichtlichen Aktionszusammenhang, auf den die Theorie handlungsorientierend einwirken kann" (Habermas 1971, 10). Die Theorie soll

bewußt machen, was und warum etwas getan werden soll. Sie ist der Maßstab für rationales Handeln und bewegt sich so zwischen Spekulation und Empirie. Sie leistet Aufklärung statt Vorschrift und liefert eine Perspektive, welche die Antizipation zukünftiger Praxis möglich macht.
Ausgehend von Horkheimers Bestimmung, was der Gegenstand kritischer Theorie sei, kann Praxis als die Gesamtheit der menschlichen Tätigkeit, bzw. die auf der Arbeit beruhende Gesamtheit dieser Tätigkeit und im Anschluß daran Theorie als strukturelle Erfassung der Praxis aufgefaßt werden. Sie ist Handlungsorientierung, „Vorwort" zur Praxis und damit deren Maßstab[1].
„Gesellschaftliche Praxis ist hier also die erkenntnistheoretische Grundkategorie der Vermittlung zwischen Subjekt und Objekt im Erkenntnisprozeß" (Holzkamp, 1972, 193). Als ein in Gedanken übersetztes Handeln ist Theorie gleichzeitig dessen Antizipation und kann Praxis (vor Risiken) tendenziell entlasten. Theorie und Praxis sind so verstanden keine verschiedenen Sphären, sie drücken begrifflich nur ein verschiedenes Moment des Erkenntnis- und Handlungsprozesses aus. Theorie und Praxis sind im Hegelschen Sinne identische Begriffe und bilden insofern eine Einheit, als nach dem Verständnis der kritischen Theorie das eine ohne das andere nicht möglich wäre. Dies ist weder eine ontologische noch mystifizierende Beschreibung, sondern die selbst gewählte *Aufgabe* der kritischen Theorie als bewußtes Moment im gesellschaftlichen Emanzipationsprozeß. Habermas: „Die Theorie dient primär dazu, ihre Adressaten über die Stellung aufzuklären, die sie in einem antagonistischen Gesellschaftssystem einnehmen, und über die Interessen, die ihnen in dieser Lage objektiv als ihre eigenen bewußt werden können" (1/1971, 38).
Das Wahrheitsverständnis dieser Theorie ist ein *Anspruch*, der nicht vorausgesetzt ist, sondern hergestellt werden muß: „Die Wahrheit der kritischen Gesellschaftstheorie ist eine verité à faire; sie kann sich in letzter Instanz nur durch die gelingende Emanzipation bewahrheiten; daraus folgt der eigentümlich hypothetisch-praktische Status der Theorie" (Wellmer, 3/1971, 75).
Theorie ist also nicht nur Handlungsorientierung, sondern Kritik der von ihr analysierten Zusammenhänge. Eine so verstandene umfassende

---

[1] Vgl. zum Theorie-Praxis-Verhältnis auch J. Dahmer: Theorie und Praxis (35 ff., bes. S. 81) 1968.

Kritikbereitschaft verschanzt sich nicht in ihrem Elfenbeinturm, kritisiert also nicht nur die theoretischen Ergebnisse und Ansätze, sondern auch die Wirkungsmöglichkeiten, Entstehungszusammenhänge der Theorien, Interessenlagen usw. Die Kritik greift damit in den gesellschaftlichen Lebensprozeß ein und wird zu einem Politikum. Selbst- und Fremdreflexion wird zur Aufklärung, zur Aufklärung gesellschaftlichen Handelns. Kontemplation und Selbstgefälligkeit wird überwunden. Theorie und Praxis sind zwar kein Kontinuum, aber durch Selbstreflexion miteinander verbunden. Dieser Eingriff in den Lebensprozeß macht die kritische Theorie zu einer praktischen. Sie nimmt Partei und sie bildet gemäß ihrem Ziel Realität nicht bloß ab, sondern versucht, die „bessere" Realität herzustellen. „... die Idee muß nicht nur die Massen ergreifen, um zur materiellen Gewalt werden zu können, sondern sie muß zur Idee aufgeklärter Massen werden, damit die von ihnen ausgehende Gewalt aufgeklärte Praxis sein kann" (Wellmer, 3/1971, 50).

Die Theorie nimmt Partei für Mündigkeit, für Emanzipation von Herrschaft. Oder wie Werner Markert es pointiert formuliert: „Emanzipatorische Erziehung ist kein pädagogischer Grundbegriff, sondern die sozialwissenschaftlich fundierte Theorie und Praxis des politischen Kampfes. Sie steht auf der Seite der Unterdrückten" (Markert; Dialektik des bürgerlichen Bildungsbegriffs, in Beck u.a., 1971, 149).

## C. Theorieelemente

Nach dieser allgemeinen Klärung des „kritischen Theoriebegriffs" bedarf es der Skizzierung der Theorieelemente, die den Rahmen der Didaktik des IPU abstecken. Gleichzeitig können aus den Theorieelementen Hypothesen und Schlußfolgerungen gezogen werden, die sich in der Konstruktion der Didaktik niederschlagen werden.

Da es bis jetzt eine wissenschaftlich abgesicherte, d.h. hinreichend legitimierte Theorie der politischen Bildung nicht gibt (Die Existenz einer solchen Theorie wäre zweifellos die Voraussetzung zur Konstruktion einer Didaktik des IPU), andererseits aber bislang keine Didaktik des Integrierten Politischen Unterrichts gibt, steht der Verfasser vor

dem Dilemma, ohne hinreichende Grundlage ein didaktisches Gerüst zu entwerfen.
Gleichwohl soll eine Skizzierung des theoretischen *Rahmens* einer kritischen Theorie der politischen Bildung versucht werden, d. h. die Beschreibung der notwendigen Theorieelemente, damit sich die Didaktikkonzeption auf ein strukturelles theoretisches Gerüst stützen kann.

*Theorieelement 1: „Gesellschaftstheorie"*

Politische Bildung muß sich zunächst mit der gesellschaftlichen Realität auseinandersetzen.
Gesellschaftstheorie soll die Strukturmerkmale unserer Gesellschaft erfassen. Sie liefert gleichzeitig eine Einschätzung und Kritik bestehender Verhältnisse und analysiert die Bedingungen ihres Reproduktionsmechanismus. Sie liefert die Analyse der gesellschaftlichen Gliederung und die des Hierarchisierungs- und Mobilitätsgrades.
Das Verständnis von Gesellschaft und deren Funktionsmechanismen, dem sich der Verfasser anschließt, geht vom folgenden Begriff der „Gesellschaft" aus: „Gesellschaft" läßt sich ganz allgemein als das Produkt wechselseitigen Handelns der Menschen begreifen. Sie ist eine Organisation zur Erhöhung der Lebenschancen und damit ein Emanzipationsprozeß von der Herrschaft der Natur. Aber: „Gesellschaft ist nicht etwas naturwüchsiges vorfindliches, und auf allgemeine Naturgesetzlichkeiten reduzierbares; sie ist immer eine willentliche Veranstaltung, die über bloße Befreiung von Naturabhängigkeiten hinausgeht" ... „Gesellschaft besteht als eine interessenbedingte und willentlich veranstaltete wesentlich nicht in der bloßen Summe ihrer Mitglieder, vielmehr in jenen vorgegebenen institutionellen Regeln des Zusammenlebens". ... „Gesellschaft ist im Erkenntnisprozeß zugleich Objekt und Subjekt, sie kann von keinem außer ihr gelegenen Standpunkt aus begriffen werden". (N. R. Vogel, Einführung in die Soziologie der Erziehung, in: Beck, 1971, 254). Horkheimer schränkt jedoch die Aussage Vogels ein. Er geht in seiner Schrift „Traditonelle und kritische Theorie" (1937, 245 ff.) von der Überlegung aus, daß in der bürgerlichen Gesellschaft ihre Mitglieder die Reproduktionsweise der Gesellschaft nicht bewußt vollziehen, sondern daß die Reproduktionsmechanismen sich vom Willen der Individuen getrennt, sich verselbständigt

haben. Insofern trägt die bürgerliche Gesellschaft den *Charakter* von Naturwüchsigkeiten in sich. Gesellschaft als Organisation menschlichen Handelns bedingt gleichzeitig auch eine bestimmte Organisations*form*. Durch die Unterscheidung der Organisationsformen lassen sich verschiedene *Gesellschaftsformen* bestimmen.

Die Organisationsform bemißt sich an der Art und Weise, *wie* die Menschen ihr Leben produzieren und reproduzieren. Die Prinzipien von Produktion und Reproduktion drücken die spezifischen *Produktionsverhältnisse* einer Gesellschaft aus.

Durch die Angabe der Produktionsverhältnisse drückt sich gleichzeitig der Grad von Herrschaft in einer Gesellschaft aus, nämlich der „institutionelle Zusammenhang von politischer Herrschaft und sozialer Macht" (Habermas, 1/1971, 346)[2]. Der Staat ist die institutionelle Absicherung von Herrschaft. Er sichert herrschende Produktionsverhältnisse durch kodifiziertes Recht ab. Gesellschaft und Staat bezeichnet somit nicht dasselbe. Notwendige Bedingung für Staat ist das Moment der Herrschaft. Gesellschaftliche Organisationsformen dagegen sind auch ohne Herrschaft, aber nicht ohne Machtverhältnisse vorstellbar.

Die Aufgabe des Theorieelements „Gesellschaftstheorie" ist es Herrschaftsanalyse und -kritik zu ermöglichen, um einer Didaktik des IPU Ansatzmöglichkeiten für politische Bildungsarbeit zu geben.

Ebenfalls Verhaltensdispositionen, die Realitätsbewältigung und Kritik zur Veränderung der Gesellschaft ermöglichen, können aus diesem Theorieelement didaktisch gewonnen werden.

Gesellschaftstheorie ist praktisch der fundamentale Orientierungspunkt der Didaktik. Das Bild der Gesellschaft kann auf Realitätskategorien didaktisch reduziert werden.

*Theorieelement 2: „Sozialisationstheorie"*

Sozialisationstheorie erfaßt die Bedingungen und Faktoren, unter denen die Entwicklung des Menschen und die Entwicklung sozialer Gruppen stattfindet. Erziehung als „Sozialmachung" (Fend), als be-

---

2 Zur Unterscheidung von Macht und Herrschaft vgl. Hofmann: Grundelemente der Wirtschaftsgesellschaft, Reinbek 1968, S. 29 ff. und Urs Jaeggi: Macht und Herrschaft in der BRD, Frankfurt 1971, S. 13 ff.

wußte, intentionale Sozialisation, ist ein Gebiet der Sozialisationstheorie.
Alfred Pressel (Sozialisation, in: Beck, 1971, 124 ff.) charakterisiert den Gegenstand der Sozialisationstheorie:
„Im Begriff Sozialisation konvergieren die Versuche einiger Wissenschaften, Voraussetzungen und Verlauf jenes Prozesses zu klären, währenddessen der nur mit rudimentären Instinkten geborene Mensch allmählich die Verhaltenssicherheit eines Erwachsenen erwirbt, und dabei psychisch wie sozial die Fähigkeit gewinnt, als Individuum zum arbeitsteiligen Reproduktionsprozeß der Gesellschaft beizutragen" (S. 124).
Sozialisationstheorie untersucht den Prozeß individueller Vergesellschaftung, weshalb Sozialisation oft auch als „der Eingliederungsprozeß des Individuums in die Gesellschaft durch Übernahme der gesellschaftsrelevanten Normen und Werte" bezeichnet wird, so Krope (1972, 40), oder Fend (2/3 1970, 11): als „Prozeß in dem der Mensch die Werte und Normen der Gruppen, denen er angehört, lernt".
Nach Fend läßt sich Sozialisation oder wie er es nennt „Sozialisierung" weiter differenzieren. Und zwar

1. in „Sozialmachung", das die Summe aller Tätigkeiten von beeinflussenden Personen" (S. 38) bezeichnet und gemeinhin „Erziehung" genannt wird. Sozialisation als Sozialmachung könnte man dann noch in intentionale und nicht intentionale, bzw. formelle-informelle differenzieren. Schulische Erziehung läßt sich deshalb auch als „intentionale, institutionalisierte (und professionalisierte) Planung und Vermittlung von Lernprozessen" (Pressel, 1971, 128) auffassen.
2. In „Enkulturation", das „die kulturspezifischen Veränderungen und Aufbauprozesse der Persönlichkeit bezeichnet. Enkulturation ist das Lernen von Verhaltensmustern einer Kultur[3]. Nach E. Fromm (Die Furcht vor der Freiheit, Zürich 1945, S. 270 ff.) läßt sich sogar so etwas wie ein „Gesellschaftscharakter" oder „Sozialcharakter"

---

[3] Unter Kultur verstehe ich mit Krech „das Muster aller jener Vereinbarungen, materialer oder verhaltensbezogener Art, das von einer Gesellschaft als der traditionelle Weg des Problemlösens ihrer Mitglieder angenommen wurde. Kultur schließt alle die institutionalisierten Wege und die impliziten kulturellen Vorstellungen, Normen, Werte und Prämissen ein, die dem Verhalten zugrundeliegen und es bestimmen". (Krech, David u. a.: Individual in Society, New York, Mc. Grawhill, Inc. 1962, 137 ff., zitiert nach J. Patrick, 1967, 1.)

bestimmen (d. i. der „Wesenskern" der Charakterstruktur der meisten Gruppenmitglieder in einer Gesellschaft", zitiert nach Gottschalch, 1971, 77).
3. In „Sozialwerdung", das „den Prozeß definiert, in dem die Normen und Werte der umgebenden Gruppe, der ein Heranwachsender angehört," gelernt werden (Fend, 2/3 1970, S. 119).

Die Differenzierung von Sozialisation in Erziehung, Enkulturation und Sozialwerdung ist lediglich – und das muß betont werden – dazu zu gebrauchen, verschiedene Aspekte von Sozialisation betrachten zu können. Tatsächlich lassen sich die Unterscheidungen nur schwer auseinanderhalten. Sie hängen eng miteinander zusammen und bedingen sich teilweise wechselseitig (z.B. Enkulturation-Sozialwerdung). Man muß also bei der begrifflichen Trennung stets die Verfilzung und Interdependenzen der Begriffe im Auge behalten. Die exakte Feststellung solcher Interdependenzen sollte eigentlich die Sozialisationstheorie leisten. Da es aber bis jetzt „die" Sozialisationstheorie nicht gibt, sondern nur verschiedene sozialisationstheoretische Ansätze, werden die anstehenden Probleme sehr unterschiedlich aufgegriffen und verarbeitet. Selbst verschiedene Integrierungsversuche scheitern meist am Fehlen einer übergeordneten Theorie (vgl. Fend 2/3 1970). Zur Zeit lassen sich fünf sozialisationstheoretische Ansätze herauskristallisieren. (Sozialisationstheoretische Ansätze finden sich zusammengestellt bei A. Görlitz, Politikwissenschaftliche Propädeutik, 1972, S. 213 ff. Ein weiterer, für unsere Überlegungen relevanter sozialisationstheoretischer Ansatz findet sich bei Habermas, 1968 und Krappmann, 1971, 161 ff.)
Speziell für den politischen Sozialisationsprozeß gibt Behrmann, 1970, S. 332 folgende Sozialisationsinstanzen an:
1. Primäre Gruppen (Familie, eventuell peer-groups).
2. Sekundäre Gruppen (Schule, Jugendgruppen).
3. Tertiäre Gruppen (z.B. Kirche)
   (hier müßten m.E. auch diejenigen Gruppen untersucht werden, die sich in dem Situationsfeld „Öffentlichkeit" und „Beruf" bewegen).
4. Massenmedien.
Wie, wann und durch wen gesellschaftliche Normen und Wertvorstellungen internalisiert werden, gehört zu den definitorischen Hauptaufgaben der Sozialisationstheorie.

Die Funktion dieses Theorieelements konkretisiert sich als Suche nach den Faktoren, die Emanzipation verhindern und gleichzeitig nach den sie konstituierenden psychischen Variablen. Herrschaftssensible und rationale, zur Selbstbestimmung qualifizierende Verhaltensstrukturen herauszuarbeiten ist das Interesse der Didaktik an dieser Wissenschaft.

*Theorieelement 3: „Lerntheorie"*

Gesellschaftliche Rahmenbedingungen und individuelle Veränderungen der Persönlichkeit im Laufe ihrer Entwicklung genügen nicht. Hier müssen noch die *Bedingungen,* unter *denen Lernen* stattfindet, mit in ein Theoriekonzept der politischen Bildung aufgenommen werden.
Zu den lerntheoretischen Umsetzungsfaktoren gehört *daneben* auch noch die Untersuchung und Einbeziehung von Antrieben des Lernens: die Motivation. Lernen und Motivation gehören zusammen. Motivationsforschung beschäftigt sich mit Antriebsarten menschlichen Handelns.
Neben Antrieben gehören freilich die *Hemmnisse* des Lernens mit zu unseren Überlegungen.
Die Prämisse jeglicher Lerntheorie ist die Annahme, daß das Individuum als ein Wesen begriffen wird, dessen Verhalten durch äußere Einwirkungen und Einflüsse wirksam *gesteuert* werden kann.
Diese Annahme verweist auf das Interesse der Lerntheorien, auf das Interesse an der Manipulierbarkeit menschlichen *Verhaltens.*
Unter „Lernen"[4] verstehen Karin und Jürgen Bredenkamp „Jede relativ überdauernde Veränderung des *Verhaltenspotentials* (Möglichkeit des Verhaltens), die durch *Übung* oder *Beobachtung* zustande kommt; allerdings darf diese Veränderung nicht durch angeborene Reaktionstendenzen, Reifung oder temporäre Zustände entstanden sein" (Funkkolleg Päd. Psychologie, Nr. 8, 1972, S. 12).
Diese Begriffsbestimmung von Lernen impliziert ein rein technisch orientiertes Erkenntnisinteresse, das an beobachtbarem Verhalten Lernen festmachen will. Bewußtseinsänderungen sind nur insofern relevant als sie sich in Handlungen niederschlagen. Virtuelles Handeln in Form von Einstellungen, Erwartungen usw. kann so nicht erfaßt

---

4 Vgl. auch hier die Literatur S. 255f.

werden. Außerdem widerspricht die Fragestellung, wie kann menschliches Handeln am effektivsten gesteuert werden, emanzipatorischen Interessen, insofern menschliche Subjekte zu Objekten gemacht werden. Stattdessen wäre zu fragen, wie kann das menschliche Individuum am besten in unserem Fall politisches Bewußtsein und „Befreiung lernen" lernen? Eine derartige Fragestellung rückt das Moment der Selbstbestimmung und Selbststeuerung in den Mittelpunkt der Überlegungen. Natürlich ist damit objekthafte und an Manipulation interessierte Forschung nicht wirkungsvoll kontrolliert. Die Ambivalenz auch eines emanzipatorischen Interesse ist theoretisch nicht aufzuheben. Allein die praktische Umsetzung der Ergebnisse, deren nicht-manipulative Anwendung, vermag die technokratische Tendenz der Lerntheorien zu mildern.

Eine Möglichkeit „Lernen" nicht auf bloßes Verhalten zu reduzieren, besteht in der Unterscheidung „zwischen manifester Leistung oder wahrnehmbarem Vollzug (performance) und „eigentlichem" Lernen (Skowronek, 3/1971, 11). Danach wäre eine Unterscheidung in 3 Lernarten bzw. Lernstufen möglich, die vor allem im schulischen Alltag stärker als bisher berücksichtigt werden müßten.

1. Die Bereitschaft etwas zu lernen, die Vorstrukturierung des Bewußtseins durch die Erwartung eines bevorstehenden Lernprozesses nenne ich *virtuelles Lernen*.
2. Das „eigentliche" Lernen, das sich noch nicht im Verhalten geäußert, dennoch Bewußtseinsstrukturen schon verändert hat, nenne ich *realisiertes Lernen*. Lernen braucht sich hier also noch nicht direkt zu „zeigen".
3. Die manifeste Äußerung, das tatsächlich ablesbare Verhalten, an dem durch die Differenz zum vorherigen Verhaltenszustand ein Lernprozeß abgelesen werden kann, nenne ich *performantes Lernen*.[5]

Lernen bedeutet also in jedem Fall eine Umstrukturierung des Ichs, sei es daß diese sich direkt beobachtbar oder indirekt entzifferbar äußert. Neue Informationen oder neue Umweltkonstellationen stellen das Ich vor neue Aufgaben; es kommt zu einer Ich-Krise, die ein „intaktes" Ich

---

5 Vgl. auch die von Skowronek 3/1971 (S. 49) zitierte Untersuchung Blodgetts und Tolmans/Honziks, die diese Unterscheidung gerechtfertigt erscheinen läßt.

durch Umstrukturierungsprozesse löst und die anfängliche, nun zwischen neuen Konstellationen zu haltende, Balance wieder herstellt.
Performantes Lernen ist unmittelbar zu erkennen, es äußert sich in beobachtbarem Verhalten; realisiertes Lernen, das ebenfalls einen abgeschlossenen Lernvorgang bezeichnet, dabei aber infolge von Lernhemmnissen (Sprachbarrieren usw.) nicht beobachtbar zutage tritt, muß infolgedessen anders gemessen werden, ebenso der Vorgang des virtuellen Lernens. Unterstützt durch psychologische Theorien könnten Äußerungen bzw. Nicht-Äußerungen detailliert entschlüsselt werden. Solche „Entschlüsselungstheorien" existieren noch nicht (sie wären eventuell aus der Psychoanalyse zu gewinnen) und sie sind auch im Vergleich mit bisherigen Lerntheorien schwieriger zu konstruieren und empirisch abzusichern. Dies wäre die Aufgabe einer emanzipatorisch orientierten Lerntheorie.


*Theorieelement 4: „Curriculumtheorie"*

Curriculumtheorie interessiert sich für die wissenschaftliche und geplante Erarbeitung von Lernsequenzen. Sie zeigt den Weg von den didaktischen Zielvorstellungen bis hin zu konkreten Unterrichtseinheiten. Sie benötigt ihrerseits die Gesellschaftstheorie, die Sozialisationstheorie und die Lerntheorie zur Gestaltung rationaler und kontrolliert abgefaßter Lernpläne. Ohne gesellschaftstheoretische Vorstellungen kann sie nicht entscheiden, wie der Curriculumprozeß vernünftig und demokratisch organisiert werden kann, ohne sozialisationstheoretische Überlegungen wie Lernregulatoren und soziokulturelle Determinanten des Lernens und ohne Kenntnis der konkreten Bedingungen des Lernens kann die Umsetzung curriculumtheoretischer Fragestellungen in die Planung konkreter Unterrichtseinheiten überhaupt nicht erfolgen.
Frey (1971) benennt den Gegenstand der Curriculumforschung: „Zentrale Themen, die unter dem Begriff Curriculum behandelt werden, sind die Fragen um Bildungsziele, Lerninhalten und Lernorganisation. Dazu gehören im weitesten jene Fragen, die bei der Erstellung und Verwirklichung eines Unterrichtsprogramms auftreten" (S. 13). Dies sind meistens alle Ereignisse und Handlungen von der Entscheidung, ein Curriculum zu erstellen, bis zur Evaluation der Lernergebnisse.

Ziel der Curriculumforschung ist also die Organisation der Lehr- und Erziehungsinhalte einer wissenschaftlichen Kontrolle zu unterwerfen, und (die Aufgabe einer kritischen Curriculumtheorie, d. Verf.) ihre ideologiekritische Überprüfung zu ermöglichen.

Didaktik kann ohne die Kenntnis der wichtigsten lerntheoretischen und motivationstheoretischen Ergebnisse nicht gesichert und wirkungsvoll operieren. Die Beschäftigung allein mit theoretisch-deduktiven Umsetzungsprozessen garantiert noch lange nicht die Lernbarkeit ihrer Ergebnisse. Die Bedingungen, Faktoren und Mechanismen der Aneignung didaktischer Bemühungen klärt die Lerntheorie. Sie kontrolliert gleichzeitig die Realisierbarkeit der ermittelten Ergebnisse.

Lerntheorie ist somit die Kontroll- und Begleitwissenschaft einer wissenschafts- und handlungsorientierten Didaktik. Sie unterstützt didaktische Reflexionen durch die Vermittlung funktionaler und sozialer Lernmechanismen, kontrolliert aber daneben die Angemessenheit didaktischer Ergebnisse für den schulischen Lernprozeß.

„Curriculum", das von S. B. Robinsohn (Bildungsreform als Revision des Curriculum, Neuwied 2/1969) in Deutschland als modifiziertes Äquivalent einer Theorie der Bildungsinhalte und des Lehrplans eingeführt wurde, bezeichnet dabei die „strukturierte Reihe intendierter Lernergebnsse" (Johnson: Definitionen und Modelle in der Curriculumtheorie, in: Achtenhagen, 2/1971, 34). Doris Knab (Konsequenzen der Curriculumproblematik im Hinblick auf die Curriculumforschung und Lehrplanentscheidung in der BRD, in: Achtenhagen, 2/1971, 158ff.) konkretisiert den Begriff des Curriculums als „Beschreibung der Aufgaben der Schule in Form einer organisierten Sequenz von Lernerfahrungen, die auf beabsichtigte Verhaltensdispositionen gerichtet sind (2/1971, 158). Und im Anschluß daran die Reform des Curriculums als Prozeß „bei dem die bildungspolitischen Entscheidungen und die Curriculumkonstruktion sowie die ständige Revision dieser Entscheidungen initiiert und reguliert werden durch systematische Hypothesenbildung zur Entscheidungsvorbereitung und dieser entsprechende gezielte Kontrollen (ebenda, S. 160).

Die bei der Curriculumplanung zu beachtenden konstitutiven Komponenten gibt V. E. Herick (Sources of Curriculum Development, Washington 1962, S. 60–71, zitiert nach Frey, 1971, 141) wie folgt an:
– der Lernende

- die Zielsetzung[6]
- den Inhalt
- das Lernverfahren.

Die z. B. von Mager (vor allem: 1971) konzipierten sogenannten „geschlossene Curricula" mit dem Anspruch eines ungebrochenen Begründungszusammenhangs sind zuerst von Hilbert L. Meyer, bes. S. 48 ff und später auch in dem Reader „Offene Curricula", bes. von W. Sachs/Ch. Scheilke: „Folgeprobleme geschlossener Curricula", und von H. Moser: „Offene Curricula": „Prolegomena zu einer Theorie des Unterrichtsspiels", Z. f. Päd. 1973, S. 374 ff. und S. 417 ff. überzeugend kritisiert worden. Curriculum bedeutet hier nicht eine hierarchisch gegliederte Folge von Lernsequenzen, sondern: „Das Curriculum enthält Anregungen, gibt Materialien an (Texte, Skizzen usw.), beschreibt einen möglichen Unterrichtsverlauf und fordert Reflexion der mit Unterricht Beschäftigten heraus ... Planung bedeutet damit nicht Normierung und Kanalisierung von Unterrichtsprozessen; ihre Funktion wäre es vielmehr, ein Unterrichtsfeld so zu konstituieren, daß ein Lernprozeß stattfinden kann" (H. Moser, 1973, S. 422).

Daß z. B. die Handlungsfreiheit des Lehrers, durch total technologisch organisierte und vorprogrammierte Curricula entscheidend eingeschränkt würde und ihn praktisch zum vollziehenden Techniker machen würde, der willenlos Programme zu bedienen hat, drang erst in jüngerer Zeit in das bildungsreformerische Bewußtsein. Allein der demokratische Entscheidungs*prozeß* unter Mitwirkung aller Beteiligten und Betroffenen, im Hinblick auch auf die Realisierbarkeit „konkreter Utopien", vermag Ziele zu legitimieren. Ein anders strukturierter Legitimationsprozeß würde sonst, egal wie begründet, Fremdbestimmung bleiben. „Emanzipation" bedeutet, daß die Vorgehensweise selbst rational und vernünftig sein muß, sonst beschränkt sie sich auf die Durchsetzung und würde dem eigenen Anspruch nicht voll gerecht.

Den bisher entwickelten curriculumtheoretischen Ansätzen
- *rollentheoretisch-qualifikatorischer* (z. B. Robinsohn/Knab, 1969)
- *bildungstheoretischer* (z. B. Frey, 1971)
- *entscheidungstheoretischer* (z. B. LOT-Projekt; Flechsig, u. a., 1971)
- *taxonomischer* (z. B. Möller, 1971)

ist zwar kein strukturell neuer hinzugefügt worden, gleichzeitig sind

---

[6] Auf die Lernziele wird weiter unten eingegangen.

diese durch die Diskussion der „offenen" Curricula, des „schülerzentrierten" oder „offenen" Unterrichts nicht etwa widerlegt oder überholt, sondern dem Gesichtspunkt der *vorgegebenen* Strukturierung von Lernprozessen ist der Gesichtspunkt der *„offenen"*, d. h. von den Beteiligten selbst im jeweiligen Lernprozeß festzulegenden Strukturierung hinzugetreten.

Die bestehenden Ansätze fallen deshalb für eine „offene" Curriculumkonzeption, wie sie hier angestrebt wird, nicht weg, sondern können von den Lernenden im diskursiven Arbeitsprozeß als Kriterien der selbständig erarbeiteten Curriculumkonstruktion verwendet werden. Allerdings wären die herkömmlichen Ansätze von ihrem Herleitungs-, Vermittlungs- und Verwendungszweck zu überprüfen und entsprechend den Anforderungen der „offenen" Curricula gegebenenfalls umzuformulieren. Ein solcher Versuch wäre die Aufgabe künftiger curriculumtheoretischer Überlegungen.

Schematisch ließe sich diese Dimensionserweiterung etwa so darstellen:

| OFFENE CURRICULA | GESCHLOSSENE CURRICULA |
|---|---|
|  | ROLLENTHEORETISCH-QUALIFIKATORISCHER ANSATZ |
|  | BILDUNGS-THEORETISCHER ANSATZ |
|  | ENTSCHEIDUNGS-THEORETISCHER ANSATZ |
|  | TAXONOMISCHER ANSATZ |

Als Element der Theorie der politischen Bildung hat Curriculumtheorie die Funktion, die Richtschnur für die Art der Umsetzung didaktischer Ergebnisse in geordnete Lernzielkomplexe, bzw. Lernzielvorschläge abzugeben.

Nach dem strukturellen Entwurf der Theorieelemente und der vorher entwickelten allgemeinen Zielvorstellung „Emanzipation", die den Rahmen absteckten innerhalb dessen sich eine Theorie der politischen Bildung bewegt, können wir uns nun ihren Zielen zuwenden.

## D. Ziele der politischen Bildung

Hier kann es nicht darum gehen, eine Theorie der politischen Bildung quasi en miniature und hinterrücks einzufügen, sondern es sollen die Bedingungen entwickelt werden, die die didaktischen Überlegungen regulativ bestimmen.

Unter „Politik" können wir mit Parsons die „Organisation kollektiven Handelns zur Erreichung kollektiv bedeutsamer Ziele seien sie auf gesamtgesellschaftlicher engerer Ebene, territorial oder funktional definiert" verstehen (zitiert nach Behrmann 1970, 21).

Wenn wir weiter mit Gottschalch unter „Politischer Bildung" jene „intellektuellen Suchbewegungen, die gesellschaftliches Bewußtsein erweitern" (1970, 16) meinen und „Emanzipation als allgemeines Ziel akzeptieren, zeichnet sich das Ziel politischer Bildung klarer ab".
Heinisch versteht darunter „die Menschen aus Bedingungen zu befreien, die ihrer Selbstfindung und Selbstbestimmung entgegenstehen, von Abhängigkeiten zu lösen, die die freie Entscheidung der Menschen über das, was mit ihnen geschieht, verhindern („Politische Bildung – Integration oder Emanzipation", in: 1970, 172).

K. G. Fischer versucht das Ziel noch etwas abzugrenzen: Es geht weder „um Propädeutik der Sozialwissenschaften für deren zukünftige Studenten und Gelehrte noch um notwendige Ausbildung von Funktionären der Parteien und Verbände, sondern um Befähigung potentiell aller demokratischen Bürger ihre Möglichkeiten als „zoon politikon" wahrzunehmen" (1975, 5).

Markert formuliert die Aufgabe der politischen Bildung: „Zentrale Aufgabe der politischen Bildung wird die gesellschaftlich-politische Analyse, die die bestehenden Unfreiheiten und sozialen Ungerechtfertigkeiten auf ihre gesellschaftlichen Ursprünge hin untersucht und deutlich macht, wie überflüssige Herrschaft in Politik und Gesellschaft mit den kapitalistischen Produktionsverhältnissen einen komplizierten und widerspruchsvollen Zusammenhang bildet" (Heinisch 1970, 173).
Dazu kommt aber noch die Kritik herrschender Ideologien, also vorhandene Interpretationsschemata gesellschaftlicher Realität, die ihre Interessengebundenheit verleugnen. Ideologisches Bewußtsein ist nach Habermas (1/1971, 436) ein Bewußtsein, „das sich von allen subjektiven Elementen, von Interesse, Talent, Neigung gereinigt hat

und autonom erscheint". Ideologiekritik heißt natürlich, daß das eigene Interpretationsschema mit einbezogen wird. Nur mit der Einbeziehung von Selbstreflexion und Selbstkritik wird Rationalität abgesichert und wird – jedenfalls theoretisch – die Bildung eigener Ideologien eingeschränkt.

Politische Bildung sollte also gesellschaftspolitische Phänomene durchschaubar und damit rationalen Argumenten zugänglich machen. Ihr emanzipatorisches Interesse untersucht herrschende und zukünftige Verhältnisse daraufhin, ob sie die „Bildung des Bewußtseins bzw. Bildung des politischen Bewußtseins" (Mollenhauer, 4/1970, 151) herbeiführen oder verhindern. Sie versucht die Interessenlage der Heranwachsenden herauszukristallisieren, um politisches Bewußtsein in politisches Handeln zu überführen, die Heranwachsenden zur politischen Aktivität zu befähigen und zu motivieren. So verstanden ist politische Bildung politische Aufklärung oder anders ausgedrückt: „Politische Bildung ist angewandte Herrschaftsanalyse" (Roloff, 1971, 4). Die Zugänglichkeit für rationale Argumente, die kritische Überprüfung, gilt auch für die Vorgehensweise selbst, d.h. normative Theorien sind von vornherein ausgeschlossen. In der Herrschaftsanalyse dürfen mithin unbefragbare Tugendlehren nicht impliziert sein. Mollenhauer hat Recht, wenn er bemerkt, daß emanzipatorisches Interesse und harmonisierende Kategorien sich ausschließen (1971, 153). Partnerschaftliche Konzepte, die eine wie immer verstandene „Gemeinschaftlichkeit" (vgl. die Oetinger'sche Partnerschaftsidee) suggerieren wollen, sind damit ausgeschlossen. Stattdessen wäre besonders auf Konflikte abzuheben, die gerade die oben genannten Herrschaftsverhältnisse zum Ausdruck bringen. Politische Bildung hinterfragt die Konflikte auf die Interessen, die ihnen zugrunde liegen und die sie hervorrufen (vgl. auch Mollenhauer, 1971, 154, 160). Die versteckten Interessen werden durch Ideologiekritik aufgedeckt. Gleichzeitig muß die Funktion der Ideologie aufgedeckt und analysiert werden, nämlich die Verschleierung sozialer Verhältnisse. Die sozialen Verhältnisse werden von sozialen Gruppen repräsentiert. Ideologiekritik leistet somit ein Wesentliches: Sie zeigt die Interessenlage von Gruppen und Individuen an, um damit die Möglichkeit zu schaffen, daß der Heranwachsende seine eigene Interessanlage in einer Gruppe wiederfinden kann und so potentiell befähigt wird, sich mit dieser Gruppe zu solidarisieren, um seine Interessen besser und effektiver durchsetzen zu können, vor allem auch seine Bedürfnisse und die ihm durch Ersatzprogrammatik[7] entzogenen nicht nur als individuelle, sondern als kollektive erkennen zu lernen. Heinisch (1971, 172) argumentiert ähnlich: „Nach den Erkenntnissen der modernen Sozialwissenschaften ist kritisches Bewußtsein und politische Urteilsfähigkeit nur zu erreichen, wenn die Menschen politische Phänomene auf gesellschaftliche zu beziehen lernen, wenn sie gesellschaftliche Antagonismen nicht als interpersonelle Konflikte, sondern als strukturell bedingte Gegensätze zu sehen lernen, wenn sie soziale Prozesse als historisch bedingt und politisch gestaltbar ansehen, wenn sie gesellschaftliche Ordnungen und Institutionen als an gesellschaftliche Interessen orientierte, von Menschen geschaffene und deshalb durch politische Praxis (in Form solidarischer Aktionen; der Verf.) veränderbar begreifen." Dies setzt eine spezifische Fähigkeit voraus, die O. Negt im Anschluß an C. W. Mills „soziologische Phantasie" nennt[8] (davon weiter unten).

Die Theorie der politischen Bildung hat demnach zu untersuchen, wie ein politisch handlungsfähiges Subjekt, a) seine Stellung als gesellschaftliche und nicht als individuelle begreift und b) die umgebende Realität zu erschließen vermag.

Die Schaffung kritischen Bewußtseins, das Erkenntnisse in individuelle und kollektive Handlungsstrategien umsetzen und selbstkritisch beurteilen kann, verstehe ich als die Aufgabe einer politischen Bildung.

Mündigkeit, das wir als Produkt aus Freiheit und Vernunft verstanden, wird gleichfalls durch die vorausgegangenen Ausführungen näher bestimmt. Politische Bildung soll zur Selbstbestimmung hinführen. Damit geht einher, daß die Bedürfnisse des Menschen befriedigt werden müssen. Der Prozeß der Selbstbestimmung und Bedürfnisbefriedigung muß durch die Vernunft geleitet werden (Der Vernunftbegriff wurde weiter vorne ausgeführt).

Mündigkeit des politisch handlungsfähigen Subjekts findet in den Begriffen
– Selbstbestimmung
– (optimale) Bedürfnisbefriedigung

---

7 Darunter verstehe ich die in Form ganzer Programme (Lebensweisen, z.B. „Jung sein") stellvertretend für nicht realisierte Bedürfnisbefriedigungen versprochener Ersatzbefriedigungen (z.B. der Wunsch nach Anerkennung wird durch Statussymbole wie bestimmten Autos entsprochen).

8 C. W. Mills: Kritik der soziologischen Denkweise, Neuwied 1963, S. 41.

- substantielle Rationalität

ihre Konkretion. Emanzipation soll dadurch ermöglicht werden.
Das Ziel politischer Bildung darf aber nicht nur auf die Zukunft, auf „Emanzipation" gerichtet sein. Gleichzeitig muß die gesellschaftliche Realität, wie sie jetzt vorliegt, bewältigt werden. Andernfalls bliebe ein emanzipatorisches Konzept um die Dimension der Bewältigung der Wirklichkeit, wie sie hier und jetzt vorzufinden ist, beschnitten. Daß dabei, im konkreten Fall oder auch bei manchen längerfristigen Projekten, die emanzipatorische mit der realitätsbewältigenden Forderung kollidiert, muß dabei in Kauf genommen werden. Vor allem in der Schule treten solche Situationen gehäuft auf, wie jeder im derzeitigen Schulsystem Beschäftigte wohl erfahren hat.
Welcher der beiden Forderungen dabei jeweils der Primat zuzuschreiben ist, läßt sich nur in der konkreten Situation entscheiden.
Der Angelpunkt einer handlungsorientierten Theorie der politischen Bildung sind zwei Leitgedanken:

1. Emanzipation
2. Realitätsbewältigung

Es soll auf vorhandene und gewünschte (d.h. bewußt herzustellende) Lebenssituationen vorbereitet werden. Die Idee der Emanzipation regelt dabei die Art der Situationsbewältigung.
Emanzipative Realitätsbewältigung muß dabei das ganze Spektrum relevanter Lebenssituationen abdecken.
Es lassen sich 4 verschiedene Situationstypen herauskristallisieren (wie die Situationen genauer einzuteilen sind und wie sie im politischen Bildungsprozeß zu bewältigen sind, davon später):

1. *Situationen des Kindes bzw. des Jugendlichen,* d.h. die dem Kind oder Jugendlichen begegnenden Lebenssituationen und die verschiedenen Bereiche (Rollensysteme).
2. *Situationen des Erwachsenen,* d.h. die dem Erwachsenen begegnenden Lebenssituationen und deren verschiedenen Rollensysteme.
3. *Gesellschaftlich neue Situationen,* d.h. die dem Kind, Jugendlichen oder Erwachsenen begegnenden Situationen, die sich aus dem Wandel der Gesellschaft ergeben (Eine solche gleichsam antizipierte Qualifikation ist der Begriff des „Lernen lernens").

4. *„Gewünschte"* Situationen, das sind die Situationen, die sich aus bewußten Akten der Veränderung gesellschaftlicher Realität ergeben.

Diese 4 Situationstypen wären z. B. bei der Aufstellung eines Curriculums, bei der Konzeption der Didaktik usw. als Prüfraster über die gefundenen Kategorien zu legen, um zu gewährleisten, daß alle relevanten Lebenssituationen strukturhaft berücksichtigt werden.
Die Forderung nach Realitätsbewältigung bedarf einer solchen Antizipation strukturell verschiedener Lebenssituationen. Emanzipation als Zielvorstellung bestimmt dabei die Qualifikationen, die die Bewältigung dieser Situationstypen in einer bestimmten Art (vgl. weiter unten) sichern soll. Unter Qualifikationen verstehen wir hier mit Rademaker (Der qualifikationsorientierte Einsatz von Medien, in: Kursbuch 24, 1971, 168) „solche Verhaltenswissen und Fertigkeiten, ... die es einem Menschen ermöglichen, seine eigene Situation in ihren Beziehungen zu seiner Umwelt zu analysieren, aus dieser Analyse Kriterien für das eigene Verhalten abzuleiten, von eigenen Interessen her begründete wünschenswerte Veränderungen der Umwelt zu definieren und gegebenenfalls Strategien für die Durchsetzung dieser Veränderungen zu entwerfen und anzuwenden[9]."
Die Theorie der politischen Bildung kann aber nicht *alle* möglichen, vorhandenen oder zu antizipierenden Situationsarten erfassen. Die Auswahl von Situationen und die Reduktion von Umwelt muß die Didaktik leisten.
Was hier geklärt werden kann, sind die allgemeinen Bedingungen und Voraussetzungen für die spätere Reduktions- und Vermittlungsarbeit. Dieser funktionalisierte Ansatz muß noch ergänzt werden. Will Mündigkeit schon teilweise realisiert werden, kann nicht nur Situationsbewältigung gefordert werden. Sonst würde Emanzipation nur ein Agieren und Reagieren auf institutionalisierte Herrschaftsverhältnisse bedeuten, und die ansatzweise geleistete Selbstbestimmung noch Fremdbe-

---

9 Diesen Überlegungen würde wohl am ehesten der curriculumtheoretische Ansatz, S. B. Robinsohns und Mitarbeiter entsprechen, der gleichfalls davon ausgeht, für künftige Lebenssituationen zu qualifizieren.
Zur Kritik des Qualifikationsbegriffs vgl. R. Rehbock/F. Riess: Curricula im Interesse der Lernenden... päd. extra 12/74, S. 9 ff. vor allem S. 12 und Redaktionskollektiv Politikon: Fetisch Qualifikation, Politikon Nr. 43/74, S. 31 ff.

stimmung bleiben, da das Agieren und Reagieren ja eine *Antwort* darstellt.
Die Ergänzung des Ansatzes ist der aufklärerische Gedanke von „Bildung". Allerdings nicht in der humanisischen Form, wo er Menschbildung und Fähigkeit zur Reflexion in „Einsamkeit und Freiheit", als die Konstitution des autonomen bürgerlichen Individuums bedeutete. Der Bildungsbegriff wird dagegen kritisch gewendet. Er bedeutet zwar noch die Fähigkeit zur Reflexion, aber nicht mehr des autonomen Individuums, sondern des in wechselseitiger Kooperation in Interaktionssystemen handelnden und kommunizierenden Menschen zur Herstellung von Mündigkeit. Bildung wird damit nicht als individueller, sondern als kollektiver Prozeß verstanden, in dessen Dimensionen sich Individuierung erst herstellen kann[10]. Blankertz (2/1971, 41) meint daher zu Recht, daß Bildung „kritische Vernunft entbinden, die sich, potentiell jedenfalls, auch gegen die Inhalte selbst muß richten können". Bildung heißt hier also politische Bildung, Bildung des politischen Bewußtseins. Dazu gehört, als materialer Bestandteil, die Fähigkeit, zu analysieren, ja wissenschaftlich zu analysieren. Die Bedingungen für Bildung werden im Bildungsbericht der Bundesregierung folgendermaßen formuliert[11]. Bildung muß:

1. wissenschaftsorientiert sein,
2. wissenschaftliches und kritisches Denken und Kreativität fördern,
3. verstehen der Umwelt und Strategien zu ihrer Mitgestaltung (und ihrer Veränderung, eventuell auch der Verzweigung von *Mit*gestaltung, d. Verf.) mit einschließen,
4. dem Anschluß an die ständige Entwicklung der Wissenschaft halten.

Dieser bildungstheoretische Ansatz, gekoppelt mit dem funktionalisierten (Emanzipation und Realitätsbewältigung) bilden gleichsam unser verfeinertes Raster für die folgenden didaktischen Überlegungen.
Für die Didaktik ist die Theorie der politischen Bildung die Rahmenkonzeption, aus den Theorieelementen werden die didaktischen Konstituenten abgeleitet. Allgemeine Zielvorstellung, Rahmenkonzeption und Didaktik des IPU werden durch die Theorie der politischen Bildung

---

10 Vgl. auch Kapitel „Verhaltensdispositionen, Ich-Identität", S. 77f.
11 Bildungsbericht 70 der Bundesregierung: Zielvorstellung der Bundesregierung, zitiert nach Zeitschrift Gesellschaft und Schule (Nr. 2/1971, 54).

verknüpft. Sie ist gleichzeitig das wissenschaftlich angeleitete „Vorwort" zur Didaktik.

Eine so umrissene Theorie der politischen Bildung kann nicht als ein statisches, überhistorisches Gebilde verstanden werden, sondern bewegt sich innerhalb des gesellschaftlichen Prozesses. Sie muß die gesellschaftlichen Veränderungen jeweils mitreflektieren. Politische Bildung ist somit selbstkritisch und muß sich laufend hinterfragen.

Nach der Abklärung dieser allgemeinen theoretischen Vorstellungen und der Entwicklung eines Rahmenkonzepts für eine politische Didaktik befinden sich unsere Überlegungen auf einer Konkretisierungsstufe, die Ableitungsprozesse bzw. Entwürfe unter der entwickelten Zielvorstellung erlauben. Der didaktische Ansatz kann nun entwickelt werden.

# III. Kapitel:
# Didaktischer Ansatz

## A. Herkömmliche Didaktikbestimmung

Was „Didaktik" sei, wurde zwar oft diskutiert, eine einheitliche Begriffsbestimmung bildete sich dennoch nie heraus.
Das Wort Didaktik stammt vom Ausdruck „didactos" ab, was soviel wie „lehrhaft" bedeutet. Ursprünglich war Didaktik die Lehre vom Lehren, die Theorie des richtigen Lehrens (Comenius).
In der comenianischen „Didactica magna" wurde sie sogar als „Lehrkunst" bezeichnet[1]. „Richtiges" Lehren wurde, vor allem in der Periode der Aufklärung und in der Folgezeit, mit „vernünftig" und „gerecht" gleichgesetzt. Es verkörperten sich im Begriff der Didaktik die Ideale der frühbürgerlichen Gesellschaft.
Man suchte nach Wegen wie die „Lehre" vermittelt werden konnte. Es wurde versucht, eine wissenschaftliche Theorie des Unterrichtens und des Unterrichts zu entwickeln. Dabei kristallisierten sich im Zuge der Weiterentwicklung bis zu unserer jetzigen Zeit drei Auffassungen von Didaktik heraus: Einmal wird sie als Theorie des Unterrichtens verstanden, die alle Unterrichtsabläufe auf Intentionalität, Inhaltlichkeit, Methodenorganisation, Medienabhängigkeit und anthropologische sowie sozial-kulturelle Determinanten untersucht (P. Heimann: Didaktik als Theorie und Lehre, in: Zeitschrift Deutsche Schule, Nr. 9/1962, 407 ff. und P. Heimann u.a.: Nr. 1/2 5/1970. P. Heimann: Didaktik 1965, 5–7 ff.).
Blankertz (3/1970, 87 ff.) bezeichnet diese Didaktik als lerntheoretisch. König/Riedel schreiben diesem didaktischen Ansatz die Herausarbeitung des wissenschaftlichen Aspekts unterrichtlicher Probleme zu (2/1974, 2).
Didaktik untersucht dabei, das „Was" und das „Wie" aller Lernprozes-

---
1 Vgl. Klingberg, 1968, 13 und 18.

se auf Bedingungen, Implikationen und Konsequenzen. Zum anderen wird Didaktik als Theorie der Bildungsaufgaben und Inhalte verstanden (vgl. Klafki: Studien zur Bildungstheorie und Didaktik, Weinheim 10/1967). Weniger versteht unter anderem unter Didaktik auch die Theorie des Lehrplans (vgl. Weniger: Die Theorie der Bildungsinhalte und des Lehrplans, Weinheim 8/1965).
Dieser bildungstheoretische Ansatz hebe den ideologischen Aspekt hervor (König/Riedel, 2/1974, 2).
Blankertz faßt schließlich alle beiden Ansätze zusammen und begreift Didaktik als

1. Theorie der Bildungsinhalte und des Lehrplans als
2. Überprüfung der Bildungsinhalte und deren Reform (vgl. Curriculum) als
3. Theorie des Unterrichts in seinen Erscheinungen und Bedingungen (3/1970, 13)[2].

Alle drei bzw. zwei Begriffsbestimmungen von Didaktik versuchen so unterschiedliche Faktoren zusammenzufassen, daß, wie wir gesehen haben, eine stringente Bestimmung des Didaktikbegriffs unmöglich wird. Stattdessen behilft man sich mit einer beschreibenden Hilfserklärung, die statt zu klären aber nur noch mehr Unsicherheit aufbringt, was nun eigentlich Didaktik ist. In der Unterrichtspraxis wird dieser Begriff noch viel verschwommener benutzt. Meist begnügt man sich mit dem Anhaltspunkt Didaktik beschreibe das „Was" und Methodik das „Wie" des Unterrichtsprozesses. Das hinreichend bekannte Achselzucken auf die Frage, ob denn Didaktik nicht doch hinreichender zu erklären sei, mag wohl der Grund sein, warum der Didaktikbegriff zwar benutzt aber inhaltlich nicht gefüllt werden kann, die didaktischen Kommentare vieler Unterrichtseinheiten wohl deshalb auch mehr legitimatorische Funktion des eigenen „wissenschaftlichen Gewissens" bzw. der Schulaufsicht gegenüber haben.

---

2 Der von Blankertz neben dem bildungstheoretischen und lerntheoretischen unterschiedenen dritten Ansatz der „informationstheoretischen Didaktik" stellt meiner Ansicht nach lediglich eine positivistisch gewendete Form der lerntheoretischen Didaktik dar.
Dieser, allerdings auch von König/Riedel als eigenständig hervorgehobene Ansatz, betone den technischen Aspekt unterrichtlichen Geschehens.

Zur Vermeidung dieser Unsicherheit werden didaktische Überlegungen gerade bei ganz praktischen Fragen wie der Gestaltung einer Unterrichtseinheit, der Konstruktion von Lernzielen oder auch besonders beim Aufstellen des sogenannten Stoff- bzw. Projektverteilungsplans, „sicherheitshalber" ganz weggelassen.

## B. Versuch einer Neubestimmung des Begriffs Didaktik

Die lerntheoretische Version der Didaktik kann in den Begriff der Unterrichtstechnologie integriert werden. Unterrichtstechnologie beschäftigt sich mit den Problemen der optimalen Unterrichtsorganisation, deren Implikationen und der Anwendung geeigneter Unterrichtstechniken. Medienfragen sind ebenfalls inbegriffen. Ihre Wissenschaften sind Lerntheorie, Kommunikationstheorie usw. Die übrigbleibende „Restgröße" lerntheoretischer Didaktik, nämlich die Frage des Inhalts, wird von einer anderen Theorie, der Curriculumtheorie, beantwortet. Die bildungstheoretische Version der Didaktik geht ganz in anderen Wissenschaften auf (vgl. den curriculumtheoretischen Ansatz K. Freys). Curriculumtheorie wird sogar explizit mit Didaktik gleichgesetzt. Schmied-Kowarzik (1969, 519) bestimmt im Anschluß an Weniger Curriculumtheorie als die „Theorie der Bildungsinhalte und des Lehrplans, Didaktik im engeren Sinne", und Nipkow (1971, 1 und 2) bezeichnet Curriculum im engeren Sinne als lernziel-orientierte Lernplanrevision (Didaktik im engeren Sinne) und Curriculum im weiteren Sinne als Paket von Lernzielen, Lerninhalten, Lernorganisation und Lernkontrolle (Didaktik im weiteren Sinne)". Wir sehen also, daß beide Begriffe „Curriculum" und „Didaktik" diskussionslos synonym verwandt werden, ja daß nach Nipkows Begriffsbestimmung Curriculum sowohl Didaktik, als auch Unterrichtstechnologie umfaßt.
Es gibt nun zwei Lösungsmöglichkeiten. Entweder man läßt den Begriff der Didaktik fallen und ersetzt ihn durch „Curriculum" bzw. „Unterrichtstechnologie" oder man versucht Didaktik davon abzugrenzen und neu zu bestimmen.
Im folgenden soll versucht werden, den zweiten Weg zu beschreiben. Eine Möglichkeit der Neubestimmung läßt sich von dem ableiten, was die Didaktik eigentlich leistet. Bildungstheoretische Didaktik suchte, in

ihrem Vokabular ausgedrückt, den „Zögling" zu bilden, Bildungsgüter, seien es humanistische oder szientistische (vgl. Blankertz, 3/1970, 37) zu vermitteln; aus der Fülle dessen, was als bildenswert erschien, bestimmte Kategorien *auszuwählen* (z. B. „Menschenbildung" oder bei Frey „Wissenschaft, Kultur...", 1971, 212).
Es wird entweder aus dem, was als Bildungsgut in Frage kam, bzw. aus Lebenssituationen, also aus gesellschaftlicher Realität eine *Auswahl* getroffen, deren Kriterien in Prämissen und Zielsetzung lagen. Mit anderen Worten: Realität bzw. Bildungstheorie wurde auf *Kategorien* „sinnhaft" reduziert[3], (vgl. auch Gieseckes „Orientierungswissen", „Bildungswissen" usw.[4]) Umweltkomplexität wurde vereinfacht. Der nächste Schritt bestand dann in der *Vermittlung* reduzierter Umweltkategorien, d. h. man beschäftigte sich mit Fragen, wie z. B. „Bildungswissen" am besten vermittelt werden und Unterricht dafür am besten organisiert werden konnte, unter Beachtung „sozio-kultureller" bzw. „anthropologischer" Voraussetzungen (vgl. W. Schulz: Unterricht, Analyse und Planung, 1970, 13ff.), was die erklärte Aufgabe der lerntheoretischen Didaktik, bzw. der Unterrichtstheorie (-technologie) ist.
Anhand dieser Überlegungen läßt sich der Didaktikbegriff neu fassen: Didaktik ermittelt 1. Kategorien, die Umwelt repräsentieren und 2. Kategorien zur Analyse der Realität. Dabei werden die auftretenden Implikationen und Konsequenzen mit untersucht. (Auf beide Punkte wird jeweils in einem gesonderten Kap. eingegangen, S. 167f. und 194f.) Also: Didaktik reduziert und vermittelt Umwelt. Didaktische Theorie ist die Wissenschaft von der Reduzierung und Vermittlung komplexer Umweltrealität. Ihr Auswahlmechanismus sind ihre Prämissen und (explizierte) Zielvorstellung und die sich daran anschließenden Methoden. Was nicht hierunter fällt, gehört entweder in den Bereich der Unterrichtstheorie bzw. -technologie oder in den Bereich der Curriculumtheorie. Wenn Didaktik so verstanden wird, läßt sie sich sinnvoll und vor allem deutlich von den anderen beiden Theorien abgrenzen.
Didaktik leistet die Vorarbeit zur Ermittlung von Lernzielen (z. B. durch die Identifizierung von Situationen, die Herausarbeitung von Verhal-

---

3 Zum Begriff sinnhafte Reduktion von komplexer Umwelt vgl. N. Luhmann: Sinn als Grundbegriff der Soziologie. In: Habermas/Luhmann: Theorie der Gesellschaft oder Sozialtechnologie, 1/1971, S. 25ff.
4 Giesecke: Didaktik der politischen Bildung, München 1965.

tensdispositionen, die Emanzipaton ermöglichen sollen, und die Vorarbeit zur Organisation des Unterrichts. – Dabei steht sie natürlich in Rückkoppelung mit der Curriculumtheorie und Unterrichtstheorie: beide fungieren als Vermittler von Ergebnissen und als Kontrollinstanzen. Man könnte jetzt einwenden, daß so verstanden jede Theorie, jede Wissenschaft, Didaktik sei, denn auch diese reduzieren und vermitteln Umwelt. Tatsächlich ist die Aufstellung einer Theorie ein didaktischer Vorgang im beschriebenen Sinn. Wir müssen also noch ein zusätzliches Unterscheidungskriterium einschalten.

Didaktik soll den intentionalen Sozialisationsprozeß plan- und kontrollierbar machen. Eine kritische Didaktik, verstanden als Aufklärungstheorie, soll das Selbst- und Wirklichkeitsverständnis der Schüler fördern. Didaktik hat es demnach mit Erziehungs- und Aufklärungsfragen zu tun[5]; sie gehört in den Bereich der Erziehungswissenschaft und läßt sich (kritisch verstanden) demzufolge als Reduktions- und Vermittlungswissenschaft komplexer Umweltrealität zum Zweck intentionaler Sozialisation und emanzipatorischer Aufklärung (Förderung des Selbst- und Wirklichkeitsverständnisses) verstehen. Die Leitidee Realitätsbewältigung und Emanzipation ist dabei das Korrektiv der Aufgabenbestimmung. Dies ist die Neubestimmung einer allgemeinen kritischen Didaktik.

Wird sie nicht, wie skizziert, verstanden, wäre Didaktik mit „Theorie" identisch, eine allgemeine Theorie der Didaktik eine Theorie der Theorie, also eine Metatheorie; eine um Wissenschaftlichkeit bemühte allgemeine Theorie der Didaktik also mit dem Begriff „Wissenschaftstheorie" gleichzusetzen – und wäre damit sinnlos. Immer ist Didaktik *von* bzw. *für* etwas (z.B. intentionale Sozialisation und Aufklärung). Kritische Didaktik kann als Wissenschaft aber nur insofern sinnvoll und vernünftig sein, als, wie Holzkamp allgemein für Wissenschaft postuliert, „die umgreifende ‚direkte' Praxis, der sie dient, sinnvoll und vernünftig ist, und weiter in dem Maße, als sie mit ihrer bedingungskontrollierten-exemplarischen Praxis solche direkte „Ernst-Fallpraxis" tatsächlich zu unterstützen, wirkungsvoller zu machen imstande ist, als für derartige Praxis Relevanz besitzt" (1970, 131). Wissenschaftlich fundierte Didaktik muß gemäß unserem Theorieverständnis als *praxisvorbereitende* verstanden werden. als Entwurf von *Handlungsstrategien*

---

5 Vgl.: H. Halbfas: Didaktik als Aufklärung, 1970.

und *Analysefeldern* (s. dazu Kapitel IV + V). Sie leistet für den jungen Schüler wie für den „älteren Schüler" (Lehrer) Aufklärungsdienste im *gemeinamen* politisch-gesellschaftlichen, wie auch individuellen Emanzipationsprozeß. Sie trägt zur Erziehung bei, worunter wir mit Schulz „das Gesamt aller Einflußnahmen, mit denen Menschen oder deren Objektivationen Veränderung von Menschen erreichen oder erreichen wollen, die den Auffassungen der jeweiligen Bezugsgruppe von wünschenswerter Zuständlichkeit entspricht" (W. Schulz, 1971, 17ff.) verstehen wollen; zur Erziehung sowohl des „Erziehers" als auch des „Zöglings". Der Emanzipationsprozeß von Erzieher und Zögling kann, unserem Anspruch nach, nur ein gemeinsamer sein. Sie stehen zueinander nicht mehr in einem irreversiblen Verhältnis, sondern, da beide von gesellschaftlicher Unfreiheit und Unterdrückung betroffen sind, in einem symmetrischen Verhältnis, dessen wirkliche Herstellung, reale Absicherung eigentlich erst ihr *Ziel* sein kann. Ein Aufklärungsprozeß läßt nur *Beteiligte* zu.

Nach dieser Reformulierung des Didaktikbegriffs müßten eigentlich die ersten Reduktionsvorgänge erfolgen, nämlich die Darstellung der Prinzipien dieser Didaktik, ihre grundlegende Vorgehensweise.

Da aber in diese Überlegungen schon die Zielvorstellungen der Didaktik und die daraus sich ergebenden anzustrebenden Verhaltensdispositionen miteinfließen würden und außerdem ohne die Kenntnis dieser Zielvorstellung die didaktischen Prinzipien nicht hinreichend legitimierbar würden und Gründe der Transparenz dies verbieten, soll ein anderer Weg begangen werden:

Zunächst wird die Zielvorstellung der Didaktik des Integrierten Politischen Unterrichts konkretisiert. Daran anschließend soll auf die Frage der Lernziele eingegangen werden. Verhaltensdispositionen, verstanden als aufgefächerte Konkretisierung von Emanzipation ist der folgende Diskussionsgegenstand. Daraus können die Prinzipien der Didaktik erklärt und der Bereich, damit zusammenhängend auch die Unterrichtsfächer des Integrierten Politischen Unterrichts umrissen werden.

Die sich daraus ergebenden Aufgaben und Probleme einer Didaktik sollen am Ende des Kapitels dargestellt werden.

## C. Die Konkretisierung von „Emanzipation"

Die Leitidee der Theorie der politischen Bildung, die das theoretisch angelegte „Vorwort" zur Didaktik des IPU ist und deren Zielsetzungen vermittelte, war eine zweifache

1. Realitätsbewältigung
2. Emanzipation

Emanzipation ist das Korrektiv für die Regelung von Realitätsbewältigung und die Zielvorstellung, die die kritischste und rationalste Dimension aufweist, indem sie nämlich die Selbstbestimmung und Selbstbefreiung des vergesellschafteten Individuums zu ihrer leitenden Wertprämisse machte.

Emanzipation wurde zur Zielvorstellung als Antwort und gleichzeitige Abwehr gegen die Institutionalisierung von Herrschaft, die Mündigkeit verhindert. Unter Mündigkeit verstanden wir

– Selbstbestimmung
– Bedürfnisbefriedigung
– substantielle Vernunft bzw. substantielle Rationalität.

Emanzipation sollte dies ermöglichen. D.h. Emanzipation ist der Akt, der Prozeß der Befreiung von Herrschaft überhaupt, bzw. von überflüssiger, nicht mehr legitimierbarer Herrschaft. Neben dem Abbau von Herrschaft erfährt Emanzipation, unter Berücksichtigung der in „Gesellschaftstheorie" und „Sozialisationstheorie" entwickelten Vorstellungen, nähere Bestimmungen. Rationalität und Selbstbestimmung ist mit der praktizierten Form gesellschaftlicher Arbeit nicht vereinbar, da diese gerade fremdbestimmt ist und lediglich dem Kriterium technischer Rationalität genügt. So kommen noch die Aufhebung der fremdbestimmten Arbeit hinzu, und zwar Aufhebung von Entfremdung und Verdinglichung. Entfremdung, da diese die Produzenten von der Verfügung und dem Besitz über die von ihnen hergestellten Produkte ausschließt und infolgedessen das Interesse an ihnen lediglich ein „geldgeprägtes" ist. Die Herstellung von Produkten zur Befriedigung von Bedürfnissen, zur Realisierung eines bestimmten Gebrauchswerts, wird nur auf Umwegen erreicht, was die hergestellten Produkte als

etwas den Produzenten *Fremdes* erscheinen läßt, mit dem sie nichts zu tun haben. Der gesellschaftliche Produktions- und Reproduktionsmechanismus wird nicht durchschaut; die Chance, daß durch *ihre* Produkte *ihre* Bedürfnisse befriedigt werden können, nicht erkannt. Ebenfalls wird nicht durchschaut, daß der Produktionsprozeß von den Produzenten in Selbstverwaltung und Selbstverantwortung für *ihre* Zwecke organisiert werden könnte. Diese Undurchschaubarkeit, die die selbst verursachten Verhältnisse als ahistorisch erscheinen läßt, nennen wir Verdinglichung. Mit der Aufhebung von Entfremdung, ist also auch die Aufhebung von Verdinglichung gekoppelt. (Die Denkweise, die dies ermöglichen soll, nennt O. Negt[6] „soziologische Phantasie" (vgl. Prinzipien der Didaktik, S. 141ff.). Weiter gehört zur Bedürfnisbefriedigung, daß diese erst durch den Abbau von Arbeit möglich wird, verstanden nicht nur als Arbeitszeitverkürzung, sondern auch als Abbau der Streßsituation hervorgerufen durch Arbeitsintensivierung; denn psychische und physische Überbelastung läßt weder während der Arbeit noch in der freien Zeit (definiert als Nicht-Arbeitszeit) genußhafte Befriedigung zu. Die Streßsituation am Arbeitsplatz und der folgende Konsumzwang bilden einen infiniten Kreislauf, der zwar Konsumtion aber keinen Genuß zuläßt. Emanzipation ist also auch der Kampf um Herstellung von Genußfähigkeit und des Abbaus psychischer und physischer Leiden[7]. Das leidende Individuum erhält die Versagungen aber keineswegs nur aus der Arbeitsphäre. Ebenso andere gesellschaftliche Bereiche sind Orte der Versagungen individueller als auch kollektiver Ansprüche. Indikatoren dafür gibt es genug (vgl. die steigende Zahl von Delinquenten, die Selbstmordraten und die massenhaft angestiegene Zahl von Neurotikern und Psychopathen[8]. Daß der Abbau von gesellschaftlichen, kollektiven Leiden zur Emanzipation gehört, bedarf wohl keiner weiteren Begründung.
Des weiteren kann Emanzipation als Abbau der Kommunikationslosigkeit und der Vereinzelung konkretisiert werden, wenn angenommen wird, daß der Mensch ein soziales Wesen ist, das der Interaktion bedarf,

---

6 O. Negt: Soziologische Phantasie und exemplarisches Lernen, 2/1971.
7 Vgl. hierzu auch die rollentheoretische Betrachtung H. P. Dreitzels: Die gesellschaftlichen Leiden und das Leiden an der Gesellschaft, 1972, bes. S. 222ff.
  J. Habermas: Thesen zu einer Theorie der Sozialisation, 1968, 49, bes. S. 32ff.
8 In der BRD gibt es laut Kursbuch 28, S. 7: ca. 600000 Psychotiker, ca. 1000000 Alkoholiker, ca. 7000000 behandlungsbedürftige Neurotiker.

sollen nicht Verhaltensstörungen entstehen, die Irrationalität hervorrufen und Selbstbestimmung verhindern (vgl. die Arbeiten von René Spitz zum Hospitalismus, usw.⁹).

Nach dieser weitergehenden Konkretisierung von Emanzipation und deren Aufgabenbeschreibung können wir uns der Übernahme der allgemeinen, jetzt konkretisierten Zielvorstellung, der Leitidee der Didaktik zuwenden.

In die Weiterentwicklung der Didaktik werden zwar Zielvorstellung und brauchbare didaktische Erkenntnisse seitheriger Theorien der Didaktik miteinfließen, auf eine gesonderte Darstellung wurde jedoch verzichtet, da die Darstellung und Analyse didaktischer Modellentwürfe und Zielperspektiven an anderer Stelle ausführlicher geleistet wurden (vgl. z.B. Fischer 1970, Heinisch 1971, Görlitz 1970, Gottschalch 1970, Schmiederer 1971, usw.).

### D. Der Zielentwurf der Didaktik des IPU

Gisela Wilkending gibt vier Begründungsmöglichkeiten für (Lern-) Ziele an:
a) Die Begründung von der Fachdidaktik.
b) Die Begründung von einer bestimmten Auffassung des politischen Unterrichts.
c) Die Begründung vom Individuum.
d) Die Begründung von der Gesellschaftsauffassung (Wilkending, 1971, 211).

Unsere Begründungsebene liegt zunächst auf der des individuellen und des gesellschaftlichen Ansatzes. Und zwar in einer Kopplung beider Begründungsebenen, da der Auffassung vom Individuum eine gesellschaftstheoretische Implikation über die Rolle ihrer Mitglieder zugrunde liegt. Gesellschaft und Individuum sind nicht grundsätzlich verschiedene Begriffe, sie bezeichnen lediglich zwei Seiten ein und derselben Sache. Individuen sind nur als gesellschaftliche vorstellbar (wenn man von den „Robinson-Theorien" absieht), Gesellschaft besteht aus

---

9 ̈R. Spitz: Hospitalism. An Inquiry into the Genesis of Psychiatric Conditions in Early Childhood. In: The Psychoanalytic Study of the Child, Vol. I, N. Y. 1945, S. 53 ff.

Individuen, ist aber mehr als die Summe aller Individuen. Sie bezeichnet das Gerüst, die Struktur und Lebensweise der Individuen (vgl. die Ausführungen unter Punkt Gesellschaftstheorie). Wenn vom Individuum gesprochen wird, wird also immer auch von Gesellschaft gesprochen und umgekehrt. Emanzipation als allgemeine Zielvorstellung liegt auf der Begründungsebene des vergesellschafteten Individuums. Allerdings nicht auf einer Ebene individuierter Menschen. In einer herrschaftlich organisierten Gesellschaftsform treten Individuum und Gesellschaft auseinander. Gesellschaft hat sich zugunsten einiger Schichten, Klassen usw. von den übrigen Individuen etabliert, die zwar am gesellschaftlichen Leben teilhaben, dieses aber nicht (bewußt) regulieren (können). Emanzipation ist der theoretische Wunsch, die vergesellschafteten Individuen zu individuieren, Mündigkeit zu realisieren (vgl. zur Unterscheidung zwischen „individualistisch" und „individuiert" Abschnitt „Ich-Identität"). Die „Wahl" für Emanzipation liegt in Gründen wie Rationalität usw.

Didaktik, die rational sein will und sich nicht an einem technischen oder praktischen Rationalitätsverständnis *allein* orientiert, macht Emanzipation zu ihrer Leitidee, unter der Voraussetzung, daß Emanzipation auch als politische Zielvorstellung akzeptiert wird[10].

Didaktik des IPU leistet den (vorerst theoretischen) schulischen Beitrag zum politischen Emanzipationsprozeß. Das Feld der Schule ist viel zu begrenzt, als daß mehr denn ein kleiner, wenn auch weittragender Beitrag geleistet werden kann. Emanzipation ist also *nicht* die Zielvorstellung der Didaktik, sondern deren *Leitidee*, die die *Art* der Realitätsbewältigung regelt. Sie drängt, ihrem Anspruch nach, auf die Herstellung der günstigsten (schulischen) Voraussetzungen für Emanzipation, nämlich gesellschaftliche Verhältnisse zu durchschauen und (lernbare) Verhaltensweisen und Strategien zu entwickeln, die den gesellschaftlichen Befreiungsprozeß erst ermöglichen.

Emanzipation bekommt so eine zweifache Funktion innerhalb der Didaktik:

1. als realitätsbewältigende *Leitidee* (Befreiung von gesellschaftlicher Unterdrückung)

---

10 Das Erkenntnisinteresse der „Handlungstheorie" stellt lediglich die theoretische Vorstufe, die gedankliche Antizipation der gesellschaftlichen Emanzipation dar.

2. Als *Erziehungsziel*, allerdings in abgewandelter Form. Emanzipation heißt bezogen auf die Schule als Erziehungsziel:
„Befreiung lernen" oder als Frage ausgedrückt: Was muß in der *Schule* gelernt werden (Vermittlung und Erprobung), damit *politische* Emanzipation erreichbar wird?

zu 1
Realitätsbewältigende Leitidee heißt, Emanzipation fungiert als Kontrollinstanz, die die Art und Weise regelt, wie Situationen, Konflikte, aber auch literarische Produkte analysiert und bewältigt werden. Und weiter kontrolliert die Leitidee den didaktischen Reduktions- und Vermittlungsvorgang.

zu 2
Das Erziehungsziel „Befreiung lernen" wird, curriculumtheoretisch ausgedrückt, zum obersten Lernziel („aim"). Allerdings ist es ein heuristisches, da Emanzipation erstens ein *Prozeß* und nicht schon verwirklicht ist, zumal wie schon erwähnt, Schule den Emanzipationsprozeß allenfalls fördern, aber nicht herbeiführen kann und zweitens sollen Lernziele erreicht und überprüft werden können. Emanzipation läßt sich aber nicht „prüfen"; dagegen Lernziele, die sich *aus* Emanzipation ergeben und eine lernzielmäßige Ausfächerung von „Befreiung lernen" sind.

Oberste Lernziele haben einen so hohen Ungenauigkeitsgrad, daß sich weitere Bestimmungen nicht ohne weiteres ableiten lassen. Aus dem obersten Lernziel der Didaktik des IPU lassen sich aber für den Unterricht Konkretionen auf jeden Fall vornehmen.

### E. Das Lernziel des IPU[11]

Lernziel des IPU (besser: Lernzielsystem) ist „Befreiung Lernen"; die Grundvoraussetzung dafür die Fähigkeit zur Analyse gesellschaftlicher Zusammenhänge, um damit Selbstverständnis und Handlungsfähigkeit

---

11 Korrekterweise müßte jetzt Emanzipation durch einen anderen Begriff ersetzt werden. Nämlich einmal durch den Begriff der politischen Emanzipation und einen Begriff, der das schulische Erziehungsziel bezeichnet. Ich meine aber, daß wir ihn trotzdem auch als Begriff des Erziehungsziels beibehalten sollen, denn er stellt nur verschiedene Momente ein und desselben Ziels dar.

des Schülers zu fördern; denn „Befreiung lernen" erfordert beides: gesellschaftliche Strukturen erkennen, das Grundvoraussetzung für bewußte Veränderung (aber nicht für Handeln) ist und zweitens, sich damit *als* gesellschaftliches Individuum mit seinen Möglichkeiten und Grenzen zu orten. Stubenrauch formuliert es ähnlich, allerdings ist für ihn die Fähigkeit analytischen Erkennens gesellschaftlicher Zusammenhänge das oberste Lernziel: „Erkenntnis gesellschaftlicher Grundstrukturen an konkreten sozialen Phänomenen zu ermöglichen" (Stubenrauch, 1971, 172). Die Verknüpfung mit sozialen Phänomenen unter Herausstellung der Betroffenheit des Individuums ist deshalb wichtig, da sonst abstraktes Modelldenken und nicht „soziologische Phantasie" gefördert wird. Gesellschaftliche Befreiungsbedingungen müssen so mit den individuellen gekoppelt sein, der Schüler muß seine Bedürfnisse und die ihm verweigerten analytisch aufspüren können, denn Lernziele sind „Absichtserklärungen", die menschlichen Bedürfnissen und Interessen entstammen und auf deren Befriedigung abzielen" (Krope, 1972, 68). Das Lernziel „Befreiung lernen" ist Ausdruck von Bedürfnis und Interesse der am gesellschaftlichen Emanzipationsprozeß Betroffenen und Beteiligten.

Dazu gehört weiter, daß die darüber hinausgehenden inhaltlichen Bestimmungen des obersten Lernziels die Schüler selbst vornehmen und steuern, weiter die eigenverantwortliche Entscheidung darüber und schließlich die selbst vorzunehmende „Evaluation". Ein auf Emanzipation angelegter Befreiungsvorgang erlaubt keine Fremdbestimmung hinsichtlich der Bewertung, ob die so gewonnenen weiteren Lernziele emanzipativ wirksam werden[12]. Zum anderen ist es grotesk, diesen Vorgang etwa in Noten oder Prozentrangplätzen auszudrücken. Man stelle sich etwa vor, „Spontaneität" (als funktionales Lernziel) würde in Zahlen ausgedrückt: ein Widerspruch in sich selbst. Ob die selbstgesteckten Ziele – neue Ziele – erreicht werden, hängt letztlich von der gelingenden Aktion und die sich darin niedergeschlagenen Verhaltensänderungen ab.

Nun verhält es sich nicht so, daß die Didaktik keine Vorschläge zur emanzipativen Realitätsbewältigung machen kann.

Dies sind aber lediglich *Vorschläge,* die diskutiert und ausprobiert

---

12 Vgl. dazu auch Dreyer, 1972.

werden. Die Umformulierung in Lernziele kann keinesfalls unter Ausschluß der diskursiven Erörterung realisiert werden.
Nun noch zu dem Problem der *begrifflichen Explikaton oberster Lernziele.*
Eine Operationalisierung von Emanzipation als unterrichtliche Zielvorstellung ist ein Unterfangen, das einen Widerspruch in sich darstellt. Wir haben eben festgestellt, unter der Voraussetzung daß „Spontaneität" eine Verhaltensdisposition ist, die zu Emanzipation gehört, strikte Festlegung und spontanes Verhalten sich ausschließen; die Operationalisierung eines Lernziels wie Emanzipation kann nicht fremdbestimmt, einfach verbindlich festgesetzt werden. Allenfalls *Vorschläge* der verbindlichen Begriffsausformung. Überdies stellt unser Lernziel einen Zielwert dar, der nur in Unterzielen „abgetestet" werden kann. Durch operationale Definitionen erfolgen semantische Verschiebungen der Bedeutung (vgl. Abschnitt Lernziele).
Ein noch gewichtigeres wissenschaftstheoretisches Argument bringt Thoma (2/1971, 67 ff.): „insofern Leitideen sich gerade durch ihre vage, nicht operationale Definition zur Anleitung von Operationalisierungen qualifizieren, müßte eine gelingende empirische Definition ... Leitideen überflüssig, d.h. funktionslos machen: Leitideen können nicht mehr Operationalisierung leiten, sie sind durch ihre eigene Operationalisierung erschöpfend definiert" (2/1971, 92). Was hingegen operationalisiert werden kann, sind Unterlernziele, die aber nur in Zusammenarbeit mit Lehrern und Schülern *verbindlich* festgelegt und auch von ihnen und *nur* von ihnen wieder korrigiert werden können.
Der Zielentwurf von Emanzipation als Leitidee und Lernziel hat Konsequenzen, die schon teilweise angesprochen wurden.

## F. Das politisch-handlungsfähige Subjekt als Verhaltensziel

Realitätsbewältigung und Emanzipation, schulisches Lernziel „Befreiung lernen" bedingen, daß das Individuum seine Stellung innerhalb der Gesellschaft *bewußt* erkennt und damit reflexionsfähig wird. Diesen Erkenntnisprozeß, bzw. dessen Ergebnis nenne ich politisches Bewußtsein.
Politisches Bewußtsein ist nicht etwas vorhandenes, das gleichsam die

Verbindung zwischen individuellen und gesellschaftlichen Strukturen anfänglich herstellen könnte, sondern ein Prozeß fortschreitender Bewußtwerdung, ein gesellschaftlicher Lernprozeß... „Durch die Praxis vermittelt, erhält das Bewußtsein einen ständigen Informationsstrom aus der Außenwelt, verarbeitet diesen zur weiteren Vervollkommnung des inneren Modells (gesellschaftspolitische Vorstellungen, d. Verf.), wobei es gleichzeitig ‚lernt‘, d.h. Informationen über Erfolge oder Mißerfolge der praktisch realisierten Programme auswertet" (P. Eichhorn, u.a., 2/1971, 77).

Wolfgang Peter Eichhorn stellt ein Modell über die Funktionen des gesellschaftlichen Bewußtseins (wie er es nennt) auf (Klaus, 1974, 425), das sehr treffend die verschiedenen Dimensionen politischen Bewußtseins aufzeigt.

Er unterscheidet einmal zwischen erkennenden, Entscheidungen treffenden und entwerfenden Funktionen, die wiederum unterteilt werden. Das Modell (s. folgende Seite) kann sowohl als dynamisches *Verlaufsmodell* (Erkennen-Entscheiden-Entwerfen), als auch als *Strukturmodell* verstanden werden[13].

Indessen hat das Modell einige Schwächen, auf die aufmerksam gemacht werden sollte. Wert und Zwecksetzung hängen miteinander zusammen, ebenso projektive und prognostische/erklärende Funktionen. Sie sind nämlich ihrer Struktur nach gleich (vgl. dazu K. D. Opp: Die Struktur einer Prognose, 1970, 67ff.). Dem Modell mangelt es demnach an Interdependenznachweisen und Rückkoppelungseffekten.

Der größte Mangel liegt jedoch im Fehlen der Handlungsdimension. Politisches Bewußtsein und politisches Handeln werden offensichtlich getrennt. Genau hier bedarf auch unsere Bestimmung politischen Bewußtseins einer Erweiterung. Soll politisches Bewußtsein nicht in Kontemplation versinken und „Befreiung lernen" kein Sandkastenspiel bleiben, müssen die Erkenntnisse und (Vor)Entscheidungen in Handeln, in politisches Handeln überführt werden. Verhaltensdispositionen, die politische Handlungsfähigkeit ermöglichen, gehören so mit zu politischem Bewußtsein. Realitätsbewältigung bedeutet weiter, daß (Lebens-)situationen kompetent (d.h. mit adäquaten und emanzipativen Handlungsmustern) bewältigt werden sollen. Politisches Bewußt-

---

13 Unter Modell verstehe ich im Anschluß an Frey (1971, 24): Eine Abbildung von angenommenen und/oder beobachteten Beziehungen zwischen Eigenschaften, oder von Prozessen mit Hilfe von graphischen oder symbolischen Darstellungen.

sein, politische Handlungsfähigkeit und kompetente Situationsbewältigung sind als verwirklichter Ausdruck das „rational politisch-handlungsfähige Subjekt". Rational insofern, als bewußtes Erkennen und Handeln auf Emanzipation hinsteuern.
Das Verhaltensziel des politischen Unterrichts läßt sich daher wie folgt beschreiben:
Es ist das rational politisch-handlungsfähige Subjekt, das gesellschaftliche, gruppenspezifische und individuelle Konflikte und Interessen je nach konkreter Lage kollektiv oder individuell zu lösen und durchzusetzen weiß.
Das Feld, auf das sich die Bemühungen erstrecken, ist gemäß der in Kapitel II (S. 44 ff.) entwickelten Vorstellungen, vorhandene zukünftige und gedanklich antizipierte, (wünschenswerte oder gesellschaftlich entwicklungsbedingte) Situationen.

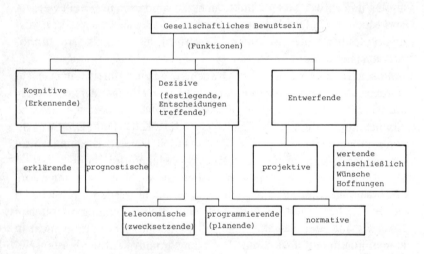

Daraus lassen sich 3 didaktische Kategorien ableiten. Ein Schüler, der seine Interessen und Bedürfnisse durchsetzen will, muß sie zunächst als solche erkennen. Dazu gehört, daß er die Wirklichkeit kritisch dahingehend überprüft, ob die derzeitigen Zustände seiner Umwelt ihm dies erlauben: *Kategorie der Kritik.*
Diese Kritik muß aber so umfassend sein, daß er seine eigene Kritik in die Überlegungen mit einbezieht, d. h. er untersucht selbstreflektiv: *Kategorie der Selbstreflexion.*
Alle Kritik bleibt wirkungslos, die beste Analyse nützt nichts, wenn er

sie nicht in Handeln, in Handlungsstrategien umsetzen kann: *Kategorie der Handlung.* Diese aus der erweiterten Zielvorstellung und dem Verhaltensziel politischen Unterrichts abgeleiteten Kategorien bilden faktisch die ersten Prinzipien unserer Didaktik, stellen die ersten didaktischen Reduktionen dar, sie bilden einen Regelkreis, d.h. sie bedingen einander.

Die Kategorien umfassen den Spielraum emanzipativ zu bewältigender Praxis und die Art, wie Praxis zu bewältigen ist. Darunter wird verstanden, daß sich das Handeln nicht auf das Verrichten fremdbestimmter Tätigkeiten in von Kommunikation abgetrennten Situationen erstreckt, „vielmehr beinhaltet Praxis auf der Grundlage eines Bewußtseins als bewußtes Sein, die Organisierung von Interessen, die auf die Überwindung von Widersprüchen abzielen, zumal sie als die gesellschaftliche Realität kennzeichnende Antagonismen erfahren werden" (Breyvogel, 1972, 19ff.). Das bedeutet, politisches Handeln widersetzt sich herkömmlichen, verdinglichten Kommunikationsprozessen und Interaktionsstrukturen und ist insofern „revolutionär", als es die umwälzende Aufhebung unmenschlicher Beziehungen zum Ziel hat: emanzipativ verändernde Praxis ist revolutionäre Praxis. Habermas bezeichnet revolutionäre Praxis als gegenläufige zur entfremdeten und verdinglichten: „die eine befreit die andere aus ihrer falschen Gestalt und beseitigt in einem jene reale Abstraktion, von der die ideologische sich herleitet" (1/1971, 438). Praxis läßt sich analytisch in Situationen aufteilen, soziologisch formuliert in *Rollensysteme.* Situationsbewältigung bedeutet dann die Kenntnis der Rollensysteme, ihre Funktion und das Wissen um ihren möglichen Interpretationsspielraum. Kritik, Selbstreflexion und Handlungsfähigkeit sind die kategorialen Ausformungen kompetenter und emanzipativer Situationsbewältigung (Rollenbewältigung), die politisches Bewußtsein herbeiführen sollen. Rationale Bewältigung gelingt aber nur in Kommunikationsprozessen, die gegengerichtet zu verdinglichten Strukturen stehen. Politisches Bewußtsein bildet sich also diskursiv aus. Unter einem Diskurs verstehe ich mit Habermas „Veranstaltungen, mit denen wir kognitiver Äußerungen begründen". „Der Diskurs dient der Begründung problematisierter Geltungsansprüche von Meinungen und Normen" (1/1971, 25 u. 31). Allein in diskursiven Kommunikationsprozessen kann die Rückkoppelung von Kritik, Selbstreflexion und Handeln erfolgen.

## G. Notwendige Verhaltensdispositionen für ein politisch-handlungsfähiges Subjekt

Zur Realisierung von Kritik(-fähigkeit), Selbstreflexion und Handlung(-sfähigkeit) sind Verhaltensdispositionen nötig. Verhaltensdispositionen sind Kristallisationspunkte, die aus den bisherigen Überlegungen resultieren und „Befreiung lernen" ermöglichen können (sollen).
Diese Verhaltensdispositionen sind einmal *Ziel des politischen Unterrichts,* verstanden als Konkretion der allgemeinen Zielvorstellung „Befreiung lernen". Zum zweiten sind sie, insofern sie sich unter den gegebenen gesellschaftlichen Verhältnissen als lernbar erweisen (was eine praktische, keine theoretische Frage ist), *Lernziele* innerhalb eines Curriculums, das sowohl Kompetenz- als auch Verhaltenslernziele umfaßt (vgl. dazu Abschnitt 4). Drittens sind sie die *Persönlichkeitsvariablen* eines gesellschaftlichen Subjekts, das politisch-rational Realitätssituationen bewältigen kann. Als Persönlichkeitsvariablen formuliert können sie jedoch nur die Struktur der Persönlichkeit umreißen, sie bilden also das Minimalgerüst. Und viertens schließlich, sind sie im Realitätsbewältigungsprozeß *Kategorien,* die zur Selbst- und Fremdkontrolle dienen, ob und wie in einer Situation die Verhaltensdispositionen gelernt werden (können), und zwar mit Hilfe von Fragestellungen, *wo* und *wie* läßt sich durch *was* und *warum* gerade dadurch z.B. Solidarität lernen. Diese didaktische Fragestellung kann sowohl „Lehrer" wie „Schüler" anwenden. Verhaltensdispositionen können im Unterricht zwar nicht losgelöst von Wissensaneignung gelernt werden, sie sind jedoch Fähigkeiten, die nicht an speziellem „Stoff" entwickelt werden müssen. Ein Problem ergibt sich jedoch beim Entwurf solcher Verhaltensdispositionen. Aus der Beliebigkeit möglicher Verhaltensweisen werden einige wenige herausdestilliert (unter bestimmten Zielwerten und Bedingungen). Wir haben deshalb auf folgende Fragen zunächst einzugehen:

1. Wie werden Verhaltensdispositionen gewonnen?
2. Wie werden sie als legitim ausgewiesen?
3. Sind sie operationalisierbar?

1. Gewonnen werden sie aus den Vorstellungen, die im Kapitel II ausgeführt sind, in Verbindung mit der explizierten Zielvorstellung

(Kapitel III, C–F), unter der Kontrolle und Hilfe lerntheoretischer und sozialisationstheoretischer Ergebnisse und unter Berücksichtigung der qualifizierenden Wirkung der vier Situationstypen.
Dieses, freilich nicht explizierte, Raster kann genauer nicht angegeben werden, denn die Ableitungen sind keine stringenten, eher werden die Verhaltensdispositionen nach ihrem Grad der Integrierung anderer emanzipierender Verhaltensweisen beurteilt. Ein genaueres Raster wäre zwar aufzustellen, aber nicht begründbar.

2. Die Frage nach der Legitimität kann wissenschaftlich nicht *eindeutig* beantwortet werden. Legitimierungsprozesse können nur immanent überprüft werden, innerhalb eines theoretischen Gerüsts. Der Legitimierungsprozeß findet wesentlich durch die Befragung von

– Gegenwartsrelevanz für das Kind,
– Gegenwartsrelevanz für den Erwachsenen,
– Zukunftsrelevanz innerhalb der gesellschaftlichen Entwicklung,
– Zukunftsrelevanz, die sich aus unserer Theorie ergibt,

der schon vorher aufgestellten Kriterien und Kategorien statt und durch die Befragung, ob durch die Verhaltensdispositionen Emanzipation erreichbar wird.

3. Operationalisierbar sind die Verhaltensdispositionen bis zu einem gewissen Grade. Kommunikationsfähigkeit kann z.B. relativ exakt beschrieben werden; Spontaneität wohl kaum. Allenfalls könnte man eine quantitative Größe angeben, in welcher Zeiteinheit operantes Verhalten auftritt. Derartige Messungen können wohl schwerlich aus der Beliebigkeit herausgeführt werden.
Trotzdem ist es zur Kontrolle wichtig, daß operationale Begriffsbestimmungen angestrebt werden. Wichtiger jedoch scheint mir ihre Begriffserweiterung und Relevanzbestimmung.

## 1. Kommunikation(sfähigkeit)

Situationsbewältigung, politisches Handeln überhaupt, vollzieht sich in menschlichen Interaktionssystemen. Handeln drückt eine bestimmte

Absicht aus. Indem ein Individuum Realität bewältigt, interagiert es. Es interagiert lernend mit anderen Individuen über seine Handlungsabsicht, kurz, es kommuniziert.

So ist jegliches Handeln, vor allem in Interaktion sich vollziehendes gesellschaftliches Handeln, auf Kommunikation angewiesen. Ohne Kommunikation läßt sich in den vergesellschafteten Lebenssystemen und deren Situationen nicht wirksam und kompetent handeln. Wie schon in Kapitel II ausgeführt, ist jedoch nicht jedes Handeln kommunikativ ausgerichtet. Wir unterscheiden zwischen zweckrationalem und kommunikativem Handeln.

Kommunikatives Handeln verbindet die verschiedenen Handlungsformen, es sorgt für Verständigung über Lebensprobleme. Rationales Handeln kann sich somit auf zweckrationales Handeln nicht beschränken, es bedarf der Ergänzung durch die kommunikative Handlungsdimension, die Interaktion erst sinnvoll kontrollieren läßt und Reflexion verbürgt. Kommunikation bzw. Kommunikationsfähigkeit ist so die wichtigste, die zentralste Verhaltensdisposition, die alle andern vermittelt.

Diese „Zentralkategorie" in unserem didaktischen Modell soll nun etwas genauer untersucht werden. Unter Kommunikation soll „jede erkennbare, bewußte oder unbewußte, gerichtete oder nicht gerichtete Verhaltensänderung bezeichnet werden, mittels derer ein Mensch (oder mehrere Menschen) die Wahrnehmung, Gefühle, Affekte, Gedanken oder Handlungen anderer absichtlich oder unabsichtlich beeinflußt"[14]. Kybernetisch formuliert könnte man unter Kommunikation auch die Übermittlung und Verarbeitung von Nachrichten in Form von Signalen verstehen. Signale, als ein mit Bedeutung versehenes Zeichen (vgl. Drever, 4/1970, 238) können in Klassen (Symbolen) zusammengefaßt werden. Nachrichten werden nun nicht unmittelbar ausgetauscht, sondern in Form von Symbolen.

Ein einfaches Kommunikationsmodell mag dies veranschaulichen. Kommunikation wird hier als Rollenhandeln verstanden (zum Rollenbegriff s. weiter unten). Ein Sender-Empfänger I kommuniziert mit (sendet in einem Kanalsystem) Sender-Empfänger II.

---

14 R. Spitz: Nein und ja. Die Ursprünge der menschlichen Kommunikation. Stuttgart, o.J., S. 12 Anm. 1 (Zitiert nach Gottschalch, 1970, 105.)

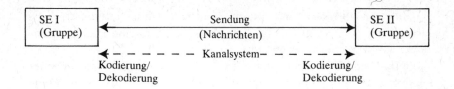

Aus dem Kommunikationsmodell geht hervor, daß beide *Kommunikanten* über ein gemeinsames System verfügen müssen, das die Wahrung der Intersubjektivität der Verständigung verbürgt, wobei das Kodierung/Dekodierungssystem I sich nicht mit dem Kodierung/Dekodierungssystem II vollständig decken muß, vielmehr sind beide Systeme different voneinander. Geht die Differenz zu weit, bricht die Verständigung ab, bzw. werden „falsche" Nachrichten empfangen.
Zwei Bedeutungsebenen können unterschieden werden:

– die denotative Bedeutung (Inhaltsbezeichnung, Begriffsbedeutung).
– die konnotative Bedeutung (ist die *wertende* Mitbedeutung, wie „gut", „schlecht", „vorteilhaft" usw. etwas ist).

Kommunikatives Handeln verläuft also in Symbolsystemen. Kommunikation kann deshalb auch als symbolische Interaktion verstanden werden. (Vgl. dazu auch die 5 Kommunikationsaxiome von Watzlawick, u. a., 4/1974, 50 f., die die Struktur von Kommunikationsprozessen zu fassen versuchen:
1. Die Unmöglichkeit nicht zu kommunizieren
2. Der Inhalts- und Beziehungsaspekt der Kommunikation
3. Die Interpunktion der Kommunikationsabläufe
4. Digitale und analoge Kommunikation
5. Symmetrische und komplementäre Interaktionen
Da der rollentheoretisch-interaktionistische Ansatz *Situationen* zu erfassen versucht, scheint es günstiger, diesen als Ausgangspunkt zu nehmen. (Die Strukturbestimmungen Watzlawicks u. a., werden je nach Bedarf hinzugezogen.)
Zum weiteren Verständnis dieser und der daraus folgenden Ausführungen, soll hier auf den interaktionistischen Ansatz der Rollentheorie L. Krappmanns und J. Habermas kurz eingegangen werden (Krappmann: Soziologische Dimensionen der Identität, 2/1972, Habermas: Thesen zu einer Theorie der Sozialisation, 1968).

Der interaktionistische Ansatz

Der Ansatz von Krappmann und Habermas stellt eine Weiterentwicklung und Modifikation des Parsonschen und des Meadschen Ansatzes dar.
Ausgangspunkt ist die Annahme, daß die Gesellschaft ein soziales System mit Subsystemen sei, in der ihre Mitglieder soziale Rollen spielen.
Sozialisation wird demnach „als ein Vorgang der Integration in bestehende Rollensysteme verstanden... hier ist der Prozeß der Vergesellschaftung zugleich ein Vorgang der Individuierung" (Habermas, 1968, 2/3). Unter einer sozialen Rolle wollen wir das normative, virtuelle Bündel von komplementären Verhaltensstrategien und -erwartungen verstehen (vgl. dazu Funkkolleg Sprache, Nr. 10, 1973, S. 58).
„Das Rollenspiel ist eine Interaktion, an der mindestens zwei Partner teilnehmen – vorausgesetzt ist die Ebene der Intersubjektivität der Bedeutung von Symbolen" (Habermas, 1968, 2). Das gebräuchlichste Symbolsystem ist dabei die Sprache.
Krappmann weist darauf hin, daß das Handeln von vorgegebenen Normen bestimmt wird, die Verhaltenserwartungen bewirken, daß aber Normen und faktisches Verhalten sich nicht decken (vgl. Krappmann, 1971, 162). Der Rollenbegriff läßt sich weiter differenzieren: in „Position", die die *Stellung* in den Klassifikationssystemen und Gruppierungen bezeichnet, und in „*Status*", der die Stellung „in der Rangreihe nach Ansehen und Prestige bezeichnet" (Fend, 2./3. 1970, 136).
Rollen können weiterhin danach unterschieden werden, ob sie symmetrisch, d.h. gleichrangig sind (z.B. Schüler-Schüler) oder ob sie komplementär (z.B. Lehrer-Schüler) ausgerichtet sind.
Im Gegensatz zu Parsons, der von dem Gleichgewichtstheorem interagierender Rollenpartner ausgeht, die sich gleichsam selbst regulieren, stellt Krappmann demgegenüber fest, daß der Regelfall täglicher Interaktion dadurch gekennzeichnet sei, daß „die Rollenspieler auf unklare und inkonsistente Erwartungen stoßen, die zudem mit ihren Bedürfnispositionen sich keineswegs decken" (Krappmann, 1971, 168), wobei er als Prämisse im Gegensatz zu Parsons von einer repressiven Gesellschaft ausgeht.

Unser Ziel – ein politisch handlungsfähiges Individuum – impliziert, daß die entsprechenden Rollen erfolgreich bewältigt werden. Als Grundbedingungen für erfolgreiches Rollenhandeln postuliert Krappmann:

1. Daß „Rollennormen nicht rigide definiert sind, sondern einen gewissen Spielraum für subjektive Interpretationen durch die Rollenpartner lassen, daß
2. die Rollenpartner im jeweiligen Interaktionsprozeß nicht nur die aktuelle Rolle übernehmen, sondern zugleich verdeutlichen, welche weiteren Rollen sie noch innehaben oder früher innehatten, daß
3. mehr als ein vorläufiger, tentativer und kompromißhafter Konsens der Partner über die Interpretation ihrer Rollen im Regelfall nicht zu erreichen und auch nicht erforderlich ist.
4. Dies Modell geht ferner davon aus, daß die individuellen Bedürfnisdispositionen den institutionalisierten Wertvorstellungen nicht voll entsprechen. Somit müssen...
5. die Rollenpartner für die Sicherung des Fortgangs von Interaktion fähig sein, auf die von den eigenen verschiedenen Bedürfnispositionen des anderen einzugehen und auch unter Bedingungen unvollständiger Komplementarität, d. h. nur teilweiser Befriedigung eigener Bedürfnisse, zu interagieren.
6. Nicht Institutionen, deren Mitglieder Normen „automatisch" erfüllen, werden als stabil betrachtet, sondern diejenigen, die ihren Mitgliedern ermöglichen, im Rahmen des Interpretationsspielraums, den die vorgegebenen Normen lassen, eigene Bedürfnisse in der Interaktion zu befriedigen" (Krappmann, 1971, 169).

Entsprechend dem funktionalistischen Ansatz der Situationsbewältigung von vier Situationstypen muß zunächst vom Individuum die Interaktionssituation (symbolisch) definiert werden[15]. Der Meadschen Kategorie des role-taking, als „spielende" Internalisierung von Rollen, wird aus der Einsicht der Interpretationsbedürftigkeit von Rollen das role-making, die bewußte und konkrete „Ausgestaltung einer Rolle durch die Interpretation unklarer und inkonsistenter Erwartungen" (Krappmann, 1971, 170), gegenübergestellt. Nach diesem Ansatz (der

---
15 Unter Interaktion wollen wir im Anschluß an Habermas Handlungen, Sätze und Erlebnisausdrücke verstehen (vgl. 1968, 4).

auch mit den Ergebnissen anderer sozialisationstheoretischer Ansätze übereinstimmt) setzt der Prozeß der Rollendifferenzierung bei der *Geschlechterrolle* an; danach wird die *Generationsrolle* ausdifferenziert. Die Ausdifferenzierung der Geschlechts- und der Generationsrolle erfolgt dabei schichtenspezifisch (vgl. dazu Gottschalch, 1971, 121 ff.). Es werden vom Allgemeinen zum Besonderen gehend immer mehr Rollen(-systeme) gelernt. Herrschaftsstrukturen werden im interaktionistischen Ansatz durch den Begriff des „generalized other" (Erwartungen und allgemeiner Standpunkt der Rollenspieler; vgl. Fend 2./3. 1970, 31) wenigstens teilweise erfaßt. Es wird davon ausgegangen, daß Interaktion nur im repressionsfreien Raum stattfinden kann. Da aber in unserer Gesellschaft das „generalized other" sich in partikularistische Interessen aufspaltet, und nur in Kleingruppen vielleicht ansatzweise möglich ist, wird diese Kategorie zu einer kritischen, weil sie gebrochene bzw. gestörte Kommunikationsbeziehungen (theoretisch) aufdeckt.

Durch die Verinnerlichung des generalized other spaltet sich das „Selbst" in ein „I" und „Me", wobei das „I" dem psychoanalytischen Ich und „Me" dem Über-Ich entspricht. Die verhinderte Kommunikation schafft die Differenz von „Me" und „I". Die von Mead gewünschte Einheit des Selbst wird verhindert. Hier treffen sich Psychoanalyse, die den Kampf des Ichs mit dem Es und Über-Ich schildert, der Meadsche Interaktionismus mit dem verhinderten bzw. schizophren internalisierten generalized other, in der das Selbst nicht mehr zu sich finden kann, und die Krappmannsche bzw. Habermassche Version des Interaktionismus, die die Schwierigkeiten der Identitätsbildung des Ichs schildern.

Das Ziel „Ichstärke", Einheit des Selbst oder Ich-Identität bezeichnen das gleiche Bemühen, das vergesellschaftete Individuum auch zugleich zu individuieren und es aus der Vereinzelung herauszuholen. (Zur genaueren Bestimmung von Ich-Identität als Voraussetzung emanzipatorischer Realitätsbewältigung siehe Nr. 2 dieses Abschnitts.)

Umgangssprachliche Kommunikationsprozesse, die in Rollensystemen sich abspielen, sind so komplex, daß eine Differenzierung in verschiedene *Symbolsysteme* geboten scheint.

Ich unterscheide zwischen 4 Symbolsystemen:

1. verbale Kommunikation
2. visuelle Kommunikation

3. gestische Kommunikation[16]
4. tonale Kommunikation

Bevor die einzelnen Symbolsysteme näher erläutert werden, müssen wir einige Begriffe einführen. Ähnlich wie beim Lernen können wir zwischen einem Erwerb, hier eine *kommunikative Fähigkeit* (Kompetenz) und dessen Vollzug, also die Realisierung im Verhalten, dieser Fähigkeit unterscheiden (*Performanz*).

Unter *kommunikativer Kompetenz*[17] wollen wir die Fähigkeit eines Senders/Empfängers verstehen, sich in verschiedenen Redesituationen zu verständigen (abgewandelte Begriffsbestimmung aus Funkkolleg Sprache, 9, 1973, S. 51).

Unter *Performanz* dagegen die Realisierung im Verhalten, in verbaler, visueller, gestischer oder tonaler Form (vgl. Funkkolleg Sprache 10, 1973, S. 71 ebenfalls abgewandelt).

Kommunikative Kompetenz ist virtuell realisierte Kommunikation und zwar als potentielle Verhaltensstruktur. Performanz ihre *offenbare* Umsetzung. Die Symbolsysteme haben neben ihrer festgelegten gesellschaftlichen (Gruppen-)Bedeutung jeweils noch individuelle Bedeutung.

*Individuelle* und *kollektive* Bedeutungen sind nicht kongruent. Sie decken sich nur teilweise (vgl. dazu das ähnliche Modell; Funkkolleg Sprache 1, 1973, S. 68).

Nun zu den Symbolsystemen selbst.

a) Verbale Kommunikation
bewegt sich im Medium der Sprache und kann sich mündlich oder schriftlich äußern. Wie Bernstein festgestellt hat, gibt es unterschiedliche und zwar schichtenspezifische Strategien der verbalen Planung: die Codes (elaboriert – restringiert). Sie beeinflussen das sprachliche Handeln in unterschiedlicher Weise (vgl. dort). Verbale Kommunikationsfähigkeit ist wohl die wichtigste und die gebräuchlichste in der Interaktion. Ihre mündliche Äußerung ist situativ gebunden und bedarf der Ergänzung. Vor allem durch gestische Kommunikation. Ihre

---

16 In Funkkolleg Sprache 9, 1973, S. 51 ff. auch „aktionale" genannt.
17 Vgl. dazu auch: Habermas: Vorbereitende Bemerkungen zu einer Theorie der kommunikativen Kompetenz. In: Habermas/Luhmann, 1/1971, S. 101 ff.

schriftliche Äußerung ist weit komplizierter, sie erfordert abstrakte Denkvorgänge, da die situativen Bedingungen immer miterklärt werden müssen. Verbale Kommunikation verhilft zur Interessenartikulation fremder und eigener Bedürfnisse. Zudem schafft sie die Möglichkeit zu solidarischen Aktionen. Dieses Symbolsystem erlaubt die Verbalisierung vorhandener Probleme und Konflikte und damit ihre Bewußtmachung und Verdeutlichung.

b) Visuelle Kommunikation
Darunter verstehe ich alle die Kommunikationsformen, die sich durch *bildhafte Zeichen* (Fotografien, Bilder, Zeichnungen) ausdrücken. Visuelle Kommunikation bedarf vor allem der Ergänzung durch gestische Kommunikation und/oder verbale. Sie scheint mir aber ein ausgezeichnetes Mittel zu sein, Lernsituationen zu bewältigen. Vor allem bei den Schülern, die Schwierigkeiten mit verbaler Kommunikation zeigen. Fotographien z. B. können zu dokumentarischer Analyse von *konkreten* Situationen verwendet werden; Bilder, Zeichnungen zur Veranschaulichung und Bewußtmachung *abstrakter* Probleme. Dieser Kommunikationsform wird sich zwar häufig bedient, jedoch scheinen mir die Möglichkeiten noch nicht ausgeschöpft zu sein (Schaubilder, Skizzen, usw). Emotionen können durch diese ungezwungener zum Ausdruck gebracht werden und durch ihre Verbalisierung rationalisiert werden.

2. Gestische Kommunikation

Darunter verstehe ich Kommunikationsformen, die sich durch *motorische* Äußerungen ausdrücken. Fast jegliches Lernen geschieht in Verbindung von verbaler und gestischer Kommunikation. Letztere kann vor allem in Rollenspielen gelernt werden, die, angefangen am pantomimischen Rollenspiel bis zum verbalen Rollenspiel, Probleme bewußt macht und eine wirksame Hilfe im Verstehungsprozeß von Interaktionssituationen sein kann. Gestische Kommunikation kann dort Anwendung finden, wo es sich um (spielbare) Situationsanalysen handelt. Sie kann gleichfalls zur Überwindung sogenannter „Sprachbarrieren" beitragen. Gestische Kommunikation (in Form des Rollenspiels) fördert Verstehungsprozesse insofern, als in nicht ritualisierten Interaktionsformen besondere Aufmerksamkeit gefordert wird; sie schärft den Blick für das, was sich konkret abspielt und sensibilisiert für repressive Interaktionsformen (und Kommunikationsstrukturen)[18].

## 3. Tonale Kommunikation

Diese Kommunikationsform wird zur Zeit kaum zur Situationsbewältigung verwendet.
Unter tonaler Kommunikation verstehe ich alle Lautäußerungen und hörbare Zeichen, die nicht verbaler Natur sind („Musik"). Tonale Kommunikation tritt ebenfalls nicht alleine auf. Sie kann zu Kreativität und Spontaneität beitragen, als Absichten, Kritik usw., die phantasiereich vermittelt werden können, z. B. durch Politsongs, die einen Fabrikrhythmus und den Lärm, dem die Menschen dort ausgesetzt sind, verdeutlichen. Oder durch Lieder, die durch ihre Disharmonien und neuen Tonarten sich den herkömmlichen widersetzen, es also kritisieren.
Tonale Kommunikation kann z.B. in Gruppen gelernt werden, die gemeinsam improvisierend spielen (z.B. Jazz oder sogenannte „selfmusic"). Dadurch kann ausgezeichnet und ungezwungen das „Aufeinandereingehen", das gemeinsame Handeln gelernt und erprobt werden.

Kommunikation als unilaterale (einseitige) und bilaterale (wechselseitige), kann zur rationaleren und emanzipativeren Realitätsbewältigung beitragen, indem sowohl kommunikatives *Handeln* als auch kommunikative *Reflexion* zusammenwirken. Gleichfalls dürfen die vier Kommunikationsformen nicht isoliert verwandt werden. Sie ergänzen sich und je nachdem, welche Situation bewältigt werden muß, tritt die eine oder die andere stärker hervor. (Vgl. dazu auch die Ausführungen Vesters, 1975, 122, der von 5 menschlichen Lerntypen spricht: „den visuellen Sehtyp, den auditiven Hörtyp, den haptischen Fühltyp, vielleicht noch den verbalen Typ und den Gesprächstyp. Sozusagen die wichtigsten Lerntypen, auf die ein Lehrer in seiner Klasse grundsätzlich eingehen und seinen Unterricht entsprechend einrichten sollte".)
Kommunikationsfähigkeit erstreckt sich sowohl auf erklärende, wie verstehende Prozesse; Verstehen erstreckt sich nach Habermas auf

---

18 Zum Rollenspiel vgl. Shaftel/Shaftel: Rollenspiel als soziales Entscheidungstraining, 1973. K. Tiemann: Planspiele für die Schule, 1969.

- sprachliche Ausdrücke
- Handlungen
- Erlebnisausdrücke (1968, 207 ff.)

Erklärende Prozesse sind, als weiterführende von Verstehen, deren Umsetzung in „theoretische Konstrukte", also überprüfbare Aussagen, die zu rationalen Problemlösungsstrategien führen.
Kommunikationsfähigkeit als kompetente Verfügung über die genannte Kommunikationsformen ist *ein* Ziel des politischen Unterrichts. Kommunikative Kompetenz birgt den Schutz vor Ideologien in sich und erhöht die Sensibilität gegenüber Herrschaft, indem das Individuum fähig wird, Herrschaft zu *erkennen,* zu kritisieren und seine Interessen wirkungsvoll zu vertreten. Kommunikationsfähigkeit kann deshalb auch als die Fähigkeit angesehen werden, Herrschaftsideologien analytisch zu kritisieren. „Die entfaltete Form sozialer Kommunikation ist der uneingeschränkte, freie, symmetrische Dialog zwischen Menschen, die in diesem Dialog gegenseitige Verständigung und Selbstverständigung über ihre je konkrete Lage, ihre Interessen und über den Sinn und die Ziele ihrer Handlungen vollziehen ... Die Konzeption eines solchen Dialogs ist gewonnen aus der Negation faktischer Restriktionen und der faktischen Asymmetrie menschlicher Kommunikation durch..., auf ökonomische und soziale Herrschaftsstrukturen gegründete Abhängigkeiten sowie durch „sekundäre" Abhängigkeiten, mit denen der Mensch unter Realitätsverlust sich über das Faktum seiner Unfreiheit und die Wirklichkeit der Unterdrückung seiner Interessen und Bedürfnisse hinwegtäuscht" (Holzkamp, 1972, 40).

Etwas konkreter gefaßt:
Kommunikationsfähigkeit bedeutet, daß gesellschaftliche Prozesse vom Schüler sowohl *verstanden* wie *erklärt* werden sollen und zwar mit Hilfe der Symbolsysteme: Verbalisierung, Visualisierung, Gestik und Ausdruck in Tönen.
Der Schüler soll die verschiedenen Symbolsysteme zum Verstehen und Erklären benutzen können; gleichzeitig sind diese Fähigkeiten – da sie ja Ziele sind – anzustreben, d. h. im Lernprozeß zu vermitteln.
*Verstehen:*
Der Schüler soll sprachliche Ausdrücke, Handlungen, Erlebnisausdrücke mittels der genannten Symbolsysteme darstellen können. Dies soll am Beispiel des Problems „Chile" kurz aufgezeigt werden.

Äußerungen von Politikern wie z. B. des CDU-Abgeordneten B. Heck mit solchen wie z. B. von Amnesty International über die Lage der politischen Gefangenen in Chile können von den Schülern sowohl in Diskussionen, kurzen Referaten, Klassenpodiumsgesprächen usw. *verbal* erfaßt werden. *Visuell* sind solche Äußerungen z. B. durch Karrikaturen, denen von den Schülern Sprechblasen angeklebt werden (diese können Texte, Photos oder dergl. enthalten) darstellbar. Derselbe Sachverhalt läßt sich ebenfalls gut durch Photomontagen ausdrücken. *Gestische* Verarbeitung der sprachlichen Ausdrücke sind u. U. durch pantomimische Konkretisierungen eines fiktiven Gesprächs der beiden Parteien zu erzielen, indem z. B. das Leben eines politischen Gefangenen aus der jeweiligen Sicht dargestellt wird.
*Tonal* wäre z. B. ein Lied F. J. Degenhardts oder von Floh de Cologne zu verarbeiten. Man kann hier über die Art dieser Musik sprechen bzw. gestisch oder visuell darüber „diskutieren". (Bei Musik oder überhaupt bei tonalen Äußerungen reicht einfach die Fähigkeit des verbalen Symbolsystems nicht mehr aus, solche Kommunikation angemessen zu beurteilen: z. B. der stampfende Rhythmus als Metapher des Faschismus.)
Handlungen, z. B. der Ablauf des Putsches in Chile sind in ähnlicher Weise darstellbar.
Erlebnisausdrücke können – zumal als vielzitierter „Einstieg" – sehr eindrucksvoll verbal (z. B. Tonbandaufnahme, -aufzeichnung der letzten Worte Allendes, Berichte von Bombardierungen von Arbeitsviertel durch Napalm, daran anschließend eventuell das Gedicht G. Grass über Napalm usw.), gestisch (Folterungen), visuell (Fotomontagen: z. B. lachendes Gesicht von Pinochet mit Bilder aus dem Stadion in Santiago; Landkarten, die die geographische Lage Chiles deutlich machen lassen mit Fotos streikender Fuhrunternehmer) und schließlich tonal (z. B. ein übersetztes Lied des ermordeten chilenischen Volkssängers Victor Jara) dargestellt werden.
*Erklären:*
Als Weiterführung von Verstehen mündet Erklären in Abstrahierung, Hypothesenbildung, Vorschläge zu Problemlösungsstrategien.
Um die Symbolsysteme, die die Schüler verwenden, besser zu erfahren, d. h. sie überhaupt zu kennen, ihre Möglichkeiten der Nutzung desgleichen ihre Grenzen zu wissen, scheint es mir empfehlenswert, sie auch explizit als Symbolsysteme herauszustellen. Dies kann entweder

bei „Verstehen" oder bei „Erklärung" geschehen: je einer Gruppe wäre ein solches Medium als Symbolsystem zuzuordnen.
Die Darstellung und Diskussion von Erklärungsprozessen kann (wie bei „Verstehen" erläutert) auch hier angewendet werden. Nur ist die Erklärungsebene abstrakter; z.B. müßte auf das Problem des Faschismus usw. eingegangen werden.
Kommunikationsfähigkeit kann über Problemkomplexe erlernt werden, indem die Schüler zunächst die verschiedenen Möglichkeiten kennenlernen, gesellschaftliche Vorgänge aufzunehmen (d.h. es erfolgt zunächst eine Sensibilisierung für verschiedene Symbolsysteme), darzustellen, zu analysieren und Alternativen vorzuschlagen. Sie erlernen dabei die verschiedenen Möglichkeiten und die Grenzen der Kommunikation mit anderen, die Leistungen der Symbolsysteme. Es ist bei regelmäßiger Initiierung solcher Prozesse zu erwarten, daß die Schüler ihre kommunikative Kompetenz und Performanz erweitern, ihre Interaktionsmöglichkeiten also vielfältiger werden. In der schulischen Praxis nützt man die Möglichkeiten verschiedener Symbolsysteme kaum aus. Die meisten Interaktionen verlaufen über Sprache, ein System das zu den schwierigsten gehört.
Die geschilderte Vorgehensweise müßte auch innerhalb der Klasse gefördert werden: Wandzeitungen, Klassenratssitzungen usw. Die Schüler sollen lernen, ihre Bedürfnisse und Probleme auszudrücken und zwar unter Zuhilfenahme der *verschiedenen* Symbolsysteme, und über die verschiedensten Kanäle. Die Wandzeitung kann ein Brett sein, auf dem Schüler und Lehrer Mitteilungen, Vorschläge, Berichte usw. anbringen: in Form eines Textes, einer Zeichnung, Karrikatur, Photos usw. Probleme können auf Klassenratssitzungen in Form von Anträgen, Probleme der Schule in Veranstaltungen der SMV durch Sketche, selbstgemachte Lieder (ein Text wird zu irgend einem bekannten Schlager entworfen), Flugblätter oder dergleichen vorgetragen und verbreitet werden.
Wir sehen, die Möglichkeiten, die kommunikative Phantasie und damit die Kompetenz zu fördern, scheinen äußerst vielfältig zu sein. Die Entwicklung der Kommunikationsfähigkeit der Schüler erfordert außer klaren Zielvorstellungen Phantasie und Bereitschaft, mit den Schülern und auch mit den anderen Kollegen zusammenzuarbeiten. Man wird dabei entdecken, daß bei diesem Prozeß auch die eigene Kommunikationsfähigkeit erweitert wird. Überhaupt sollte man sich davon freima-

chen, die eigene Person stets außerhalb vom Lernprozeß anzusiedeln. Der Lehrer muß sich direkt in den Lernprozeß miteinbeziehen, seine ihm bis jetzt noch ungewissen Lernfortschritte einzukalkulieren, d. h. in der unterrichtlichen Tätigkeit genug „Platz" dafür zu schaffen.
Dadurch wird wahrscheinlich das starre Festhalten an einmal explizit aufgestellten Lernzielen oder sich unbewußt abspielenden Vorstellungen „in diese Richtung muß der Lernprozeß gehen" wesentlich gemildert, der Lehrer sieht sich *mit* den Schülern in einem *gemeinsamen* Lernprozeß. „Befreiung lernen" kann nicht von Subjekt A zu Subjekt B vermittelt, sondern nur zusammen erfahren und erlernt werden.

## 2. Ich-Identität

Realitätsbewältigung und Emanzipation fordern vom Individuum Selbständigkeit und Unabhängigkeit, eine Persönlichkeitsstruktur, die den „Befreiung lernen" Vorgang nicht fremdbestimmt macht, sondern selbst die (sich ändernden) Situationen, Lernsituationen kompetent bewältigt. Solche Persönlichkeiten müssen, psychoanalytisch ausgedrückt, Ich-stark oder sozialisationstheoretisch formuliert, ich-identisch sein.
„Identität ist das, was einen glauben läßt, man sei an diesem Ort und zu diesem Zeitpunkt derselbe wie an jenem Ort zu jenem Zeitpunkt, in der Vergangenheit oder Zukunft; sie ist all das, womit man identifiziert wird" (Ronald D. Laing: „Das Selbst und die Anderen", 2/1969, S. 89). Lernsituationen erfordern eine Umstrukturierung des Ichs, da hier neue Faktoren hinzutreten, die eine Krise auslösen (Problem, Konflikt) und eine Umstrukturierung des Ichs (Assimilation, Akkomodation) zur Folge haben. In einer erfolgreichen Situationsbewältigung bleibt das Ich mit sich selbst identisch. Was das heißt, werden wir zu untersuchen haben. „Ich-Identität kann zunächst als Name für die spezifische Fähigkeit, Krisen der Ich-Struktur durch Umstrukturierung zu lösen, eingeführt werden" (Habermas, 1968, 12). Diese Krisen sind nun so als Lernprozeß zu organisieren, daß sie eine starke Ich-Identität ermöglichen.
„In dem Maße, als Personen solchen Situationen dadurch begegnen, daß sie sich ‚umorientieren', d.h. neue Interpretationen finden, neue Kategorien entwickeln, ihre eigene Identität neu definieren und eine

Lösung für die Divergenz ihrer Bezugsgruppe finden, bewahren sie einen relativen Grad von Ich-Identität" (Habermas, 1968, 13). Goffman (Stigma: Über die Techniken der Bewältigung beschädigter Identität, Frankfurt 1967, zitiert nach Habermas, 1968, 59) unterscheidet zwischen zwei Identitäts-Dimensionen:

1. Die *personale Identität,* in der die individuellen Ereignisse zum Ausdruck kommen.
2. Die *soziale Identität,* in der die „Zugehörigkeit ein und derselben Person zu verschiedenen, oft inkompatiblen Bezugsgruppen" zum Ausdruck kommt (verschiedene Rollensysteme), (Habermas, 1968, 13).

Durch die Anforderungen der Umwelt, so zu sein, wie kein anderer (personale Identität) und gleichzeitig mit den vorherrschenden Normen voll übereinstimmen (soziale Identität) geraten beide Dimensionen in Widerstreit. Beide Identitätsdimensionen müssen durch eine Balance aufrechterhalten werden (vgl. Krappmann, 1971, 170)[19]. Diese Balance nennen wir Ich-Identität.

„Eine gelungene Identitätsbalance bewirkt, daß das Individuum einerseits trotz der ihm angesonnenen Einzigartigkeit sich nicht durch Isolierung aus der Kommunikation und Interaktion mit anderen ausschließen läßt und andererseits, sich nicht unter die für es bereitgehaltenen sozialen Erwartungen in einer Weise subsumieren läßt, die es ihm unmöglich machen, seine eigenen Bedürfnisdispositionen in die Interaktion einzubringen" (Krappmann, 1971, 171).

Individuierung – Individualisierung
Der Vergesellschaftungsprozeß in bestehende Rollensysteme ist zugleich ein Vorgang der Individuierung (vgl. auch Abschnitt Sozialisationstheorie Kap. II). Der Individuierungsvorgang ist der dynamische Begriff für Ich- Identität. Individuierung geschieht dadurch, indem man sich selbst und in Abgrenzung davon die anderen definiert. Definitionen des eigenen „Ichs", Identitätsfindung, ist also nur in Interaktion möglich. „Das Resultat ist nicht das unmittelbare Sich-Erkennen des

---

[19] Vgl. aber auch Habermas, 1968, 13, der nicht von „Widerstreit" sondern von „Synthesis" spricht.

einen im anderen, also Versöhnung, aber eine Stellung der Subjekte zueinander auf der Basis gegenseitiger Anerkennung – nämlich auf der Grundlage der Erkenntnis, daß die Identität des Ichs allein durch die von meiner Anerkennung ihrerseits abhängige Identität des anderen, der mich anerkennt, möglich ist" (Habermas, 4/1970, 19). Ich-Identität ist daher nicht einzeln, sondern nur kollektiv zu erreichen. Ich-Identität oder der Prozeß der Individuierung ist ein kollektiver Akt, der nur in herrschaftsfreier Interaktion und symmetrischer Kommunikation sich herstellen kann.

In unserer Gesellschaft herrscht Vereinzelung und Vereinsamung, Kommunikationslosigkeit der Individuen. Habermas folgert: „Unter den Reproduktionsbedingungen einer industriellen Gesellschaft würden Individuen, die nur noch über technisch verwertbares Wissen verfügen und keine rationale Aufklärung mehr über sich selbst wie über Ziele ihres Handelns erwarten dürften, ihre Identität verlieren" (Analytische Wissenschaftstheorie und Dialektik, in: Adorno 1969, 262). Diesen Identitätsverlust und Vereinzelungsprozeß nenne ich, im Unterschied zur Ichfindung, *Individualisierung*. Die Folgerung daraus ist, daß zur Ich-Findung kollektive Anstrengungen notwendig sind, um die verlorengegangene oder geschwächte Ich-Identität wieder zu erlangen. Ich-Identität wird somit zum einen zu einer Bedingung für Emanzipation (individualisierte Individuen sind unfähig, sich rational und kompetent zu verständigen) und zum anderen ist sie eine kritische Kategorie zur Gesellschaftskritik. „Das hier vorgetragene Identitätskonzept jedoch ist kein Harmoniekonzept. Es erlaubt, zwischen einer Inkonsistenz von Erwartungen im Rollenhandeln zu unterscheiden, die auf den je verschiedenen Identitätsbalancen der Rollenpartner beruht, und antagonistischen Verhältnissen, die diese Identitätsbalance gerade zu unterdrücken suchen, weil in ihr der Konflikt nicht unterschlagen, sondern aufgedeckt wird" (Krappmann, 1971, 172). Ich-Identität drückt sich in Verhaltensweisen aus. Durch Kommunikation in wechselnden Interaktionssituationen bildet sich Ich-Identität aus. Situationen müssen bewältigt werden. Eine soziologische Kategorie zur Handlungserklärung ist der Rollenbegriff[20]. Ich-Identität drückt sich in der Rollenstruktur (= alle möglichen Rollen) aus. Folgende Verhaltensweisen sind als Kennzeichen des Individuierungsprozesses anzuse-

---

20 Unter Rollen verstehen wir normative, virtuelle Strategien und Erwartungen.

hen (vgl. dazu Habermas, 1968, S. 8–11, und Krappmann, 1971, 173 ff.):

- Ambiguitätstoleranz
- Ambivalenztoleranz
- Rollendistanz/Flexibles Rollenspiel

Ambiguitätstoleranz
Sie ist nach Krappmann (1971, 172) Folge und Voraussetzung der Identitätsbalance und bezeichnet die Wahrung der Identität bei diskrepanten Erwartungen, also die Fähigkeit, Urteile in der Schwebe zu halten oder zu nuancieren (vgl. Drever, 4/1970, 173). „Die Wahrnehmung derartiger Diskrepanzen hinwiederum ist die Voraussetzung für die Behauptung von Ich-Identität, denn sie erst befähigt, an gemeinsame Normen anknüpfend die besondere Situation des Individuums darzustellen" (Krappmann, 1971, 174). Autoritätsstrukturierte Persönlichkeiten zeigen daher ein geringes Maß an Ambiguitätstoleranz (vgl. Krappmann, 1971, 174), sie klammern sich vielmehr an Stereotypen. Ambiguitätstoleranz ist vor allem in einer repressiven Gesellschaft nötig, die Bedürfnisbefriedigung verweigert: „Wer nur bei voll komplementärer Bedürfnisbefriedigung zu Interaktion motiviert ist, ist gezwungen, von den Interaktonspartnern mehr zu verlangen, als sie aus Rücksicht auf ihre eigene Identitätsbalance zu geben vermögen" (Krappmann, 1971, 174).

Habermas (vgl. 1968, 11) unterscheidet bei Ambiguitätstoleranz drei Möglichkeiten:

a) *kontrollierte Selbstdarstellung* (Gelingen der Rollenambiguität durch ein angemessenes Verhältnis von Rollenübernahme und Rollenentwurf).
b) *diffuse Selbstdarstellung* (Neigung, überwiegend Rollen zu projizieren).
c) *restringierte Selbstdarstellung* (Überwiegende Übernahme von Rollendefinitionen).

Kontrollierte Selbstdarstellung ist also das gelingende Ambiguitätstoleranz-Verhalten.

Ambivalenztoleranz
Die Ambivalenztoleranz (Frustrationstoleranz) bezeichnet die Fähigkeit, konfligierende Werte zu ertragen; psychoanalytisch formuliert, Frustrationen rational zu bewältigen bzw. sie zu tolerieren (Frustrationsschwelle).

Als Nicht-Gelingen vom Ambivalenztoleranz nennt Habermas (1968, 11)

– die *bewußte Abwehr* („Die Komplementarität der Erwartungen in offenem Rollenkonflikt zu verletzen")
– die *unbewußte Abwehr* (Die zwanghafte Aufrechterhaltung der Komplementarität unter Vorspielung einer tatsächlich nicht vorhandenen Reziprozität der Befriedigung).

In Interaktionssituationen werden Frustrationen erfahren. Um trotzdem handlungsfähig bleiben zu können und das Ziel, die Situationsbewältigung, nicht aus dem Auge zu verlieren, muß das Individuum eine gewisse Ambivalenztoleranz erwerben, was allerdings nicht bedeutet, daß die Toleranz umso höher geschraubt werden müßte, je stärker die Spannungen in einer Situation werden.

Rollendistanz/Flexibles Rollenspiel
Rollendistanz ist die psychische Variable kognitiver Selbstreflexion. Sie verbürgt, daß das Individuum in den Rollenerwartungen nicht aufgeht, sondern noch fähig ist, über seine eigene Rollenstruktur zu reflektieren, eine Fähigkeit also, die mit zur *bewußten* und reflektiven Situationsbewältigung gehört. Rollendistanz bezeichnet die Art und Weise, wie Rollen internalisiert werden, und zwar die „Reflexion über ihre *situative Anwendung*" (Krappmann, 1971, 173; Herv. v. Verf.). Nach Habermas ist daher eine gebrochene Intersubjektivität der Verständigung nötig, da sonst der Verlust der Ich-Identität droht. „Der Spielraum einer gebrochenen Intersubjektivität der Verständigung über gemeinsame Normen ist nötig, damit die handelnden Subjekte, indem sie eine soziale Rolle übernehmen, zugleich sich als unvertretbare Individuen darstellen können (1968, 9). Die Forderung nach Rollendistanz wird so zur Kritik verdinglichter Interaktionsformen. Eine „vollständige Definition der Rolle, die die deckungsgleiche Interpretation aller Beteiligten präjudiziert, ist allein in verdinglichten, nämlich Selbstrepräsentation ausschließenden Beziehungen zu realisieren" (ebenda).

Und weiter: „Die vorgängige Synchronisation der Handelnden im Rahmen bruchloser Intersubjektivität verbannt das Problem der Sittlichkeit, nämlich das Einspielen einer zwischen Überidentifikation und Kommunikationsverlust gebrochenen Intersubjektivität..." (4/1970, 20).

Zur Rollendistanz und damit zur autonomen Rollenbewältigung ist sowohl die Internalisierung nötig, als auch die nachträgliche Distanzierung. Normen gelten für das Individuum nur in bestimmten Situationen, und zwar, wenn seine Bedürfnisse und die anderer Individuen befriedigt werden und im Durchsetzen der eigenen Interessen gegenüber Herrschaft. Rolleninstanz wird zur Rollenkritik und produziert bei ihrer Anwendung Selbstsicherheit, Selbstbewußtsein und Widerstandskraft. Habermas unterscheidet drei psychische Strukturen als das Ergebnis der Rollenübernahme (1968, 11):

a) die *flexible Über-Ich-Formation* (gut verinnerlichte Normen werden bei relativer Autonomie flexibel angewandt)
b) das *externalisierte Über-Ich* (auferlegte Normenwerden reaktiv angewandt; Konditionnierung).
c) das *neurotische Über-Ich* (durch repressive Verhaltenskontrolle werden rigide verinnerlichte Normen zwanghaft angewandt) (1968, 11).

Rollendistanz und flexibles Rollenspiel setzen jedoch voraus, daß Rollen nicht zu rigide definiert sind. Rollenrigidität hängt meines Erachtens von:

– dem Grad der Erwartungen
– dem Grad der Institutionalisierung von Herrschaft
– der (möglichen) Interpretierbarkeit ab.

Die Diskrepanz zwischen Interpretationsmöglichkeit und dem Grad ihrer Realisierung ist der Maßstab für flexibles Rollenspiel.
Das hier dargestellte Identitätskonzept der Interaktionstheorie kann nicht so ohne weiteres übernommen werden, denn Habermas und Krappmann beschreiben mit ihren Kategorien den Versuch der Identitätsbalance in der jetzigen Gesellschaft. Ein Identitätskonzept, das jedoch nicht nur den jetzigen Zustand (Realitätsbewältigung) abdecken

will, sondern auf die Zukunft gleichermaßen gerichtet ist (Emanzipation bzw. Befreiung lernen), kann sich damit nicht begnügen. Es wird daher erforderlich sein, das Konzept um eine perspektivische Dimension zu erweitern, um eine Dimension die die Identitätssuche sowohl „hier und jetzt" umfaßt, als auch eine Identitätssuche künftiger anzustrebender Entwicklungen personaler wie sozialer Natur.

Ambiguitätstoleranz, Ambivalenztoleranz und Rollendistanz lassen sich in dem jeweiligen Nichtgelingen der Identitätsbalance einem dichotomischen Schichtmodell zuordnen. Ich-Identität stellt sich gelungen als Balance zwischen personaler und sozialer Identität dar. Eine Nicht-gelungene Identitätsleistung müßte sich, wenn man die von Habermas vorgeschlagenen Abweichungsmöglichkeiten akzeptiert, jeweils in einer Überbetonung der personalen bzw. der sozialen Identitätsdimension ausdrücken lassen. (Zu den folgenden Ausführungen vgl. die Literatur zu Sozialisationstheorie und deren Ergebnisse im Anhang.)

Die hier darzustellende Klassifizierung ist natürlich lediglich eine heuristische. Da die Klassifikation außerdem dichotomisch vollzogen wird, stimmen diese Reinterpretationen der Sozialisationstheorie in identitätstheoretischen Kategorien nur in der Struktur, nicht im Einzelfall mit der Realität überein.

In der Unterschicht liegt eine Überbetonung der personalen, in der Mittelschicht eine Überbetonung der sozialen Identitätsdimension vor. Allgemein formuliert könnte man sagen, daß der Unterschicht durch verweigerte faktische Aufstiegsmöglichkeiten und dem faktischen Nichtbeteiligtwerden am gesellschaftlichen Geschehen eher eine Distanzierung zum System zuzuschreiben ist. Hier wäre von einer „Untersozialisation" zu sprechen. Bei der Mittelschicht ist es, aus genau den gegenteiligen Gründen, umgekehrt: hier wäre eher von einer Überkonformität (der Normen), d.h. von einer „Übersozialisation" zu sprechen.

*Ambiguitätstoleranz*
Die gelungene Identitäsleistung wäre die kontrollierte Selbstdarstellung. In der US werden Rollendefinitionen überwiegend übernommen: restringierte Selbstdarstellung. Da zu wenig Normen internalisiert, d.h. nur übernommen sind, resultiert eine Verhaltensunsicherheit, die als Ausgleich einen Stabilisator sucht: die externe Kontrolle (vgl. Kinder-

erziehung in der US). Der US wird mehr eine Statusorientierung zugeschrieben. In der MS werden dagegen Normen rigide internalisiert, d.h. die Selbstdarstellung ist hier diffus. Da genügend Normen internalisiert sind, fällt die externe zugunsten einer internen Kontrolle weg, die MS ist deswegen mehr personorientiert.

*Rollenambivalenz*
Die gelungene Identitätsleistung zeigt sich, ob man der Rollenambivalenz durch genügende Frustrationstoleranz gewachsen ist. Die US neigt, wegen der erwähnten Verhaltensunsicherheit, die es nicht erlaubt etwas in Frage zu stellen, sondern möglichst eindeutige Verhaltensweisen bevorzugt und wegen ihrer Position am unteren Ende der Gratifikationsleiter, eher dazu, die nicht vorhandene Reziprozität der Befriedigungen zwanghaft aufrechtzuerhalten: unbewußte Abwehr. Die MS kann, da die Verhaltenssicherheit durch das umfangreiche Normengerüst stabil ist, sich Rollenkonflikte eher leisten. Da jedoch eine Übersozialisation vorliegt, die Normen rigide verinnerlicht sind, wird das Individuum solchen Spannungen unterworfen, daß es hier zum offenen Rollenkonflikt kommt: bewußte Abwehr.

*Flexibles Rollenspiel*
Die gelungene Identitätsleistung stellt sich durch ein flexibles Über-Ich dar.
Da in der Unterschicht die Normen nicht in dem Maße verinnerlicht sind, sondern der Persönlichkeit äußerlich bleiben, herrscht eher die Neigung vor, auferlegte Normen reaktiv anzuwenden: externalisiertes Über-Ich. Die Identitätsfindung erfolgt durch Solidarität und Konformität. In der MS werden die rigide verinnerlichten Normen (in diesen Normen besteht ihre einzige Orientierung) zwanghaft angewendet: Neurotisches Über-Ich. Identitätsbildung erfolgt durch die Betonung des „Individuums".
Zur Veranschaulichung der Ausführungen sei ein Schema eingefügt:

**Identitätsformen in Unter- und Oberschicht**

| UNTERSCHICHT | Gelungene Identitäts-Leistung | MITTELSCHICHT |
|---|---|---|
| „Personale I." | | „Soziale I." |
| –Distanzierung Untersozialisierung | Balance zwischen personaler und sozialer Identität | –Überkonformität im Normengefüge Übersozialisierung |
| restringierte Selbstdarstellung | *Ambiguitätstoleranz* kontrollierte Selbstdarstellung | diffuse Selbstdarstellung |
| geringe Normenverinnerlichung | | große Normenverinnerlichung |
| große Verhaltensunsicherheit | | geringere Verhaltensunsicherheit |
| externe Verhaltenskontrolle | | interne Verhaltenskontrolle |
| unbewußte Abwehr | *Ambivalenztoleranz:* gelungene Frustrationstoleranz | bewußte Abwehr |
| verdrängter Rollenkonflikt | | offener Rollenkonflikt |
| externalisiertes Über-Ich | *Rollendistanz* Flexibles Über-Ich | neurotisches Über-Ich |
| Konformität | | Individualismus |

Die Untergliederung des Identitätsmodells in US und MS erfolgte deshalb, um in der Praxis Anhaltspunkte für eine identitätsfördernde Bildungsarbeit zu haben, Anhaltspunkte, die schichtspezifisch differenziert sind.
Darstellung eines extrapolierten Identitätsbegriffes:

a) Probleme:
1. Es geht zunächst um die Suche des adäquaten Identitätsbegriffs, d. h. *wie* müßte die Identitätsbalance aussehen und *welche* Balance sollte angestrebt werden.
2. Hier kann nur versucht werden, Identitätssuche in einem theoretischen Konstrukt zu fassen. *Ob* und *wie* sich Identität *tatsächlich* ausbildet, ist letztlich eine *empirische* Frage, die aus dem theoretischen Kontext des Rollenparadigmas hinausweist: einmal auf Psychoanalyse, die Neurosen, also „Nicht-Soll-Zustände" zu analysieren hätte und zum anderen auf Lerntheorie, die aus der Analyse gelernten Verhaltens eine Verhaltenstherapie zu entwickeln hätte, die Ich-Identität ermöglicht.

b) die Leistungen des Individuums in der Gesellschaft:
Durch die Repressionen der kapitalistischen Gesellschaft wird verlangt, daß die Balance zwischen personaler und sozialer Identität zu einer Balance zwischen *Extremen* wird.

c) „Personale Identität":
Extrem, so zu sein wie kein anderer. Dadurch wird es erst möglich, daß die Individuen vereinzelt, „individualisiert" werden. Sie trennen sich voneinander in ihrem Bestreben sich möglichst von den anderen zu unterscheiden, Distanz wird geboten, Kommunikation infolgedessen zu einem Kraftakt, den nur sehr robuste Persönlichkeiten aufbringen können. Die anderen sind zu solchem Verhalten nicht fähig. Konsequenzen sind Schwierigkeiten in der Identitätsbildung der Persönlichkeit, da der Distanzierungszwang zu anderen Individuen besteht. Dies wiederum fördert Konkurrenzverhalten, das einer zwanglosen Kommunikation der Verständigung im Wege steht, denn im Vordergrund der Kommunikation steht nicht mehr die Intention sich über Probleme und Bedürfnisse zu verständigen, sondern die (unbewußte) Absicht mit dem anderen zu konkurrieren, sich vom anderen unbedingt zu unterscheiden, indem irgendwelche Leistungen des Individuums herausgestellt werden. Der andere versucht dies auf die gleiche Art und Weise,

wodurch Kommunikationsprozesse zu Abtastprozessen degenerieren, indem jeder deklamatorisch seine Persönlichkeit „aufbaut".

d) „Soziale Identität":
Extrem so zu sein wie alle anderen. Dieses Extrem führt zu einer Vermassungstendenz, die die Eigenstrukturen der Persönlichkeit aufheben, d. h. in Kommunikationsprozessen aufgehen lassen. Man ist versucht möglichst so zu sein wie alle anderen, um nicht aufzufallen, um mit der Beschwörung der Gleichartigkeit den anderen davon zu überzeugen, daß man zu den anderen gehört, kein Außenseiter ist; der wäre ja nicht anerkannt und könnte infolgedessen nur restringiert mit anderen verkehren. Ein gutes Beispiel hierfür ist z. B. die Kleidermode: Menschen, die anders gekleidet sind, als zur Zeit toleriert, lösen Gefühle von „der ist anders-Außenseiter" aus. Von anderen Gefühlsassoziationen gar nicht zu reden. Auch bei der „Anti-Mode" schon als sie noch nicht kommerzialisiert war, mußte man sein Zugehörigkeitsgefühl zu dieser Gruppe durch Indikatoren wie Kleidung ausweisen (Blue-Jeans, Parka, keine Anzüge, keine Krawatte). Auch hier wurde derjenige, der sich diesem Kleiderzwang entzog, im geringsten Fall mit abwertenden Spötteleien belegt. Daraus wird ersichtlich, daß mit dem Vermassungsvorgang einher noch ein Anpassungsdruck erfolgt, der wiederum das Konkurrenzverhalten fördert: Man überbietet sich im Zeigen irgendwelcher Gruppenzugehörigkeitsindikatoren, nur um nicht als Außenseiter angesehen, d. h. von den allgemeinen Kommunikationsprozessen abgeschnitten zu werden.
Innerhalb dieses traditionellen Identitätskonzepts wird personale Identität durch das Versprechen Individuierung erfolge durch möglichst große Abgrenzung zum anderen zur Ideologie; die Folge ist ein Individualisierungs-, ein Vereinzelungsprozeß ohnegleichen. Auf der anderen Seite führt das Versprechen Individuierung werde durch Gruppenzugehörigkeit erlangt, durch den Zwang so zu sein wie alle anderen, zur Vermassung; Individuierung erfolgt durch Anpassung.
Die Forderung Krappmanns oder Habermas' die Balance zwischen personaler und sozialer Identität *trotz* wachsender Differenzierung beider Verhaltensdimensionen aufrechtzuerhalten scheint mir ohne Perspektive auf sich ändernde Zustände vom Individuum nicht leistbar zu sein oder nur um den Preis von Neurosen, die sich im schlimmsten Fall zu Psychosen ausweiten (vgl. Habermas, 1968, S. 14).

Das Krappmann/Habermassche Modell stellt sich also wie folgt dar:
Aufrechterhaltung der Balance zwischen personaler und sozialer
Identität trotz wachsender Differenzierung

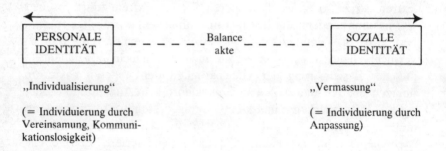

„Individualisierung"

(= Individuierung durch
Vereinsamung, Kommunikationslosigkeit)

„Vermassung"

(= Individuierung durch
Anpassung)

e) Extraplation:
Die Forderung so zu sein wie „alle anderen", d. h. ein gewisser Grad von
Anpassung (amorphe Vergesellschaftung) ist notwendig um Realität
bewältigen zu können, und um gleichzeitig sich mit anderen über die
Richtung des Emanzipationsprozesses zu verständigen. Ein Sichentziehen dieser Teilanpassung würde eine Außenseiterrolle bedeuten, die
Emanzipationsbestrebungen zur Bedeutungslosigkeit verdammen würden. Neben dieser Teilanpassung muß die Verhaltensweise „so zu sein
wie alle anderen der eigenen Gruppe/Klasse" angestrebt werden, damit
der gemeinsame Emanzipationsprozeß gelingen kann. *Innerhalb* der
Verhaltensdimension „Soziale Identität" muß so eine Balance zwischen
spezifischer Vergesellschaftung (Klassensolidarität) und amorpher Vergesellschaftung (Anpassung) erfolgen. Dies kann durch Krisensituationen hervorgerufen werden, in denen die Befriedigung von Bedürfnissen
auf lange Zeit gesehen in Frage gestellt werden, d. h. der Anpassungsmechanismus bietet nicht mehr genügend Anreize oder die Versprechungen, die mit der Anpassung einhergehen, entlarven sich als
Ideologie (z. B. der „Radikalenerlaß").
Der Krisenprozeß, der sowohl individuell wie kollektiv einsetzen kann,
ist z. B. in der kollektiven Version ab 1968 durch das immer stärkere
Aufbegehren der Jugendlichen zu beachten gewesen. Ebenfalls die z. Z.
naiv als „Tendenzwende" bezeichnete Bewegung ist ebenfalls ein
Ausdruck einer Krise. Diese Krise wurde allerdings durch das Scheitern
der Studentenbewegung erleichtert, die die versprochene Emanzipation

nicht einlösen konnte. Die Ende der 60er Jahre entstandene tendenzielle Aufgabe des Anpassungsprozesses in Richtung einer Form von Klassensolidarität wurde zugunsten des Anpassungsprozesses wieder aufgegeben. Was sich hier kollektiv abgespielt hat, ist strukturell auch auf der individuellen Ebene vorstellbar.
Eine erste Loslösung auf der Ebene der sozialen Identität bedarf der Ergänzung einer ähnlich gearteten Loslösung auf der Ebene der personalen Identität: um die Loslösung zu ermöglichen und sie auch abzusichern. Die Abkehr bzw. die Negation der reinen amorphen sozialen Identitätsanforderungen kann nur von einem Individuum geleistet werden, das positive Erfahrungen durch Solidarität und Gruppe (z. B. Wohnkollektiv, Arbeitsgruppe usw.) gemacht hat, das den Zwang zum Individualismus nicht tagtäglich erfährt. In zwanglosen Gruppen wird die permanente Selbstdarstellung überflüssig, vor allem dann, wenn innerhalb der Gruppe kein Leistungsnachweis z. B. in Form von bestimmten Aktivitäten der Gruppenmitglieder in politischer oder sonstiger Richtung gefordert wird. Sind derartige Zwänge nicht vorhanden, ist die Anerkennung des Individuums garantiert, die anderen lassen „mich leben", „Selbstrepräsentation" wird überflüssig. Zum anderen verbürgt eine Gruppe, deren Mitglieder sich innerhalb der Gruppe emotional „unbeschwert" fühlen, daß der Anpassungsdruck der Umwelt minimiert wird. Damit einher geht die Minimierung des Anspruchs „so zu sein wie alle anderen" und eine veränderte Anpassungsrichtung, nämlich hin zur Gruppe. Wie stark dieser Mechanismus ist, hängt wesentlich von den Anforderungen der Gruppe an deren Mitglieder ab. Gruppen, die solche Verhaltensweisen ermöglichen könnten, sind mir bislang jedoch nicht bekannt.
Allerdings sind in manchen Gruppen, wie z. B. Wohngemeinschaften *Ansätze* in dieser Richtung zu verzeichnen. Mit dieser Zielvorstellung könnte die Dimension der personalen Identität als Individuierung in Richtung einer kollektiven Bedürfnisbefriedigung verstanden werden, in der – mit Marx formuliert – die „freie Entwicklung eines jeden die Bedingung für die freie Entwicklung aller ist" (MEW, 1971, S. 482).
Die Dimension der sozialen Identität kann statt eines Vermassungsprozesses als Solidarität verstanden werden, die den Kampf um den Individuierungsprozeß aufnimmt. Die beiden Identitätsdimensionen würden so auf der Grundlage wachsender Differenzierung nicht immer mehr auseinanderrücken, sondern bewegten sich in einem Annähe-

rungsprozeß aufeinander zu. Die Balance zwischen personaler und sozialer Identität wäre in extrem repressionsfreien Situationen nicht mehr als „Balance", sondern als zwangloses „Pendeln" zu begreifen, als Pendeln zwischen kollektiv vermittelter Individuierung und solidarischem Wir-sein. Die beiden Identitätsdimensionen rücken auf dieser Grundlage zusammen, da die Konturen zwischen ihnen unscharf werden.

Die emanzipierte Gesellschaft macht wahrscheinlich sogar das Pendeln überflüssig. Personale und soziale Identität hören auf als solche zu bestehen, Interaktionsprozesse werden nicht mehr in diesen Dimensionen gemessen, sondern in Graden der Herstellung zwangloser Kommunikation an deren Ende Bedürfnisbefriedigung steht. Die Aktivität Bedürfnisse erfüllen zu können und die Aktivität der Kommunikation fallen zusammen: Arbeit und Interaktion sind vereint.

Das hier formulierte Identitätskonzept aus einer Extrapolation der Interaktionstheorie entspräche der Vorstellung von „Emanzipation". Das Krappmann/Habermassche Modell der Vorstellung „Realitätsbewältigung". Da wir beide Zielvorstellungen berücksichtigen müssen, müssen beide Identitätskonzepte zusammengebracht werden.

Das Individuum muß auf der einen Seite die Anforderungen der bürgerlichen Gesellschaft – schon aus Gründen seiner zurückgelegten Sozialisation – wenigstens teilweise erfüllen. Zum anderen muß der Versucht gemacht werden, zukünftige Identität wenigstens teilweise zu realisieren. Das bedeutet, das Individuum muß zwischen beiden Identitätsformen balancieren: als *bewußte* Balance zwischen „Nicht-Identität" des bürgerlichen Individuums (Balance zwischen personaler und sozialer Identität) und der Antizipation künftiger „Wir-Identität" (Pendeln zwischen kollektiver Individuierung und Solidarität).

Zwischen diesen beiden Identitätskreisen zu balancieren wäre *Rollendistanz*, die *Rolle* die Balance von Ich- und Wir-Identität. Diese Balance muß sein, um a) Veränderungen überhaupt herbeizuführen (Rollendistanz ist hierfür der sozialisationstheoretische Begriff), und um b) die relative Kontinuität des Ichs zu sichern. Eine völlige Negation faktischer Gesellschaftsverhältnisse, genauso wie die euphorische Vision, die die Emanzipation schon teilweise verwirklicht sieht, würde die Aufrechterhaltung rationaler Handlungsfähigkeit nicht nur herabsetzen, sondern auch unmöglich machen.

Dieses modifizierte Identitätskonzept läßt sich wie folgt darstellen:

## Aufrechterhaltung der bewußten Balance

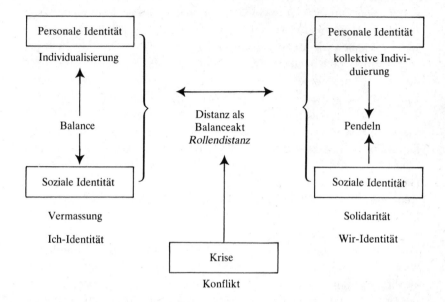

Aktiviert wird dieser Mechanismus, der Anfang der „Rollendistanz" durch Krisen, also Konflikte.
(vgl. dazu Prinzipien der Didaktik: Konflikt).

Die Möglichkeiten dieser Balance sind:
1. *Auslöschung:* Beide Identitätssysteme können zwar wahrgenommen, aber als solche nicht mehr auseinandergehalten werden. Die Einschätzung der Realität ist nicht mehr gewährleistet.
Auf individueller Ebene finden wir dies z.B. bei schweren Neurosen, Schizophrenie usw. vor, auf kollektiver Ebene bei Gruppen wie z.B. der „RAF".
2. *Stillstand:* Die Balance wird zwar wahrgenommen, verändert sich aber nicht.
3. *Erstarkung:* Die Rollendistanz wird in Richtung „Emanzipation" erweitert, soziale und personale Identität klaffen nicht mehr unüberbrückbar auseinander.
3. *Rücklauf:* Die Balance zwischen beiden Identitätsdimensionen hört als solche auf; die Identifikationsmechanismen des Systems sind stärker.

Wir müssen also in der Schule Prozesse, die eine Identitätsfindung erleichtern, *fördern,* erreichen können wir sie durch den sekundären schulischen Sozialisationsprozesse nicht. Identitätsvermittelnde Instanzen wie peer-groups, Massenmedien sind in ihrem Einfluß viel stärker. Identität haben wir als komplementäre begriffen, d. h. der Prozeß ihrer Realisierung kann nicht als „Individuum", sondern nur in der Auseinandersetzung mit anderen, mit der Gruppe erreicht werden. „Alle Identitäten erfordern einen Anderen: einen Anderen mit einer und durch eine Beziehung, mit der sich Selbst-Identität (bei uns Ich-Identität, d. Verf.) verwirklichen läßt." …„Jede Beziehung bedeutet eine Definition des Selbst durch den Anderen und des Anderen durch das Selbst" (Ronald D. Laing: Das Selbst und die Anderen, 2/1969, S. 84 und S. 88). „Andere Menschen werden zu einer Art Identitätsbaukasten, mit dessen Hilfe man ein Bild von *sich selbst* zusammenbauen kann. Man erkennt *sich selbst* in diesem Lächeln des Wiedererkennens auf dem Gesicht dieses alten Freundes" (ebenda, S. 90).

Die erste Stufe zur Identität ist demnach die Aufhebung der Vereinzelung: wir müssen für die Schüler Möglichkeiten schaffen, mit anderen zu kommunizieren, als Aufbau von Kommunikationskanälen und Situationen, in denen sie sich selbst wiederfinden, in denen ihre Bedürfnisse und Interessen interpretiert werden. Die Schaffung solcher identitätsfördernder Kommunikationsprozesse kann innerhalb der Schule dadurch geschehen, daß der „Unterricht" die konkrete Interessenlage der Schüler miteinbezieht, daß die Auseinandersetzung mit Problemen für die Schüler das Gefühl der Betroffenheit auslöst: „Das geht mich an", „Das sind meine Interessen, meine Probleme". Ein gutes Beispiel für solchen Unterricht gibt Konrad Wünsche in seinem Buch: Die Wirklichkeit des Hauptschülers, 1970.

Daneben sollte der Lehrer selbst mit den Schülern zusammen Kommunikationsanlässe suchen, mit ihnen über ihre Probleme reden oder sich auch „nur" mit ihnen unterhalten. Dadurch entstehen positive emotionale Beziehungen, die es dem Schüler über Identifikationsprozesse erlauben, seine Identität zu festigen, indem er den Lehrer nicht nur in seiner Rolle als Vermittler von Wissen, sondern auch in seinen übrigen Rollen kennenlernt.

Hier erfährt man sehr viel über die Schüler. Deren Schwierigkeiten, bzw. Ängste werden dem Lehrer klarer.

Man merkt bald ihr enormes Kommunikationsbedürfnis, das sie

innerhalb des regulären Unterrichts kaum „zur Sprache" bringen. Zu diesem Zeitpunkt wird die Schule als positives Moment erfahren, wird positiv besetzt, was während des Unterrichts kaum möglich oder nur selten der Fall ist.

Für den Schüler sind aber genau die Kommunikationsprozesse, die innerhalb der Stunde – „neben" dem Unterricht –, in den Pausen und nach Schulschluß ablaufen, diejenigen, die Identitätsprozesse am stärksten initiieren.

Hier laufen Bestätigungen, „Abarbeitungen" (Goffman) der verschiedenen Identitäten ab, die oft unbemerkt bleiben. Ziel wäre es demnach, solche Kommunikationsprozesse als *Unterricht* mit einzubeziehen, sie von ihrer Außenseiterstellung wegzubekommen. Für die Schüler ist Schule ein Kommunikationszentrum: hier wird alles für sie wesentliche besprochen; Familie, Freunde, Fernsehen, Freizeit usw. Die Schule arbeitet normalerweise dem entgegen: Gerade in Zuständen ihrer höchsten Kommunikationsbereitschaft (potentiell), unterbricht der Lehrer diesen Prozeß. Unterricht steht dem entgegen: „Reden kannst Du in der Pause". Dieses elementare identitätsfördernde Bedürfnis wird somit wieder an den Rand gedrängt, in die Pause verschoben.

Werden solche Kommunikationsprozesse dagegen in den Unterricht hereingenommen, d. h. auch die Aufarbeitung solcher Pausengespräche als *Unterricht* betrachtet, können Verhaltensänderungen und das sind auch Änderungen in der Ich-Struktur, diskutabel gemacht werden. Die Schüler sind wahrscheinlich umsomehr hierfür bereit, je stärker die emotionalen Beziehungen, je vertrauter sie mit dem Lehrer sind.

Das Gefühl der Vereinzelung wird gemindert: der Schüler kann innerhalb der Gruppe erfahren, daß die anderen die gleichen oder zumindest ähnlich gelagerte Bedürfnisse und Schwierigkeiten haben; gleichzeitig wird das Gefühl gesteigert, „ich bin als Person anerkannt", also ein Individuierungsvorgang. Wenn die persönlichen Bedürfnisse artikuliert werden können, steigert dies die Ich-Stärke. Die eigenen Probleme werden diskutiert und ernst genommen, man erfährt sich als *Individuum in* einer *Gruppe*. Individuierungs- und Sozialisierungsprozesse werden zusammengebracht.

Außerhalb der Schule haben wir nur geringen Einfluß. Es sind jedoch innerhalb der Schule Verhaltensweisen zu erproben und zu festigen, die die Schüler außerhalb anwenden, erweitern und differenzieren können: Initiierung eines kritischen Kommunikationsverhaltens, das ebenfalls

versucht, Bedürfnisse der Gesprächsparter aufzugreifen und Möglichkeiten der Durchsetzung von Bedürfnissen zu diskutieren. Z. B. in von Schülern veranstalteten Arbeitskreisen, in SMV-Tätigkeiten, gemeinsame Organisierung der Freizeit etc. Individuierung kann durch die Gruppe[21] erleichtert werden.
Damit kommen wir auf ein weiteres Moment. Bedürfnisbefriedigung und Identitätsbildung verweist außer auf Kommunikation auf Solidarität, die die Durchsetzung von Interessen erst real werden läßt, bzw. deren psychische Kosten bei einem Scheitern auffangen kann.

## 3. Solidarität

Ich-Identität ist die psychische Variable zur Situationsbewältigung, in Kommunikationsprozessen wird Verständigung über momentane oder anzustrebende Situationen herbeigeführt: aber alle Anstrengungen bleiben bei Fragen der Interessenartikulation (vor allem gegenüber Herrschaftsansprüchen) wirkungslos, finden sich nicht die Mittel, diese auch durchzusetzen. Einzelinteressen können als einzelne nicht durchgesetzt werden, dazu läßt unsere Gesellschaft den einzelnen Individuen zu wenig Platz. Schließen sich dagegegen Gruppen zur gemeinsamen Interessenvertretung zusammen, so haben sie Chancen der Durchsetzungskraft. Dieses Zusammenwirken zur Durchsetzung individueller und kollektiver Interessen und Bedürfnisse nenne ich Solidarität.
Für den politischen Emanzipationsprozeß ist Solidarität unerläßlich. Nur wenn Handeln sich in solidarisches umsetzt, kann Herrschaft wirksam bekämpft werden, Kritik und Selbstreflexion muß in Handeln münden. Sowohl zweckrationales Handeln wie kommunikatives Handeln ist ohne Solidarität nicht vorstellbar.
Individuelle Interessen sind nie bloß individuelle, sondern immer zu einem Teil auch kollektive. Solidarisches Handeln als Vertretung kollektiver und individueller Interessen stärkt die Gruppen, die Gruppenbindung. Durchsetzungsvermögen, gewonnen durch solidarische Aktionen, stärkt außerdem die Bindung an die Gruppe, man wird selbstsicherer, und sie verschafft dem Einzelnen mehr Erfolgserlebnisse, die er *einzeln* nie erreichen könnte; außerdem sind Mißerfolge leichter

---

21 Zu den Schwierigkeiten von Emanzipationsbestrebungen innerhalb von Gruppen vgl. Horst E. Richter: Die Gruppe, Rowohlt, Hamburg 1972.

ertragbar, da die Ursachen des Mißerfolgs zusammen besser gefunden werden können, und zudem erfahren wird, daß die anderen ähnlichen Situationen gegenüberstehen. In solidarischen Aktionen wird erst erkannt, daß die Probleme des bürgerlichen Individuums zugleich auch die Probleme der bürgerlichen Gesellschaft sind. Zu Solidarität gehört mit die Entwicklung eines Gruppenbewußtseins, ja eines Klassenbewußtseins, als Bewußtsein von der Zugehörigkeit zu der Klasse der Unterdrückten. Das Erkennen der Schicht *als* Schicht, der Klasse *als* Klasse, ist die Voraussetzung für ihre Überwindung. Solidarität kann zur Schaffung dieses Bewußtseins beitragen. Zu Solidarität gehört die Fähigkeit zu Kooperation. Die Handlungen der Individuen im Gruppenprozeß müssen aufeinander abgestimmt sein, die Individuen müssen kooperieren, soll Solidarität nicht in blindem Aktionismus enden.

Solidarität umfaßt also die beiden Dimensionen: Widerstand und Kooperation. Ein Ziel wäre demnach das Lernen von Widerstand. Dies muß als langfristiger Prozeß gesehen werden. Dabei sollte man Teilziele resp. Teilerfolge nicht unterbewerten, um nicht die Schüler und sich selbst von vornherein durch zu hohe Erwartungen zu frustrieren. Da Lernprozesse sich in Etappen bewegen, müssen schon Ansätze von Widerstandsformen aufgegriffen werden, um sie in weiterführende Formen zu bringen. Das hieße, daß man die Formen unbewußten Widerstands wie z. B. das sog. „Stören", also eine latente Unzufriedenheit zunächst toleriert, um sie bewußt zu machen. Die Schüler lernen in der Folge, wogegen sie sich wehren, d. h. das Ziel ihres Widerstands muß ihnen klar werden. Anschließend wäre evtl. eine Phase einzuschalten, in der der unbewußte Boykott nicht mehr gewährt wird, er sollte von den Schülern durchgesetzt werden. Parallel dazu müssen die Schüler lernen, Möglichkeiten des Widerstands, der Widerstandsformen auszuprobieren, selber Möglichkeiten finden, wie ihre Konflikte ausgetragen werden und welche Maßnahmen im einzelnen Fall sinnvoller sind: Mehr Widerstand oder mehr Kooperation. Widerstand und Kooperation dürfen aber auf keinen Fall als sich ausschließende Begriffe verstanden werden, im Gegenteil: sie bedingen einander. Wenn der Widerstand zum Erfolg führen soll, muß am Ende der Widerstandskette ein Ergebnis stehen. Dieses Ergebnis kann nur aufgrund eines Kommunikationsprozesses eingeleitet werden, der mit dem nötigen Widerstand als Druckmittel jetzt Kooperation erfordert, Kooperation um die Ergebnisse des Widerstandes abzusichern. Umgekehrt genauso. Kooperation sollte zunächst auf jeden Fall versucht werden. Sie bietet oft die Möglichkeit, Konflikte schneller und mit weniger psychischem Aufwand verbunden zu lösen. Wenn dagegen die Kooperation nicht mehr ausreicht, bei existentieller Bedürfnisverweigerung und Interessennegierung muß der Widerstand einsetzen. Wie die beiden Formen im konkreten Fall zueinander stehen, wie sie eingesetzt werden müssen, kann nur dort entschieden werden.

Die Entwicklung solidarischen Verhaltens kann in folgende Schritte unterteilt werden:

- *Sensibilisierung:* Durch Sensibilisierung für Gruppenstruktur und Gesellschaftsstrukturen und deren Herrschaftsüberformung wird die Motivation für Solidarität geschaffen.
- *Parteinahme:* Indem Herrschaft, eigene und fremde Interessen als solche erkannt werden, kann für Interessengruppen, die die eigenen Interessen vertreten, Partei genommen werden.
- *Aktivierung:* Werden die Interessen erkannt, können Strategien ihrer Durchsetzung entworfen werden, Identifizierung mit Gruppen, die die gleichen Interessen vertreten, kann nun erfolgen (vgl. dazu Seiffert, 1/1972, 24).

Mit diesem Verlaufsmodell ist natürlich nicht gesagt, daß Solidarität sich so entwickeln muß oder soll. Vielmehr kann sie ebenso gut spontan auftreten.

Die Unterteilung in Schritte hat lediglich die Funktion, einen Weg aufzuzeigen, wie Solidarität gelernt werden kann.

Die Schwierigkeiten, die das „Lernziel Solidarität" erschweren und die Gründe, die solches Lernziel ja fast zu einer Notwendigkeit machen, schildert Horst E. Richter in seinem Buch Lernziel Solidarität. Die Notwendigkeit leitet er daraus ab, daß die gesellschaftlichen Leitbilder eine Modifikation erfahren haben (vgl. ebenda, S. 9–27). „Wenn die Verzweiflung über das Verfehlen erfüllender Kommunikation und von gelungener Solidarität in letzter Zeit deutlich anwächst, so könnte das zwei Ursachen haben. Es könnte so sein, daß die Menschen etwas verlernt hätten, was sie vordem besser gekonnt haben. Es könnte aber auch sein, daß lediglich die Unzufriedenheit über ein Verhalten anwächst, das sich als solches gar nicht so sehr verändert hat" (ebenda, S. 25).

Nun zu einigen Punkten, die beim Erlernen von Widerstand und Kooperation zu beachten sind.
Der Lehrer sollte nicht von vornherein zu viele Zugeständnisse an den Schüler machen, um erstens an Verhaltensweisen anzuknüpfen, die dem Schüler von Lehrerseite bekannt sind und zweitens muß er selbst Widerstand leisten, um so den Widerstand der Schüler herauszufordern, d. h. sie zum Widerstand zu animieren. Sowohl zu große Zugeständnisse an den Schüler, wie andererseits zu intensives „Widerstandstraining" können die Lehrerrolle unter Druck bringen. Dies muß bei den unterrichtlichen Überlegungen immer gegenseitig abgewogen werden. Die von „fortschrittlichen" Lehrern praktizierte Abstimmung bei Punkten, die die Schüler betreffen, schafft per se erstens noch kein demokratisches Bewußtsein und stellt zweitens – vor allem im Hinblick auf Widerstand und Kooperation – noch kein handlungsrelevantes Moment dar. Dies kann erst an einer Arbeit z. B. an einem Projekt eingelöst werden. Die hier von den Schülern geübte Solidarität wird dann zu einer praktischen, da beide Momente, Meinungsäußerung (Abstimmung) und Handlung (Widerstand) zusammenkommen. Ein weiteres Problem stellt die Frage dar, ob man die ganze Klasse aktivieren soll. Dies ist zwar erstrebenswert, birgt aber doch Gefahren des Scheiterns für das ganze Lernziel. Wenn man versucht, alle Schüler dazu zu bewegen, „wie ein Mann aufzustehen", um ihre Forderungen durchzusetzen, kann man zumindest am Anfang nicht mit solidarischen Aktionen der ganzen Klasse rechnen. Dazu sitzt das Konkurrenzverhalten zu tief. Außerdem werden die Schüler, die bereits gewisse Widerstandsformen entwickelt haben permanent frustriert, und man nimmt ihnen die Möglichkeit auf andere stimulierend zu wirken. Man sollte deshalb zunächst mit schon bescheidenen Ansätzen von Widerstandsformen zufrieden sein, das heißt sie als solche akzeptieren und entsprechend verstärken.
Weiter darf der Lehrer, der in Auseinandersetzungen mit Schülern tritt, nicht als „Feind" definiert werden. Seine Rolle als Vermittler solcher Verhaltensweisen muß transparent bleiben. Gerade in Momenten von konfliktreichen Situationen sollte er stark positiv emotional auf die Schüler eingehen, um Gefühlsbindungen an ihn nicht zu stark abzubauen. Es tritt zwar ein bestimmtes Distanzverhältnis zum Lehrer auf, das die Schüler trotz Autorität unabhängiger werden läßt, trotzdem ist die Distanz nicht so groß, daß der Lehrer keinen Raum für positive

Identifikationsprozesse anbietet. Daneben wäre eine Emotionalisierung des Unterrichts in der Weise anzustreben, daß parallel oder anstelle von Diskussionen, Spiele zu organisieren sind, um bessere Voraussetzungen zu schaffen, *gemeinsames* Handeln zu erlernen. Solidarität ist für die Schüler in ihrem Sozialisationsprozeß wahrscheinlich ein Novum, die dazu notwendigen Verhaltensweisen werden spielerisch sicherlich leichter eingeübt. Mit dem Spiel geht gleichzeitig das Erfolgserlebnis einher, daß sie etwas gemeinsam zuwege bringen können, vorausgesetzt es sind Spiele, die das Konkurrenzverhalten nicht fördern, sondern abbauen. Im Spiel werden darüber hinaus die Sichtweise für Probleme und Beziehungen verändert (vgl. dazu auch Kapitel III, Prinzipien der Didaktik).

Im folgenden soll versucht werden, einige Beispiele konkreter Formen von Widerstand und Kooperaton aufzuführen, um die Sichtweise des Lehrers für solche Vorgänge zu sensibilisieren.

| Widerstand | Kooperation |
|---|---|
| – nicht mitmachen | – Gruppenarbeit |
| – offenes Murren oder Schweigen | – Organisation von Arbeitsgruppen |
| – klopfen, schreien, Tafel beschmieren, Kreide verstecken, Tafel feststecken | – „Organisation" der Freizeit |
| | – Hausaufgabenhilfe, Einzelhilfe |
| – ein paar, eine Abordnung, der Klassensprecher beschwert sich | – gemeinsames Vortrage von Wünschen |
| | – Partei für jdn. ergreifen |
| – sich einsetzen gegen eine Bestrafung eines Schülers | – Bildung von Gruppen |
| | – Umorganisierung der Sitzordnung (z. B. nach Soziogramm, Freundschaften, gute plus schlechte Schüler, angepaßte und nicht-angepaßte zusammenbringen, spielerisch: Die Sitzordnung wird nach jeweils 14 Tagen neu verlost, Auflösung der 6er Gruppentische (4 können besser zusammenarbeiten) |
| – Kritik des Unterrichts bzw. des Lehrerverhaltens | |
| – Verweigerung z.B. von Klassenarbeiten | |
| – Kritik an Schulzuständen usw. | |
| – Verweigerung des Unterrichts wenn Lehrer überhaupt nicht auf Schüler eingehen | |
| | – gemeinsames Anfertigen von Klassenarbeiten |
| | – gemeinsame Referate/Stunden |
| | – Integration von Außenseitern durch spezielle Aufgaben innerhalb der Klasse oder Subgruppe |
| | – gemeinsame Aktionen (Spendenaktion usw.) |

Solidarität, wird sie schon in der Schule gelernt, ist ein bewußtseinsbildender Prozeß, der für den späteren Beruf wirksam wird. Ist Solidarität schon zur Selbstverständlichkeit geworden, stärkt sie das Durchsetzungsvermögen der Schüler. Besonders wichtig sind solche Fähigkeiten in der Ausbildungs- und Berufssituation.
Wolfgang Schulz schränkt den Gebrauch von Solidarität allerdings ein: „Die Grenze des emanzipatorischen Interesses an Solidarität liegt in der Funktion, die Solidarisierung für Autonomisierung hat: Die Bindung an die Gruppe hat die Aufgabe, die Entfaltung der einzelnen zu ermöglichen, nicht sie zu erübrigen" (1972, 24).

## 4. Sensibilität

Um „Befreiung lernen" zu können, müssen die Herrschaftsstrukturen erkannt werden, damit wirksam gegen sie vorgegangen werden kann, Herrschaftsstrukturen innerhalb den jeweiligen Situationsfeldern wie Schule usw., innerhalb von Gruppenbeziehungen und innerhalb gesamtgesellschaftlicher Strukturen. Das Erkennen von Herrschaft, Unterdrückung, Ungerechtigkeit und gestörten Interaktionsfeldern nenne ich Sensibilität. Dabei können zwei Formen des Erkennens unterschieden werden: einmal das affektive Erkennen (Sensitivität) und zum zweiten das kognitivstrukturierte Erkennen (Sensibilität). Die hier vorgenommene Unterscheidung lehnt sich an die Begriffsbestimmung J. E. Seifferts (1972, 10) an.

*a) Sensitivität:* Sensitivität läßt sich nach dem englischen Wortgebrauch („sensitive") mit „Empfindsamkeit" näher umschreiben. Sie ist also eine Fähigkeit, die in die affektive Struktur einzuordnen ist. Empfindsamkeit oder Sensitivität *bedeutet,* daß Herrschaftsstrukturen usw. emotional wahrgenommen werden, also das gefühlsmäßige Erkennen von *Dissonanzen*[22].

Dissonanzen erkennen heißt soviel wie Unstimmigkeiten zwischen Anspruch und Realisierung, zwischen möglicher Bedürfnisbefriedigung und deren tatsächlicher Verweigerung, zwischen gestörten Interaktionen und deren mögliche humane Auslebung erkennen.

---
22 Vgl. dazu Festinger's Dissonanzbegriff. In: W. Schramm, 1964, S. 29 ff.

Die erste Stufe von Sensitivität wäre das Verspüren von „Unstimmigkeiten". Ich nenne dies *affektive Dissonanz,* d. h. ein gefühlsmäßiges Verspüren von Diskrepanzen, ein Unmutsgefühl, das sich verschieden äußern kann: Unwohlsein, Unbeteiligtheit, Langeweile, usw.
Die zweite Stufe mündet in *sensitive Erfahrung,* in das affektive Erkennen der Ursachen dieser „Unstimmigkeiten". Sensitive Erfahrungen liegt dann vor, wenn die Ursachen der „Unstimmigkeiten" gefühlt, aber noch nicht verbalisiert werden können.
Hierfür kann vor allem das sogenannte „sensitivity-training" angewandt werden (Gruppentraining zum Erkennen der Funktionsweisen menschlicher Beziehungen und zur Sensibilisierung von Gruppenprozessen), das außerdem dazu verhilft, den Übergang zur Verbalisierung und damit zur Bewußtmachung von Situationsproblemen zu erleichtern.
Auf dieser Stufe verspürt man, daß der Lehrer, ein anderer in der Klasse, die häusliche oder sonstige Umwelt Bedürfnisse verweigern, man „weiß", die Verweigerung hat irgendetwas mit dieser oder jener Person, mit dieser oder jener Institution zu tun. Man kann dieses Gefühl aber noch nicht „auf den Begriff bringen".
Zur Schulung von Sensitivität gehört eine angstfreie Lernsituation – die ruhig erst künstlich angstfrei gehalten werden kann – um „reale" angstbesetzte Lebenssituationen bewältigen zu können. Bewältigen solcher Situationen ist die Bedingung für Entfaltung von Phantasie und Kreativität als Voraussetzung für Sensitivität.
Sensitivität als affektiver Sensibilisierungsvorgang ist die Fähigkeit, Probleme als solche überhaupt zu erkennen. Hier besteht dann die Möglichkeit, diese Probleme zu verdrängen, oder es tritt der Wunsch nach Lösung dieser Probleme auf; Ziel wäre es – gemäß der emanzipatorischen Leitidee – den Wunsch nach Beseitigung von Unstimmigkeiten zu erwecken.

*b) Sensibilität:* Sensibilität, vom englischen „sensible" abgeleitet, das soviel wie „praktisch, vernünftig, klug" bedeutet, meint die Fähigkeit, Herrschaftsverhältnisse aller Art rational-kognitiv zu erkennen; d. h. den Bewußtwerdungs- und Bewußtmachungsprozeß, der die sensitiven Erkenntnisse in eine rationale Form überführt, sie verbalisiert und zu lösen versteht. Der affektiv und kognitiv stumme Bereich wird verlassen, Herrschaftsüberformung in (verbalen, visuellen, gestischen, tonalen) Kommunikationsprozessen sichtbar gemacht.

Es lassen sich auch hier zwei Phasen unterscheiden. Einmal die Phase der Bewußtmachung, der „inneren" Formulierung (innere Sprache (Wygotski)), die in die verschiedenen Kommunikationsformen übergeführt wird, bis zur Verbalisierung (*Kommunizierung*).
Der schrittweise Prozeß der inneren Bewußtwerdung, des Stadiums latenter Kommunikation bis hin zur performanten, soll Herrschaft dort aufzeigen und kritisieren, wo sie sichtbar oder hinter sogenannten „Sachzwängen" verschleiert ist.
Hiezu können die verschiedenen Phasen des Rollenspiels (vgl. Kapitel V) und die Diskussion verhelfen. Zum zweiten die Phase der Überführung der Bewußtmachung in Problemlösungsverhalten und Problemlösungsstrategien (*Strategiebildung*). Hier werden verschiedene Lösungsmöglichkeiten der Situationsbewältigung ausprobiert und strategische Konzepte entworfen.
Der Strategiebildung fällt ein wesentliches Moment im politischen Unterricht zu. Meist werden, wenn überhaupt, Herrschaftsverhältnisse nur kritisiert, ohne sie in Strategien der Überwindung einzubetten. Erst dann wird „Sensibilität" handlungsrelevant und für die Schüler zu *keinem* Sandkastenspiel, das nach vorangegangener Analyse unentwickelt liegenbleibt. Die Betonung liegt auf die *Vorbereitung* der *Handlung* zur Beseitigung von Herrschaft; von Herrschaft in den verschiedenen Abstraktionsgraden und den Möglichkeiten der Einflußnahme.
Praktiziert werden kann dies z.B. durch Planspiele: man entwirft ein Konzept, probiert es aus, verbessert es, probiert es wieder aus usw.
Sensibilität ist der umfassende Begriff für den praktizierten Versuch, Herrschaft abzubauen. Er schließt Sensitivität in sich ein.
Der affektive Sensibilitätsvorgang, für den flexibles Rollenspiel und Spontaneität wichtige Bedingungen sind (flexibles Rollenspiel ermöglicht erst „Unstimmigkeiten" zu erkennen), kann durch die Förderung

– methodischen Mißtrauens und
– intrinsischer Motivation (epistemische Neugier)

in Gang gesetzt werden: methodisches Mißtrauen, um sich gegen Ideologien zu schützen. Mißtrauen darf sich erst in Vertrauen wenden, wenn argumentativ verfahren wird und hinterfragt werden kann; das Vertrauen darf sich nicht auf *Inhalte*, sondern nur auf die Art der *Darstellung* der Inhalte erstrecken. Intrinsische Motivation, um Antriebe zur Erforschung und Analyse der Situation zu erlangen.

Methodisches Mißtrauen bedeutet, daß gesellschaftlichen Sachverhalten auf allen Ebenen die Frage gestellt werden muß: „Muß das so sein?" „Wem nützt dies?" „Wie läßt sich dieser Zustand gegebenenfalls ändern?" „Welche Folgen können dabei eintreten?" usw.
Werden solche Verhaltensweisen trainiert, sind wir auf dem besten Wege, erstarrte Verhältnisse, die man gern als naturwüchsig hinnimmt, auf ihre Legitimationsbasis zu befragen: Politische Naivität, allzu häufiges Abfallprodukt unseres Unterrichts, geht zurück.
Daneben wird die intrinsische Motivation für methodisches Mißtrauen zu einer Notwendigkeit. Ohne Neugierverhalten, die Bereitschaft, Sachverhalte und Zustände permanent in Frage zu stellen, ist das Erreichen von Sensibilität Illusion[23]. In der Betonung auf intrinsischer Motivation drückt sich die lustbetonte Seite dieses entdeckenden Lernprozesses aus; sekundäre Motivation hätte nie die Antriebsstärke Sensibilität dauerhaft abzusichern.
Der gesteuerte, kognitive Sensibilisierungsvorgang, der an vorhandenem Mißtrauen ansetzt, analysiert die Situation daraufhin, ob *Herrschaft* vorliegt, bringt die *Interessen* der Beteiligten zum Vorschein und kritisiert alle Interessen, die vorgeben, keine zu sein (Ideologiekritik); weiterhin wird die Situation auf *Konflikte* untersucht, welche Ursachen sie haben und wie sie lösbar sind.
Sensibilität wird so zu einer Möglichkeit, Herrschaft aufzudecken, zu kritisieren und zu bekämpfen.
Sensibilität ist gerade in einer repressiven Gesellschaft wichtig, die ihren Mitgliedern Bedürfnisbefriedigung verweigert, bzw. ihnen Surrogatbefriedigungen anbietet, um die Ursachen der Repression beseitigen zu können.

## 5. Spontaneität

Spontaneität wird im Prozeß der Realitätsbewältigung dann wichtig, wenn herkömmliche Problemlösungsstrategien versagen und Lösungen (von der Situation) verlangt werden; wenn Individuen vor Situationen gestellt sind, die sofortiges Handeln erfordern, weiter wenn ungewohnte Situationen oder mehrdeutige Situationen zu bewältigen sind. Gleich-

---

23 Vgl. dazu Kap. III: Prinzipien der Didaktik: Verfremdung, S. 145.

zeitig ist Spontaneität eine Verhaltensweise, die unabhängig von äußeren Zwängen auftritt, ja gerade als gelungene Befreiung von äußeren Zwängen verstanden werden kann. Sie kennzeichnet das Ausbrechen des Individuums aus verdinglichten Interaktionsstrukturen und ist infolgedessen Kritik dieser Verhältnisse; also eine emanzipative Verhaltensweise, die sich von der bloßen *R*eaktion freigemacht hat und selbständig agiert. Spontaneität kann als die Verhaltensdisposition angesehen werden, die *auch* das Äquivalent intrinsischer Motivation ist. Ebenfalls dem Skinner'schen Begriff des „operanten Verhaltens" entspricht diese Verhaltensdispositionen.
Spontanes Handeln ist freies Handeln. „In der klassischen bürgerlichen Philosophie bedeutet der Begriff ‚Spontaneität' die Aktivität des ohne äußeren Zwang oder fremde Beeinflussung erfolgenden vernünftigen Denkens und Erkennens (Leibniz, Ch. Wolff, Kant)" (Klaus/Buhr, 1972, 1032).
Damit gerät Spontaneität allein durch ihr bloßes Auftreten in die Nähe der Kritik gesellschaftlicher Zustände. Sie *ist* insofern Kritik, da sie eine schlecht zu vermarktende Verhaltensweise und daher dysfunktional ist. Handeln wird durch Spontaneität zunächst per se freies Handeln, da sich das Individuum von allen Zwängen wie Vorbehalte, Hemmungen, Ängste, Verbote usw. freigemacht bzw. überwunden hat. Dabei darf nicht übersehen werden, daß Spontaneität dort ihre Grenzen hat, wo es um längerfristiges Verfolgen von Zielen geht. Sie leistet aber im *Augenblick* der Situationsbewältigung wesentliches. Die oft unerträglich engen Schranken unserer Sozialisationsbiographie lassen Handlungsabsichten in sich zusammenfallen. Spontaneität nimmt die Hürde solcher Handlungsbremsen und trägt insofern zur emanzipativen Realitätsbewältigung bei.
Spontaneität kann noch weiter durch zwei Begriffe differenziert werden. Spontanes Handeln ist zugleich

– kreatives Handeln
– intuitives Handeln.

Kreatives Handeln

Kreatives Handeln zeichnet sich durch Produktivität und Phantasie aus. Probleme werden miteinander verglichen, traditionelle und unkonventionelle Lösungsvorschläge ausprobiert, ohne rigide Orientierung an festgefahrenen Strategien; vielmehr werden diese phantasiereich auch auf neue Situationsarten übertragen. Kreatives Handeln ist einfallsreiches Handeln. Soziale Phantasie wird besonders dann wichtig, wenn es gilt, individuelle und kollektive Interessen und ihre Deckungsgleichheiten aufzusuchen. Daraufhin müssen die verschiedensten sozialen Bereiche abgetastet werden.

„Das wichtigste Merkmal kreativer Denkprozesse scheint jedoch die flüssige und reichhaltige Produktion von lösungsrelevanten Ideen zu sein". Die kreative Persönlichkeit unterscheidet sich von der weniger kreativen gerade darin, „daß sie in den frühen Phasen dieses Prozesses der Produktion von Ideen freien Lauf lassen kann und daß sie auch zu stark affektiv getönten Schichten des Denkens Zugang hat" (Skowronek, 3/1971, 159). Zu der Beurteilung der Ideen und der produktiven Anwendung anderer Lösungsmöglichkeiten kommt die Ausdauer hinzu und natürlich ist es wichtig, daß kreatives Handeln auch zur Lösung beiträgt. Der extrinsisch motivierte Schüler dürfte wohl weniger zu kreativen Handlungen befähigt sein, da diese Motivation an äußeren Kriterien und nicht an Lösungszielen orientiert ist.


Intuitives Handeln

Dieses zweite Merkmal von Spontaneität scheint mir nicht weniger wichtig zu sein. Intuitives Handeln zeichnet sich durch Reaktionsschnelligkeit aus, ein schnelles und adäquates Reagieren auf Problemsituationen und weiterhin dadurch, daß im spontanen Handlungsverlauf intuitiv auf Erfahrungen zurückgegriffen wird, die aktualisiert werden. Intuition wird wichtig, wenn wenig Zeit zum Lösen von Problemen zur Verfügung steht, aber auch dann, wenn keine explizierten Lösungsstrategien vorhanden sind.
Intuition ist die Ergänzung zum wohlüberlegten Denk-/Handlungsprozeß, sie komplementiert rationales Handeln. Rationalität der Handlung läßt sich nicht nur an analytischen Situations*bestimmungen* ablesen, sondern gleichzeitig an ihrer adäquaten *Bewältigung*. Für bestimmte Momente kann sie sogar dominierend sein. Neue, unbekannte Situationen, die herkömmliche Lösungsmuster scheitern lassen, bedürfen der Intuition.

Im schulischen Alltag ist der Lehrer neben den allgemeinen Unterrichtsprinzipien auf solches intuitives kreatives Handeln ständig angewiesen. Unterrichtssituationen sind, auch wenn sie noch so gut vorüberlegt sind, nicht vollständig zu erfassen (außerdem erhebt sich dabei die Frage, ob dies überhaupt wünschenswert sei), bzw. entwickeln sich im Lernfortgang ganz verschieden.

Für den Schüler gilt das gleiche. Jedes Lernen erfordert Kreativität und Intuition, da wir uns immer zunächst auf einem Stück Neuland bewegen, welches erst im Laufe der Zeit „zur Verfügung" steht. Gerade hier gilt es Spontaneität besonders zu fördern, um dem Schüler jegliche Lernvorgänge zu erleichtern, um sein sozialisiertes „Lurchverhalten" zu überwinden. Interaktionsstrukturen werden durch Spontaneität aufgerissen und erfahren eine neue Wendung. Durch Spontaneität verfügt der Schüler über die Situation, auch wenn ihm unserer Meinung nach manchmal die sogenannte „notwendige Sachkompetenz" (was ist das?) fehlt. Er befreit sich damit auch von diesem Kompetenzzwang, der Handeln zunächst auf später verlegt (die Kompetenz muß erst angeeignet werden), lernt die Situationen zu bewältigen und stärkt sein Selbstvertrauen (vgl. „Ich-Identität). Zum anderen ist es nicht ausgemacht, daß Kompetenz sich vor und nicht *während* des Lernprozesses bilden kann. („Selbsterfahrungsgruppen" auch in Schulen zu initiieren scheinen mir Möglichkeiten zu bieten, solches Verhalten lustbetont zu trainieren.)

Wir müssen also im politischen Bildungsprozeß jegliche Möglichkeiten ausnützen, den Schüler spontan agieren zu lassen. Er wird von Autoritäten und Institutionen unabhängiger, das Lernen selbstbestimmter. Gelegenheiten hierfür bieten sich genug. Nicht indem man dem Schüler z. B. einen Text vorgibt und ihn „spontan" darauf *reagieren* läßt, sondern durch das *gemeinsame* Aufgreifen von *Situationen* durch Lehrer und Schüler, die die Konflikte und Probleme der Situation zu meistern versuchen. Verständigung hierüber vollzieht sich zunächst spontan, die Schüler nehmen durch Kreativität und Intuition die Sache selbst in die Hand. Handlung erfolgt entweder sofort oder nach Zusatzüberlegungen. Erst dann kann eigentlich der Prozeß der Problemlösungsstrategie angesetzt werden. Erst *jetzt* besitzen die Schüler genügend intrinsische Antriebskraft, auch längerfristig etwas zu verfolgen (Projekt, Aufgabe usw.). Dabei darf Spontaneität aber nicht zum Büttel der Strategieüberlegungen geraten. Sie ist durchaus ein eigen-

ständiges Moment im Bewältigen von Situationen und u. U. auch nicht durch kalkulierte Denk-/Handlungsprozesse ersetzbar.
Spontaneität schließt Kritik und Selbstreflexion nicht aus, nur vollzieht sich Handeln weniger dadurch, daß es an äußeren Bedingungen (extrinsische Motivation) orientiert ist, sondern daß es als selbstbestimmendes, auf Selbstregulation ausgerichtetes Handeln ist. Spontaneität wird zur wichtigen Ergänzung rationalen Handelns und adäquater Situationsbewältigung, gleichsam als „Vorläufer" zur langfristig vorbereiteten Problemlösungsstrategie.
Die entwickelten Verhaltensdispotitionen bilden die Konsequenzen aus unseren Überlegungen zu einer Theorie der politischen Bildung und der entwickelten Zielvorstellung.
Sie sind gleichzeitig die Hauptlernziele für den IPU, der „Befreiung lernen" zum Ziel hat. Ein politisch handlungsfähiges Subjekt, das zugleich rational Realität bewältigen kann, konstituiert sich aus diesen Verhaltensweisen (-merkmalen). In einem weiteren Konkretisierungsvorgang müßten sie ausdifferenziert und damit noch weiter begründet werden. Man muß sich jedoch vergegenwärtigen, daß die Verhaltensdispositionen keine voneinander unabhängigen sind: Zur Kommunikation ist Ich-Identität notwendig, zur wirksamen Durchsetzung von Interessen Solidarität, zum Erkennen von Interessen Sensibilität usw.
Man könnte also sagen, daß Kommunikationsfähigkeit – Ich-Identität – Sensibilität – Solidarität – Spontaneität einen Regelkreis des Verhaltens bilden, in dem die Änderung eines Faktors die Umstrukturierung eines anderen zur Folge hat, bzw. verschwinden läßt.
Die Verhaltensdispositionen können also nicht einzeln und hintereinander gebildet werden, sondern der Lernprozeß muß vielmehr ein Nebeneinander ermöglichen. Ich bin mir jedoch darüber im klaren, daß einmal die Überprüfung, ob die Verhaltensdispositionen erreicht werden, äußerst schwierig sein wird. Andererseits sind sie in einer repressiven Gesellschaft, vor allem im jetzigen Schulsystem, sehr schwer zu verwirklichen. Trotzdem meine ich, daß sie so wichtig sind, daß ihre praktische Verwirklichung erst einmal ausprobiert werden müßte. Weitere Überlegungen über die Verwirklichbarkeit sind theoretische Spekulationen.
Auch wen sie oft nur die Richtschnur für die unterrichtliche Tätigkeit bieten, muß doch jeder Lehrer über die Möglichkeiten sich im klaren sein, wie Zielvorstellungen in lernbare Ziele, Lernziele umzuformulie-

ren sind. Hierzu scheint es mir notwendig auf die Lernzielpoblematik in der hier gebotenen Kürze einzugehen.

## H. Die Lernzielproblematik

Um Inhalte des Unterrichts und deren Ziele überprüfbar zu machen, ersetzte man im Zuge der Curriculumreform die oft vage formulierten Angaben des Lehrplans durch Lernziele. Ein weiterer Grund war, daß die in Bildungsplänen angegebenen Ziele *lehrstofforientiert* waren, d. h. daß das zu vermittelnde Wissen sehr verschiedenen Lernzielen dienen konnte. Zur systematischen und kontrollierten Lehrplanreform benötigte man deshalb ein klar umrissenes Zielsystem, um *danach* die Zuordnung der Inhalte vorzunehmen, und so die Gewähr zu erlangen, daß der Stoff auch zum angestrebten Ziel führt. Lernziele dienen demnach dem Verwissenschaftlichungsprozeß des Unterrichts. Die Relevanz der Lernzielproblematik innerhalb dieser Arbeit ergibt sich aus der Überlegung, daß die Didaktik des IPU soweit konkretisiert werden soll, daß aus ihm Lernziele abgeleitet werden können oder zumindest die Voraussetzungen für den Ableitungsprozeß geklärt werden.

*1. Legitimationsebenen für Lernziele*

a) Wissenschaftstheoretische Legitimation:
Das Wesen einer Sache, ein „Stoff", den es zu vermitteln gälte, gibt es nicht. Jegliche Information, die aufgenommen wird, filtert sich durch das Raster unserer persönlichen Erfahrungen, Wünsche und Einstellungen. Wenn wir an eine Sache, ein Problem herangehen, haben wir immer schon eine Vorstellung davon, eine Erwartung. Situationen werden mit einem bestimmten Vorverständnis angegangen (vgl. „Erkenntnisinteressen"). Diese Ziele, die aus Interessen sich herleiten, sind im Unterricht offenzulegen.

b) Pädagogische Legitimation:
Die Schule hat seit ihrem Bestehen immer schon Ziele, Lernziele gehabt, seien sie formuliert, in expliziter Form vorgelegen, oder in

implizite Vorstellungen eingegangen („heimlicher Lehrplan"). Die Schule sollte zur Vermeidung des „heimlichen Lehrplans" (vgl. b:e 5/73), der besseren Transparenz für Schüler und Lehrer ihre Ziele offenlegen. (Hier kommt die alte wissenschaftliche Forderung des Arbeitens mit „gläsernen Taschen" wieder zum Vorschein.) Weiterhin hat die Schule eine Sozialisationsfunktion, deren sie sich nur bewußt werden kann, wenn sie versucht, ihre Ziele explizit zu formulieren. Während des Unterrichts sollte man sich im klaren sein, wohin die Absicht der Lernenden (Lehrer und Schüler) sich bewegt. Nur so sind Fehler zu minimieren und Unterricht für die Beteiligten überhaupt in den Griff zu bekommen. Verständigung, vor allem Metakommunikation über Unterricht wäre von Schülern und Lehrer nicht bewältigbar. Zum anderen sollte der Schüler genau wissen, was und warum er etwas lernen sollte. Das Problem, der Lerngegenstand ist daraufhin zu befragen, was mit ihm geschehen sollte. Unterricht, der sich nicht bewußt ist, wozu er befähigen soll, warum er etwas so und nicht anders macht, würde gegen die elementarsten Kriterien, die wir bislang entwickelt haben, verstoßen.

c) Psychologische Legitimation:
Wenn die Schüler wissen, was und wozu sie etwas lernen und wohin der Unterricht führen soll, läßt sich eine höhere Motivation erzielen (vgl. dazu Funkkolleg Päd. Psychologie, 1972, S. 22 und Nr. 12, S. 39). Durch Lernzielangaben können Inhalte schneller und dauerhafter gelernt werden (vgl. dazu auch H. Skowronek, 3/1971, S. 137 ff.).

## 2. *Begriffsbestimmung und Funktion*

Lernziele sind nach Krope (1972, 65) „Aussagen, die *zukünftige* Verhaltensweisen Lernender verbindlich festlegen". Dabei sei ein Aspekt der *Ziele* und ein Aspekt der *Normen* auszumachen.
Lernziele geben also ein zu realisierendes Ziel an, das von Normen gesteuert wird. Die Normen können entweder diskutierbar gemacht oder eindimensional festgelegt werden. Eine eindimensionale Festsetzung widerspricht dem Interesse an Aufklärung und Emanzipation. Lernziele würden dogmatisch und fremdbestimmt festgesetzt. Stattdessen wäre auf eine diskursive Erörterung von Zielen zu drängen.

Lernziele müßten demnach als Lern*anlässe* verstanden werden, über deren Geltungsansprüche nur die diskursive und symmetrische Interaktion entscheidet.
Lernziele haben eine *Verständigungsfunktion*. Einmal verdeutlicht der Lehrende (das kann auch ein Schüler sein) die Unterrichtsabsicht und zum anderen dienen Lernziele zur Information der Lernenden, die daraus erkennen, welche Kenntnisse und Fertigkeiten erworben werden sollen[24].
Weiterhin geben Lernziele Auskunft über den Grad des Lernfortschritts; sie dienen der Kontrolle des Unterrichts. Und schließlich geben sie Auskunft über die Wirksamkeit der unterrichtlichen Kommunikation.

## 3. Die Darstellung von Lernzielen

Die nachfolgenden Fragen beschreiben den möglichen Fragenkomplex: Zielbestimmung – Umsetzungsprozeß – Kontrolle.
Dabei können wir zwischen den Grundfragen der Lernzielbeschreibung, deren Struktur, der Methode der Lernzielgewinnung und deren Begründung und der Lernziel-Analyse unterscheiden.

a) Die *Grundfragen der Lernzielbestimmung* können mit den Fragen
   1. Welche *Ziele* soll die Schule erreichen?
   2. Welche *Lernerfahrungen* können als fruchtbar für das Erreichen dieser Ziele vorausgesetzt werden?
   3. Wie werden die Lernerfahrungen *organisiert*?
   4. Wie kann man die Ergebnisse *überprüfen?*
   erfaßt werden.
b) Die *Lernzielbeschreibung* sollte möglichst exakt erfolgen und zwar entweder operational als ein Endverhalten, bezogen auf die jeweils definierten Leistungsniveaus bei gleichzeitiger Definition der Bedingungen (vgl. Johnson, in: Achtenhagen 1971, 40), oder als Verhalten im Lernprozeß, wobei hier keine Operationalisierungen möglich sind: Wege können nicht exakt und eindeutig beschrieben werden. Höchstens die Struktur des Vorgehens läßt sich festlegen. Lernziel-

---

24 Vgl. dazu auch R. F. Mager: Lernziele und programmierter Unterricht 1971.

operationalisierungen können danach bemessen werden, ob die Wege von obersten Lernzielen (aims) und inhaltlich bestimmten Lernzielen *reversibel* sind (vgl.: Mitteilungen..., 2/1970). Die Lernzieloperationalisierung sollte, um möglichst exakt zu sein,

- beobachtbares, situationsbezogenes *Verhalten* mit eindeutigen Kriterien
- konkrete *Bedingungen* unter denen sich das Verhalten zeigen soll
- einen Beurteilungs*maßstab* für Verhalten formulieren.

„... Die beste Beschreibung ist diejenige, die die meisten vorstellbaren Alternativen ausschließt" (Mager, 1971).
Dabei muß noch die Menge des Lernstoffs und die zur Verfügung stehende Zeit beachtet werden.
Mager schlägt zur genaueren Bestimmung des Endverhaltens vor, folgende Fragen zu stellen:
1. Was wird dem Lernenden zur Verfügung gestellt?
2. Was wird ihm verweigert?
3. Unter welchen Bedingungen soll das Endverhalten geäußert werden?
4. Gibt es bestimmte Fähigkeiten, die man nicht erreiche möchte und sind diese durch die Beschreibung ausgeschlossen? (S. 27)

Hierbei muß beachtet werden, daß gemäß unserer Unterteilung in Kompetenz- und Verhaltenslernziele, die Lernzielbestimmung in Form *situationsbezogener* Verhaltensweisen beschrieben werden (vgl. unten).

*4. Lernzielarten*

a) Endverhaltenslernziele und Prozeßlernziele:
Bei den ersteren war der Weg des Erreichens egal. Wichtigstes Kriterium ist die Übereinstimmung des beobachtbaren Verhaltens mit dem operationalisierten Lernziel. Bei den zweiten wird der Weg *wie* das Ziel erreicht wird, stärker ins Blickfeld gerückt. Entscheidend sind hier die Kriterien, unter denen die Verhaltensveränderung abläuft. Diese Art von Lernziel entspräche wohl eher den bislang hier entwickelten Vorstellungen. Damit soll aber nicht gesagt werden, daß die Endverhal-

tenslernziele dadurch ausgeschaltet wäre. Sie rücken vielmehr in den Hintergrund. Prozeßlernziele sind demokratischer und praktikabler. Demokratischer, weil die Festlegung und Änderung des Ziels mit den betroffenen permanent diskutiert werden kann, praktikabler deshalb, weil sich oft erst im konkreten Lernprozeß herausstellt, wie ein Ziel, unter welchem Aspekt usw., angesteuert werden kann.

b) Funktionslernziele:
Eine weitere Möglichkeit der Lernzieldifferenzierung besteht darin, sie ihrer *Struktur* nach zu unterscheiden. Funktionslernziele geben eine Beziehung zwischen Variablen an (z.B. „analysieren können"). Bei diesem Beispiel soll eine Analysierfähigkeit entwickelt werden, die es erlaubt, verschiedene Sachverhalte analysieren zu können.

c) Stoffliche Lernziele:
Sie bezeichnen ein bestimmtes Wissen oder inhaltsabhängige Fertigkeiten oder Denkfähigkeiten: z.B. wissen, daß die Summe aller Winkel im Dreieck 180° beträgt oder die Zusammensetzung von Wirtschaftsausschüssen nach Interessensgruppen analysieren können.

d) Verhaltenslernziele/Kompetenzlernziele:
„Horizontal" zu den Funktionslernzielen und den stofflichen Lernzielen läßt sich eine weitere Differenzierung vornehmen.
Lernziele werden allgemein als Verhaltenslernziele beschrieben, eine Folge der Verhaltensforschung, die beobachtbares Verhalten als einziges Kriterium für Lernzuwachs akzeptiert.
O. Hoppe (61) meint jedoch, daß diese Beschreibung eine unzulässige Vermengung von Kompetenz und Operation darstellt. Kompetenz ist die Fähigkeit bestimmte Dinge zu *können* und *nicht* schon die *Operation selber*. Kompetenz hat die Dimension der Reflexion und des Handelns. Einer Handlung geht ein Reflexionsprozeß oder zumindest ein Denkprozeß voraus. Die Umsetzung dieses Denkprozesses in Operationen wird durch viele (und situationsabhängige) Faktoren geregelt. Obwohl ein Schüler vielleicht über die Kompetenz, etwas analysieren zu können, verfügt, kann er sie eventuell nicht (aufgrund aktueller oder struktureller Lernhemmnisse) ausführen. Das Lernziel ist auf der Stufe der Kompetenz erreicht (was sich durch Gespräche usw. wie z.B. die verbale Schilderung des Analysevorgangs oder sogar im Durchführen der

Analyse in einer anderen Situation, überprüfen läßt). Die Operation selber ist der nächste Schritt. So fordert Hoppe, daß die „Kompetenzbeschreibung die Fähigkeiten analysieren (muß), sich in einem bestimmten Typus von Situation in einer gewünschten Weise verhalten zukönnen" (ohne Seitenangabe).
Die Lernzielangaben vollziehen sich nach Hilda Taba (Curriculum Development, N. Y., 1962) in den Bereichen des Wissens, Denkens, der Einstellungen und der Fertigkeiten. *Inhaltliche* Lernziel-Differenzierungen können noch hinsichtlich der Häufigkeit des Auftretens und der Komplexität der *Mit*qualifikationen vorgenommen werden.

MODELL VERSCHIEDENER LERNZIELARTEN

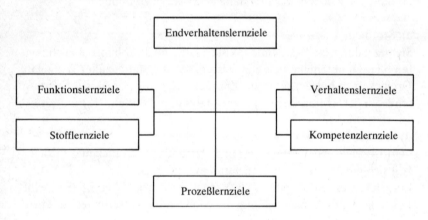

## 5. Lernzielebenen

Lernziele siedeln sich auf verschiedenen Ebenen an. Manche sind allgemeiner und komplexer, andere wiederum spezifischer und einfacher in ihrer Struktur.
Nach Löwisch (Curriculumreform und Emanzipation, Zur Problematik..., 1970, 93) kann man drei Klassen von Zielen unterscheiden:

1. „aims": das sind allgemein festzulegende Ziele; bei uns würde das der Leitidee „Emanzipation" entsprechen.

2. „objectives": das sind überprüfbare Zwischenziele, also eine Aufgliederung eines Lernziels in exakt meßbare Faktoren (s. auch weiter unten).
3. „Telos": das ist das End(lern)ziel: Ein auf ein Schuljahr bzw. einen anderen festgesetzten Zeitraum zu kalkulierendes Ziel, das mit einiger Wahrscheinlichkeit erreichbar wird. Telos ist ein Teilziel von Emanzipaton, z. B. wäre ein „Telos" ein bestimmter Grad von Selbstbewußtsein oder Sensibilität gegenüber gruppendynamischen Vorgängen.

In der deutschsprachigen Literatur gab Ch. Möller ein heute in Lehrerkreisen zwar sehr verbreitetes, wenn auch sehr problematisches Schema der Lernzielebenen an (Ch. Möller: Technik der Lernplanung, Weinheim 1971). Lernziele sind in einer Hierarchie verschiedener Abstraktionsgrade geordnet: Richtziele – Grobziele – Feinziele (Richtziel: z. B. „Befähigt werden, am Kultur- und Wirtschaftsleben eines Staates teilzunehmen, Grobziel: z. B. „Die verschiedenen Anredeformen in Geschäftsbriefen kennen", Feinziel: z. B. „10 vorgegebenen Geschäftsbriefen ohne Anrede von den 10 vorgegebenen Anredeformen mindestens 8 richtig zuordnen können"; ebenda S. 51). (vgl. dazu die ausführliche Kritik von Möller bei Moser, 1971, 55 ff).

### 6. Das Verhältnis von Lernziel und Leitidee

Die Leitidee umfaßt das, „was hinsichtlich der Lernziele als wünschenswert gelten soll und die den Rahmen absteckt, innerhalb dessen die weitere Zielentwicklung stattzufinden hat" (Krope, 1972, S. 7). Sie beschreibt diejenigen Determinanten, die als Zielvorstellung für Lernzielbestimmungen berücksichtigt werden müssen, ja deren Voraussetzungen bilden. Gleichzeitig bestimmt die Leitidee die möglichen Inhalte der Lernziele und sie dient zum weiteren der Kontrolle, ob „Telos" und „aims" sich ihrer Struktur nach zur Deckung bringen lassen.
Die Funktion der Leitidee ist demnach die *Steuerung* der Lernzielentwicklung und Beschreibung, die *Inhaltsbestimmung* von Lernzielen und damit zusammenhängend der *Lernorganisation* (bestimmte Inhalte implizieren adäquate Umsetzungsformen; so verträgt sich der Anspruch von Selbstbestimmung des Schülers mit einem autoritär organisierten

Unterricht nicht) und die *Evaluation* von Lernergebnissen und Leitidee. Kritiker meinen, daß die Leitidee (hier Realitätsbewältigung und Emanzipation) wegen ihres hohen Komplexitäts- und Allgemeinheitsgrades zur Leerformel und damit zur Ideologie werden. – Dagegen ist einzuwenden, daß zwar diese Gefahr besteht, daß sie aber nur durch die *Konsensbildung* von Beteiligten und Betroffenen des Lernprozesses hermeneutisch und in einem jeweils zu bestimmenden Kontext und für eine bestimmte Zeit verbindlicher festgelegt werden kann und muß. Außerdem: Wie wir gesehen haben, benötigen wir zur Lernziel-Konkretisierung die Leitidee als Korrektiv. Wäre sie nicht allgemein und relativ vage formuliert, wäre sie selbst ein Lernziel und könnte nicht die Funktion der Anleitung und Konkretisierung erfüllen (vgl. dazu auch Gösta Thoma, 2/1971, S. 92).

## 7. Lernzielordnungen

Lernzielebenen, die zu konkreten Lernzielen führen sollen, müssen so geordnet werden, daß a) die Lernziele eine logische Struktur besitzen bzw. von den Lernenden als eine *akzeptable* Struktur im Lernprozeß angenommen werden und b) daß die Lernziele eine Lernsequenz (Abfolge) darstellen. Wird dies unterlassen, ist es unmöglich, lernzielorientierten Unterricht zu betreiben, die Lernziel„schwemme" würde uns überfluten, der Komplexitätsgrad wäre zu groß: infolgedessen muß dieser reduziert werden (vgl. dazu die Ausführungen über „Didaktik"). Die gebräuchlichste Lernzielordnung ist die Lernziel-Hierarchie. Aus einer oder mehreren Leitideen werden in fortschreitenden Konkretisierungsprozessen immer konkretere Lernziele gewonnen (Der Anspruch eines ungebrochenen Begründungszusammenhangs wird hierbei nicht vertreten). *Ein* Klassifikationsschema zur Ordnung von *vorgegebenen Lernzielen* ist die Bloom'sche Taxonomie (vgl. dazu die Ausführungen bei H. Blankertz: Theorien und Modelle der Didaktik, 3/1970, S. 143 ff.). Die Taxonomie ist also keine eigenständige Lernziel-Hierarchie, sondern eine Hilfe für die Hierarchisierung der eigenen Lernziele. Bloom unterscheidet 2 große Lernzielbereiche: a) den kognitiven Bereich und b) den affektiven Bereich. Kriterium der hierarchischen Einordnung sind im kognitiven Bereich der Grad an Komplexität des Lernziels und im affektiven Bereich der Grad der Verinnerlichung.

Bloom kommt so zu einem sehr differenzierten Schema, das hier nur in Andeutungen wiedergegeben werden soll.

*Kognitiver Bereich*  *Affektiver Bereich*
Wissen  Aufnehmen (Beachten)
Verstehen  Antworten
Anwendung  Werten
Analyse  Aufbau einer Werthierarchie
Synthese
Evaluation

Manche Autoren nehmen noch einen dritten psychomotorischen Bereich in ihre Hierarchisierung mit hinein. Sie gründen meist auf den Überlegungen J. P. Guilfords: Persönlichkeit, 1964.
Eine weitere Taxonomie – allerdings in anderer Form – bietet R. M. Gangé: Die Bedingungen des menschlichen Lernens (1969), an. Die Grenzen der Taxonomie sieht Messner/Posch zitiert (nach S. Thiel: Lehr- und Lernziele), darin, daß keine Kriterien für die Struktur des Lehrstoffes gegeben werden, daß ebenso Kriterien für eine thematische Vollständigkeit fehlen und drittens, daß Taxonomien über die Wünschbarkeit von Lernzielen nichts aussagen (vgl. Thiel, 1973, S. 50).

## 8. Das Verhältnis von Lernziel und Lerninhalt

„Wichtig ist in diesem Zusammenhang, daß einerseits die Lernziele auf Inhalte und Gegenstände des Lehrens rückbezogen werden sollten und andererseits die Inhalte des Unterrichts eine solche Struktur aufweisen, daß an ihnen neue Lernziele aufgefunden oder entwickelt werden können" (Thiel, 1973, S. 52).
Anders ausgedrückt: Die Lernziele haben zwar den Primat vor den Inhalten, sind aber von diesen nicht unabhängig. (Polemisch: An der Struktur des Protoplasmas lassen sich wohl schwerlich die schichtbedingten Sprachunterschiede aufzeigen.) Manche Inhalte sind günstiger für das entsprechende Lernziel und erlauben, es vollständiger zu erreichen, andere wiederum weniger. Sind die Inhalte zu wenig mit den Lernzielen rückgekoppelt, können aus den „Stoffen" wohl nur sehr schwer Lernziele gewonnen werden. Zudem ist zu beachten, daß jede

„inhaltsleere", formale Lernziel-Beschreibung aus einem Kontext gewonnen worden ist. Dieser Kontext spiegelt sich in seiner Struktur bruchstückhaft in den Lernzielen wider.
Wenn wir also formale Aussagen nicht in irgendeinem Erfahrungshorizont zusammenbringen können, werden Lernziele zu realen Sprachhülsen wie „Der Schüler soll dem Suk in 25 Lab auf Mik anwenden können". „Kritisch muß aber angemerkt werden, daß es solche formalen Verhaltensweisen (wie in den Lernzielen formuliert, der Verf.) nicht an sich gibt, sondern, daß diese sich immer nur an bestimmten Inhalten realisieren lassen" (Thiel, 1973, S. 53). Werden Inhalte um der Präzision willen in eine operationalisierte Form hineingepreßt, werden andere mögliche Bedeutungen dieser Inhalte ausgeblendet und fallen damit unter den Tisch (vgl. Thiel, 1973, S. 54). Aber: Inhalte sind nicht zielgerichtet und deshalb nie vollständig auslotbar. Sie müssen daher je nach der Intention und Situation geordnet und strukturiert werden.

## 9. Lernzielgewinnung

Sie kann aus der allgemeinen Zielvorstellung (*Leitidee*) erfolgen. Und zwar kann die Begründung eine normative Letztbegründung oder eine unter bestimmten Voraussetzungen vorläufig gültige sein. Zum zweiten kann sie aus der *Analyse von Situationen bzw. Situationsfeldern* entstehen. Ermittelte Daten werden zu Normen umgesetzt, wobei die Prämissen den Umsetzungsprozeß leiten.
Eine dritte Möglichkeit ergibt sich aus der Ableitung von *Lehrplänen* und didaktischen Materialien. Die vierte Möglichkeit schließlich ist die *empirische Bestimmung* von Lernzielen durch einen „Abnehmer" (damit meint man die Industrie, Expertenbefragungen usw.).
Die ermittelten Lernziele müssen zuletzt noch einer Kontrolle unterworfen werden, um die Beliebigkeit der Ermittlungen wenigstens einzuschränken.

## 10. Die Lernzielanalyse

Dafür lasen sich einige Kriterien aufstellen (vgl. dazu auch Mitteilungen..., 1/1969, S. 40).

1. Überprüfung der Lernziele an einer Präferenzskala (z. B. Emanzipation).
2. Kriterium der Adäquatheit von Realitätsbewältigung.
3. Berücksichtigung basaler Bedürfnisse.
4. Kriterium der logischen Konsistenz.
5. Wird das Lernziel durch schulisches Lernen erreichbar, wenn nicht, was muß dann dafür getan werden?
6. Lassen die (evtl. bereitstehenden) Curriculumelemente erwarten, daß das Lernziel erreicht wird?
7. Ist das Lernziel operationalisiert?
8. Ist die Erreichung des Lernziels überhaupt überprüfbar?
9. Wie wird das Lernziel begründet?

(Diese Skala stellt keinen Anspruch auf Vollständigkeit, aber sie ist doch, so meine ich, ein wirksamer Raster zur Beurteilung gewonnener Lernziele.)

Aus dem Ziel des IPUs und den entwickelten Verhaltensdispositionen ergeben sich bestimmte Konsequenzen für die *Prinzipien* der Didaktik. Diese sollen im folgenden begründet und erläutert werden.

## I. Prinzipien der Didaktik

Aus dem Verhaltensziel des politischen Unterrichts („Das rational politisch-handlungsfähige Subjekt, das gesellschaftliche gruppenspezifische und individuelle Konflikte und Interessen je nach konkreter Lage kollektiv oder individuell zu lösen und durchzusetzen weiß") hatten wir drei Kategorien bestimmt, mit deren Hilfe Unterricht bewältigt werden soll:

*1. Prinzip: Kritik, Selbstreflexion, Handlung*

Diese Kategorien sind von den Verhaltensdispositionen auseinanderzuhalten. Während diese die *Art* der Realitätsbewältigung regeln, bestimmen jene die *inhaltliche* Struktur der Ziele. Kritik, Selbstreflexion und Handlung stellen die *Dimensionen* des Regelkreises Kommunikation-Ich-Identität-Solidarität, Sensibilität und Spontaneität dar.

Kritik(fähigkeit):
Probleme, Situationen müssen zunächst als *interessewürdig* erfaßt werden, d.h. das Interesse der Schüler muß von dem Gegenstand zumindest tangiert werden. Danach erfolgt eine zunächst unbewußte, später bewußte Eingrenzung des Problems, das Problem wird als solches erkannt. Die Auseinandersetzung damit ist ein Verarbeitungsprozeß der Schüler, der allerdings die darin enthaltenen Sachverhalte als nicht gegeben hinnimmt, sondern immer ihre Legitimation verlangt. Solche Prozesse verlangen einen Kommunikationskontext, der es den Schülern erlaubt, sich zwanglos mit den Problemen auseinanderzusetzen. Andernfalls würde der Kritikprozeß von Herrschaft überlagert, Kritik wäre eine halbierte: sie problematisierte zwar die Situationskonstellationen des Untersuchungsgegenstandes, klammerte aber die Bedingungen des eigenen Erkenntnisprozesses davon aus (vgl. auch „Selbstreflexion").
Kritik können wir behelfsweise „als einen Prozeß auffassen, der in herrschaftsfreier Kommunikation (Diskussion) eine fortschreitende Auflösung von Dissens einschließt" (Habermas: Gegen einen positivistisch halbierten Rationalismus, in: Adorno, 1969, 254). Kritik soll zweierlei garantieren: Erstens einen Erkenntnisprozeß, der analytisch strukturiert ist und zweitens die nachfolgende Begründung oder Relativierung bzw. Aufhebung gewonnener Erkenntnisse, also den argumentativ in Diskursen herzustellenden Konsens über die Geltungsmöglichkeit. Erkenntnisse sind so in soziale Interaktionsformen eingebettet, die „Wahrheit" (der Erkenntnisse) ist eine vorläufige und bleibt revidierbar. Kritik versichert sich dadurch gegen Dogmatismus und bleibt reversibel gegen sich selbst.
Analysiert werden aber nicht nur die Struktur der Situationen selbst, sondern auch die sich darin manifestierenden Interessen, Bedürfnisse, Ansprüche und Erwartungen der Rollenpartner. Kritik bedeutet, im Analysevorgang, die Aufdeckung von Ideologien: Decken sich die Interessen, Bedürfnisse... usw. mit den angegebenen oder stellen sie lediglich eine Verschleierung *anderer* Interessen usw. dar? Ideologiekritik verwahrt sich so gegen fraglos geäußerte und sich manifestierende Geltungsansprüche und versucht die Wahrheitsfindung zu optimieren.
Iris Mann formuliert die Bedingungen dieses Prozesses so: „Wollen die Lehrer die Schüler zu Partnern erziehen, tun sie es nicht, indem sie den Schülern einen Freiraum gewähren, in dem die Kinder unabhängig von den Bedürfnissen der Lehrer tun, was sie wollen, sondern in dem die

Lehrer Bedingungen schaffen, wo die Kinder Erkenntnisse erlangen können, wo sie lernen, Konflikte zu lösen, zu analysieren, zu experimentieren, gemeinsam zu arbeiten, zu urteilen, ihre Bedürfnisse kennenzulernen, sie anderen zu vermitteln, die Bedürfnisse der anderen anzuerkennen, ihr Handeln auf den Begriff zu bringen, Kritik und Selbstkritik zu üben, sich unmenschlichen Normen zu widersetzen, auch dann, wenn sie nicht unmittelbar betroffen sind und ständig zu reflektieren, wie aus der vorgegebenen Situation eine bessere zu schaffen ist" (I. Mann: Interesse, Erkennen, Handeln in der Schule, 1/1973, S. 71/72).

Kritik ist die aufklärerische Instanz der diskursiven Bestandsaufnahme. Unter Aufklärung verstehen wir jene Bemühungen, ,,die sich an das Ich wenden und auf der kognitiven Ebene Sachverhalte erläutern; Aufklärung soll die Vernunft stärken, die politische Verhältnisse transparent machen" (Gottschalch, 1970, 112). Kritik bildet das Ausgangsmoment des politischen Bewußtseinsbildungsprozesses.

Selbstreflexions(fähigkeit)[25]:
Selbstreflexion fungiert als Instanz der Kontrolle. Sie führt zur Bewußtmachung unbewußter Implikationen und Konsequenzen. Folgen und Nebenfolgen der Kritik, die auf Handeln abzielt werden antizipiert. Des weiteren kalkuliert Selbstreflexion die Zielchancen politischen Handelns. Sie verbindet praktisch Kritik und Handeln einmal dadurch, daß sie ,,zwischen" dem Kritikvorgang und dessen Umsetzung in Handeln eingeschaltet wird, gleichsam als theoretisches Handeln, das die Verwirklichungschancen mit ihren Implikationen mitreflektiert. Zum anderen als ,,Nachreflexion", die den Kritik-Handlungsprozeß auf seine Wirksamkeit befragt, nämlich danach, ob und wie das gesetzte Ziel erreicht wurde und die das Ziel selbst oder die Kritikanalyse in Frage stellen kann. In kybernetischen Termini ist Selbstreflexion Regler und Thermostat in einem. Emanzipative Realitätsbewältigung kann deshalb auf diese Zwischen- und Nachkontrollinstanz nicht verzichten.

---

25 Zum Begriff Selbstreflexion vgl. Kapitel I, Erkenntnisinteressen; das emanzipative Erkenntnisinteresse.

Handlung(sfähigkeit):

Kritik und Selbstreflexion sind Erkenntnisprozesse, die folgenlos bleiben und deren Funktion für die Schüler uneinsichtig wird, münden sie nicht in Handlung. Handlung ist das entscheidende politisch relevante Moment, deren Hintergrund die beiden anderen Dimensionen abgeben. Nur wenn der politische Unterricht in Handlungsprozesse überführt wird, in deren Verlauf der Schüler sein Bewußtsein erweitert, Erfahrungen sammelt und sie wieder einer Reflexion unterwirft, kann das Ziel des politischen Unterrichts „das politisch handlungsfähige Subjekt" erreicht werden. Durch die Handlung wird der Emanzipationsprozeß (auch vom Lehrer) erst möglich. Handlung setzt eine Auseinandersetzung mit dem Gegenstand voraus. Dadurch lenken die Schüler ihre Aufmerksamkeit dem Problem und nicht hauptsächlich dem Lehrer zu. Unterricht ohne aktives Handeln der Schüler ist antiemanzipatorisch: „In jeder Stunde geschah das gleiche. Die Lehrer erzählten uns, was sie wußten, oder was sie in Büchern fanden. Wir mußten ihnen alles glauben. Ich habe unter der Untätigkeit gelitten, zu der ich während der Schulstunden verdammt war und unter der Tatsache, daß ich selten Gelegenheit hatte nachzuprüfen, was der Lehrer gesagt hatte" (I. Mann, 1/1973, S. 25).

In den letzten Jahren sind verschiedentlich Versuche gemacht worden, den Unterricht handlungsorientiert zu verstehen (vgl. die Beiträge z. B. in: b:e, 1 u. 2/75, Projektunterricht; b:e, 5/74 Schule ohne Mauern; b:e, 6/74, Entkolonialisierung des Lernens). Ausgelöst wurde diese Diskussion vor allem durch H. v. Hentigs: Cuernavaca oder Alternativen zur Schule, Klett/Kösel, München 1971 und durch Ivan Illich: Plädoyer für die Abschaffung der Schule. In: Kursbuch 24/1971.

Schüler erfahren durch Handlung erst die selbst interpretierte Wirklichkeit konkret und können im Laufe dieser Auseinandersetzung ihr Realitätsverständnis modifizieren. Zudem fördert Handlung intrinsische Motivationen (vgl. Skowronek, 3/1971, S. 99). „Wenn Kinder im Unterricht lernen, ihre Bedürfnisse handelnd auszudrücken, können sie den dialektischen Prozeß von Handeln und Denken und wieder Handeln in der Schule erfahren. Wichtig ist, daß der Lehrstoff von den Kindern auf seine Richtigkeit überprüft werden soll. Diese Überprüfung kann aber nur in der Auseinandersetzung mit der Praxis geschehen. Sie kann theoretisch nicht vermittelt werden" (I. Mann, 1/1973, S. 70).

Nach Habermas lassen sich zwei Arten von Handlungstypen unterscheiden.

*a) Zweckrationales Handeln*
Dieser Begriff wird mit „Arbeit" gleichgesetzt. „Unter ‚Arbeit' oder zweckrationalem Handeln verstehe ich entweder instrumentales Handeln oder rationale Wahl oder eine Kombination von beiden. Instrumentales Handeln richtet sich nach technischen Regeln, die auf empirischem Wissen beruhen. Sie implizieren in jedem Fall bedingte Prognosen, über beobachtbare Ereignisse, physische oder soziale... Das Verhalten rationaler Wahl richtet sich nach Strategien[26], die auf analytischem Wissen beruhen. Sie implizieren Ableitungen von Präferenzregeln und Maximen... Zweckrationales Handeln verwirklicht definierte Ziele unter gegebenen Bedingungen; aber während instrumentales Handeln Mittel organisiert, die angemessen oder unangemessen sind, nach Kriterien einer wirksamen Kontrolle der Wirklichkeit, hängt das strategische Handeln nur von einer korrekten Bewertung möglicher Verhaltensalternativen ab, die sich allein aus einer Deduktion unter Zuhilfenahme von Werten und Maximen ergibt" (Habermas: 4/1970, S. 62).
Die Wertvorstellung ist hier Emanzipation. Arbeit oder zweckrationales, also strategisches und instrumentales Handeln, kann man deshalb auch als die Seite des streng empirisch-kontrollierten politischen Handlungsprozesses bezeichnen. Diskursive Prozesse spielen gegenüber dieser „monologischen" Handlungsregelung eine untergeordnete Rolle. Erworben werden kann zweckrationales Handeln durch das Lernen von Fähigkeiten und Qualifikationen.

*b) Kommunikatives Handeln*
Darunter wird nun nicht etwa ein Handlungstyp verstanden, der quasi „neben" zweckrationalem steht, sondern eine andere *Dimension* des Handelns. Letztlich ist jede, in Gesellschaft stattfindende Handlung auf Kommunikation gerichtet: Die Befriedigung von Bedürfnissen kann nur mit Hilfe anderer geschehen, ja der Andere selbst wird zum Bedürfnis

---

26  Strategien sind nach Frey (1971, 61) Handlungsbeschreibungen unter Berücksichtigung der beteiligten Personen, mit der Abfolge der Verhaltensereignisse und ihren Zusammenhängen in Hinsicht auf das zu erreichende Ziel.

(vgl. dazu Abschnitt „Ich-Identität"; zum allgemeinen Problem der Kommunikation: Watzlawick u. a., 4/1974).

Die Ergänzung des zweckrationalen Handlungstypus sieht Habermas im kommunikativen Handeln, worunter er „eine symbolisch vermittelte Interaktion" versteht. „Sie richtet sich nach obligatorisch geltenden Normen, die reziproke Verhaltenserwartungen definieren und von mindestens zwei handelnden Subjekten verstanden und anerkannt werden müssen" (ebenda).

Kommunikatives Handeln ist auf den Diskurs angewiesen, in dessen Dimensionen die Regeln von instrumentalem und strategischem Handeln erst festgelegt werden.

Kommunikatives Handeln wird durch die Internalisierung von Rollen erworben. Es verweist auf die Notwendigkeit des Angewiesenseins der politisch handelnden Subjekte untereinander, die in kommunikativer Praxis Realität zu bewältigen haben.

Handlungsrelevante Determinanten sind:

a) *Die Situation:* der Schüler soll die vorgegebene oder zu erwartende Situation real bewältigen können, bzw. dies in Antizipationsvorgängen vorwegnehmen.

b) *Der Adressat:* Handlungen fallen je nach Adressat verschieden aus, vom Adressaten ist die Art und Weise des Vorgehens abhängig zu machen.

c) *Die Intention:* welche Absichten werden bei der Problemlösung relevant, was will man erreichen? (Bewußtwerdung des Handlungsziels)

d) *Die Motivation (Bedürfnisse):* Warum wird diese Absicht und nicht eine andere verfolgt? Welche Bedürfnisse spielen eine Rolle?

Die Intersubjektivität der Verständigung politisch-bewußter Subjekte, die einen *gemeinsamen* Emanzipationsprozeß zu verwirklichen haben, kann nur die Verbindung von Kritik-Selbstreflexion – Handeln erreicht werden und Befreiung nur dadurch garantiert werden. Kritik ist auf Handeln angewiesen, Handeln auf Erkenntnis; Kritik und Handeln werden von der Instanz der Selbstreflexion kontrolliert. Kritisiertes Wissen und taktisches Können, vereint in kommunikativ kontrollierter Praxis, ermöglichen die Distanz zu den bestehenden Verhältnissen. Sie *ermöglichen* erst rational-politische Subjekte, die Realität kompetent bewältigen können.

Die Kategorien Kritik, Selbstreflexion und Handeln sind daher notwendige, aber keine hinreichenden Bedingungen für „Befreiung lernen".
Für die politische Bildungsarbeit bedeutet dies, daß im Vorgehen der Analyse und im Bewältigen gesellschaftlicher Realität auf beide Handlungstypen abgehoben werden muß. Die Schule muß Raum für instrumentales Handeln (Fertigkeiten usw.), strategisches Handeln (Problemlösungsstrategien) und kommunikatives Handeln (Diskussion von Vorschlägen, Diskussion der Bedürfnisrealisierung) gewähren, in dessen Verlaufsformen sich politisches Bewußtsein erst herausbilden kann.
Berücksichtigt werden muß, daß zweckrationales und kommunikatives Handeln eine analytische Trennung des Handlungsprozesses darstellen. Im praktischen Handlungs*vollzug* wirken sie nebeneinander. Kritik, Selbstreflexion und Handeln bewegen sich nicht nur auf der kognitiven Ebene, sondern ebenso auf der affektiven. Es ist nun nicht einzusehen, daß die Ratio-nalisierung des Gefühlslebens von diesem Prozeß ausgeklammert wird, sondern im Gegenteil, die Anpassung der psychischen an die kognitive Struktur ist Bedingung für *allseitige* Rationalität des gesellschaftlichen Subjekts.
Kritik soll dabei Analyse, Interpretation und Erkenntnis verbürgen; Handlungsfähigkeit, die auf Kooperation (vgl. auch „Solidarität"), Durchsetzungsvermögen und -kraft, bewußtes Rollenspiel und individueller sowie kollektiver Aktivität angewiesen ist, setzt die durch Kritik gewonnenen Ergebnisse und Lösungen von Problemen in die Praxis um; als vermittelndes Moment wurde die (Selbst-)Reflexion erkannt, deren wichtige Voraussetzung die Entwicklung von Mißtrauen gegenüber anderen und sich selbst ist, die Kritik und Handeln überprüft und steuert. Sie ist gleichsam das Korrektiv im Realitätsbewältigungsprozeß und soll Handeln und Kritik rational gestalten.
Das vorgestellte Handlungskonzept stellt neben „Kritik" und „Selbstreflexion" ein Kategoriengerüst dar, das es dem Lehrer erleichtern soll, *bewußt* die *Art* der Realitätsbewältigung der Schüler zu fördern: Der Schüler sollte kritisch und selbstreflexiv Realität bewältigen („Handlung") können.
Welche Verhaltensweisen der Schüler dabei zu fördern sind, finden sich in diesem Abschnitt und im vorangegangenen („Verhaltensdispositionen"). *Wie* der Bewältigungsprozeß von Realität in der Schule ablaufen kann, vgl. dazu Kapitel V: Analysevorgang.

## 2. Prinzip: Konflikt

Gesellschaftliche Zustände, Strukturen sind per se nicht sichtbar. Manifest erscheinen sie uns erst durch bestimmte Ereignisse. Diese können diskutiert und deren Hintergründe reflektiert werden. *Interesse für die Ereignisse wird erst geweckt, wenn sie in Form von Konflikten auftauchen.* Vorher erscheinen sie nicht diskussionswürdig, wir nehmen sie nur am Rande oder gar nicht wahr.

*Konflikte* sind Situationskonstellationen, die bedeuten, daß „von vornherein nicht eine bestimmte Antwort gegeben werden kann, sondern daß die Situation konkurrierende *Reaktionen* mobilisiert" (Skowronek, 3/1971, Hervorh. vom Verf.). Konflikte stellen also eine Steigerung von Problemsituationen dar.

Die gesellschaftlichen Individuen setzen sich mit anderen Individuen oder mit Institutionen auseinander, um ihre Bedürfnisse durchzusetzen. Schon auf dieser formalistischen Ebene wird klar, daß die Auseinandersetzung Konflikte produziert (abgesehen davon, daß in unserer Gesellschaft Konflikte strukturell verankert sind). Konflikte sind Konstituen-

---

27 1. Die Verhaltensunsicherheit wird beseitigt, indem das Ich sich umstrukturiert, seine Identität also den „neuen" Ereignissen anpaßt. Dieser reine Anpassungsmechanismus scheint mir mit den entwickelten Zielen nicht vereinbar. Das Individuum reagiert nur mit einem Anpassungsverhalten, ohne sich zu „fragen" (= zu reflektieren), ob dieser Zustand nicht zeitweilig ertragen werden kann (vgl. Ambiguitätstoleranz), bis geklärt ist, *wie* das Ich umzustrukturieren ist (Von diesem Begriff der Ich-Umstrukturierung ist derjenige abzuheben, der jede Verarbeitung einer Information als Umstrukturierung versteht).
Ich-Umstrukturierung kann entweder durch Antizipationsvorstellungen einer Änderung des gesellschaftlichen Zustandes oder durch Änderung der Persönlichkeitsstruktur geschehen.
2. Die Verhaltensunsicherheit tritt nicht so ohne weiteres auf, Ambiguitätstoleranz ist (wenn auch erst in Ansätzen) entwickelt: Reflexion wird eingeschoben und zieht den Prozeß der Krisenbewältigung durch Persönlichkeitsveränderung hinaus.
Diese Institutionalisierung von Reflexion und Metareflexion (vgl. Kritik und Selbstreflexion) scheinen mir notwendig zu sein, damit Krisen oder anders ausgedrückt Konflikte rational bewältigt werden können. In der Schule scheint es daher nicht auf die sofortige (Spannungs-)Lösung anzukommen, sondern auf eine Reflexionsmöglichkeit, die *vorzeitige* Ich-Anpassung verhindert. (Vorzeitige Anpassungsprozesse wären z.B.: Die Gastarbeiter sind Messerstecher, oder z.B. In unserer Gesellschaft sind Konflikte nicht zu lösen). Die Beispiele offenbaren eine vorzeitige Reduktion des Problems, die Ich-Struktur wird den vorgegebenen Realitäten oder Schein-Realitäten angepaßt.
Konflikte müssen so ausgewählt werden, daß die Erweiterung der Spannung Krise –

ten (zumindest) dieser gesellschaftlichen Realität. (Zur Unterscheidung von strukturellen vs nicht-strukturellen Konflikten s. weiter unten.) Konflikte lösen Krisenzustände des Individuums aus, die durch Umstrukturierung des Ichs gelöst werden, um eine Identitätsbalance auf neuer Stufe wieder herzustellen. „Mit Krisen verbinden wir die Vorstellung einer objektiven Gewalt, die einem Subjekt ein Stück Souveränität entzieht, die ihm normalerweise zusteht" (Habermas, 1/1973, S. 10).
Die Ereignisse können nicht mehr ohne weiteres in den Speicherzusammenhang des Bewußtseins integriert werden – die erste Folge ist Verhaltensunsicherheit. Ja mehr noch: „Konflikte werden, sofern überhaupt wahrgenommen und nicht verleugnet oder verdrängt, stets nur als individuelles Versagen, als Problem des privaten Lebens ausgegeben. Gerade diese Privatheit des Konflikts verhindert offene Kommunikation und Verständigung über etwaige gemeinsame Leidensursachen" (Mertens: Erziehung zur Konfliktfähigkeit, 1974, S. 9).
Nun gibt es grundsätzlich 2 Möglichkeiten, diese Krisen zu lösen (vgl. Fußnote 27). Die Eignung des Konflikts für die Entwicklung von Lösungsversuchen ergibt sich aus folgenden Überlegungen:

---

Lösung sukzessive geschieht. Damit gibt man den Schülern eine Möglichkeit, die Ambiguitätstoleranz schrittweise aufzubauen.

Die Notwendigkeit solcher Aufbaustrategien steht im direkt proportionalen Zusammenhang mit dem Repressionsgrad und damit mit dem Konfliktpotential einer Gesellschaft: Strukturelle Konflikte erfordern ein höheres Maß an Ambiguitätstoleranz bei *geichzeitigem* Bewußtsein der potentiellen Aufhebbarkeit solcher Konflikte.

Dies wiederum setzt ein hohes Maß an Reflexions- und Handlungsfähigkeit voraus, um einerseits auf systembedingte Konflikte adäquat reagieren zu können, d. h. ein Sichabfinden mit vorläufig ungelösten Konflikten; andererseits ein Lösen von Konflikten (ganz oder partiell), bzw. ein Zufriedensein mit „Halblösungen".

Die Verhaltensunsicherheit resp. die ungenügende Bedürfnisbefriedigung verschwindet dann nicht und bildet so den Motor für weitergehende Lösungsversuche. Allerdings nur unter der Voraussetzung des wenigstens teilweise institutionalisierten Regelkreises: Kritik – Selbstreflexion – Handeln. Sonst würden kurzschlüssige Reduktionsmechanismen wirksam, die die Konfliktkomponenten verdrängen und eine Lösung suggerieren würden. Oder Realität wird nur noch als feindliche begriffen, die Reaktionen würden „amokartig" zumindest jedoch stark psychotisch ablaufen (z.B. RAF). Konflikte sind aus den zuletzt geschilderten Ebenen als *Konflikte* nicht mehr greifbar : Im ersten Fall würde die Realität harmonisierend beurteilt, der Veränderungswille verflachte; im zweiten Fall würde Realität überhaupt nicht mehr konflikthaft, sondern nur noch in Afront-Stellung zum Individuum oder einer Gruppe begriffen werden.

Emanzipative Realitätsbewältigung verlangt die Suche nach Widersprüchen, nach

a) Eine kritisch orientierte Diaktik verbietet harmonisierende Kategorien, die gesellschaftliche Ungleichheiten und gestörte Interaktionen theoretisch legitimieren. Konflikterörterung schärft den Blick für soziale Ungerechtigkeiten und verhilft darüber hinaus zur Bewußtmachung eigener (fremder) Konflikte. Mollenhauer führt ein weiteres Argument an: Der Konflikt ist neben Interessens- und Herrschaftsbestimmung geeignet, „zwischen der politischen Realität und dem heranwachsenden Subjekt eine Distanz zu schaffen, die ihm, diesem Subjekt, kritisch-objektivierende Reflexion möglich macht. Anders formuliert: Sie (Interessen, Herrschaft, Konflikt; der Verf.) scheinen geeignet, die objektiven gesellschaftspolitischen Bedingungen, unter denen die einzelnen leben, als änderbare Bedingungen zum Bewußtsein zu bringen" (Umriß einer politischen Bildung als poliische Aufklärung, in: Mollenhauer 4/1970, 161).
Dabei wird der Konfliktbegriff extensiv ausgelegt. Konfliktlösung und Verarbeitung ist also nicht das „während gruppentherapeutischen Sitzungen auftauchende Gefühl der Selbstbefreiung..., das sich einstellt, wenn es Gruppenmitgliedern gelungen ist, Gruppenkonflikte auf der Ebene interpersoneller Beziehungen unter Absehung der sozialstrukturellen Bedingungen" zu lösen, sondern: „Vielmehr sollte man sich bei einer progressiven Konfliktverarbeitung darüber Gedanken machen, ob nicht der jeweils privat erscheinende Konflikt dadurch adäquater gelöst werde kann, daß man ihn auch als gesellschaftlich vermittelt begreifen lernt" (Mertens: Erziehung zu Konfliktfähigkeit, 1974, S. 18).
b) Konflikte motivieren intrinsisch, sie schaffen neben der Labilisierung der Psyche eine Neugiermotivation. Sie regen, wenn sie nicht Angst produzieren, das Explorationsverhalten an und tragen somit zur produktiven Lösungssuche bei. Konflikte motivieren ebenfalls, wenn sie zur Lösung von sogenannten „Alltagsproblemen" beitragen (vgl. Skowronek, 3/1971, bes. S. 101).

---

Brüchen(-Konflikte), um Ansatzpunkte einer Veränderung mit gleichzeitiger Chance einer teilweisen Veränderung des konstatierten Zustandes zu finden. Veränderung gesellschaftlicher Realität wird so zur Veränderung von sich selbst in kontrollierten Lösungsvorgängen. Der Motor hierfür ist die partielle Bedürfnisbefriedigung während der Konfliktbewältigung.
Der „Konflikt", d.h. die Analyse, Aufarbeitung, Ertragen und Bewältigung von Konflikten wird zu *einem* wesentlichen Prinzip der Didaktik.

c) Konflikte sind, im Gegensatz zu abstrakt und analysierten Situationen, *real,* sie verlangen vom Individuum eine Lösung, sie betreffen das Individuum direkt, d. h. sie setzen für das Individuum spürbare Konsequenzen, das Handeln bewegt sich nicht auf einer wie immer gearteten „Spielwiese"; politisches Handeln wird so zu verantwortlichem Handeln, d. i. Handeln, das seine Konsequenzen antizipiert. Außerdem schulen Konfliktanalysen das Individuum im Herangehen und Bewältigen dieser. Eigene (latente) Konflikte können besser erkannt und so frühzeitig aktualisiert werden. Konsequenz: Politischer Unterricht sollte auf Konfliktsituationen eingehen, auf Konflikte, die die Schüler selbst betreffen.

Nach dieser allgemeinen Begründung für die didaktische Relevanz des Konflikts möchte ich einige didaktische Kategorien einführen, die zur Strukturierung von Konfliktsituationen dienen können, es dem Lehrer also erlauben, sich Klarheit über die Möglichkeiten der didaktischen Differenzierung von „Konflikt" zu verschaffen.

*Erweiterte Definition*[28]
Unter Konflikt soll mit Wellendorf „eine Form der Interaktion" verstanden werden, „ in der Lehrer und Schüler sich über ihren Interpretationen der schulischen Situationen und über ihren Problemlösungsaktivitäten begegnen" (Wellendorf, Funkkolleg Pädagogische Psychologie, 1972, 17. Kollegstunde). „Diese Interpretationen und Problemlösungsaktivitäten sind einander ähnlich, aber nicht gleich. Wären sie gleich, so käme es nicht zum Konflikt, sondern zur Kooperation.
Wenn Lehrer und Schüler die Unterschiede ihrer Interpretationen und Problemlösungsaktivitäten zum Thema der Interaktion machen, entsteht sozialer Konflikt" (ebenda).
Diese speziell auf die Schule bezogene Interpretation von Konflikt muß in die vorige Definition eingebettet gesehen werden und ist deren Konkretion auf schulischer Ebene.
Das Verarbeiten von Konflikten muß in eine generalisierte Verhaltens-

---

28  Formale Kategorien zur Konflikttypologisierung und plausible Erklärungsmodelle finden sich bei Hofstätter: Psychologie, 1957 und Festinger: A Theory of Cognitive Dissonance, London 1962.

weise überführt werden, nämlich in *Konfliktfähigkeit:* „Unter Konfliktfähigkeit soll ... die sich aus verschiedenen Unterdimensionen zusammensetzende *Kompetenz* verstanden werden, die im Verlaufe eines interaktiven Handlungsvorganges als symbolisch und kognitiv typifizierten *Verhaltenserwartungen* und *Zuschreibungen* in ihren möglichen konfliktinitiierenden Funktionen zu *erkennen* und sich in metakommunikativen Akten über das abgelaufene kommunikative Handeln und interpersonelle Wahrnehmungsvorgänge *auseinanderzusetzen*" (Mertens: Erziehung zur Konfliktfähigkeit, 1974, S. 50).

Mit anderen Worten: Ziel des Politikunterrichts ist es, bei den Schülern eine Fähigkeit aufzubauen, Konflikte wahrzunehmen, sie für Konfliktkonstellationen zu sensibilisieren und sich mit ihnen und ihrem Entstehungszusammenhängen auseinanderzusetzen.

In dem Unterricht sind demnach alle Formen von Konflikten aufzunehmen, an denen die Schüler diese Fähigkeit erlernen können, wobei die Aufgabe des Lehrers mir vor allem darin zu liegen scheint, den Konflikt – zumindest im Anfangsstadium der Auseinandersetzung zu begrenzen, so daß er für die Schüler überschaubar und damit bewältigt bleibt. Hennig Kuhlmann weist hier zurecht auf das zentrale Motivationsproblem hin: „Nicht die Bittermiene des moralisierenden Aufklärungsapostels fördert das politische Selbstbewußtsein der Arbeiterkinder, sondern der Ansporn zu Mut und Selbstvertrauen" (1975, S. 17).

Didaktische Strukturierungsmöglichkeiten von Konflikten:
Zunächst gilt es in einer Art Phänomenanalyse die Konflikte dichotomisch zu zerteilen.
Und zwar in:

*Abstraktionsgrad der Konflikte*
Hier können zwei Konfliktformen unterschieden werden:

a) *Konkreter Konflikt*
   Unter konkretem Konflikt verstehe ich alle die Konfliktformen, die das Individuum *unmittelbar* tangieren und sofort bemerkt werden können. Ihre Relevanz für die Lernenden ist offenbar.
b) *Allgemeiner Konflikt*
   Darunter verstehe ich all die Konflikte, die die Individuen nur unmittelbar, nicht direkt, bzw. nicht direkt einsehbar betreffen. Also

z. B. Maßnahmen staatlicher Institutionen, deren Auswirkung erst über Vermittlerinstanzen (z. B. Lehrer) erfahren werden. Die Betroffenheit der konfliktauslösenden Maßnahmen bzw. schon vorhandener Strukturen für das einzelne Individuum muß erst aufgezeigt, bewußt gemacht werden.

Da konkreter und allgemeiner Konflikt dichotomische Begriffe darstellen, d. h. ein konkreter Konflikt immer als Hintergrund einen allgemeinen zugrunde liegen hat oder umgekehrt, scheint es wichtig, zuerst den Schwerpunkt des Konflikts zu thematisieren, ihn entsprechend den angegebenen Begriffen zu kategorisieren und die weitergehende Bearbeitung konzentrisch zu strukturieren. Also z. B. so:

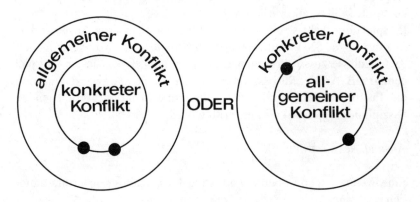

Die „Gelenkstellen" zwischen allgemeinen/konkreten Konflikten (Handlungen, Ereignisse, Argumentationen usw.) müßten dabei besonders ins Auge gefaßt werden: Wie kann ich diese dem Schüler vermitteln und transparent machen, um ihm die o. g. Konfliktfähigkeit zu vermitteln? (Die Gelenkstellen bieten sich oft als Problemeinstieg, Verknüpfung oder Weiterführung eines Konflikts an.)

*Grad der Konfliktstärke*

Hier können der strukturelle und der nicht strukturelle Konflikt unterschieden werden.
*Der strukturelle Konflikt* bezeichnet Situationen, in der die Struktur z. B. der Interaktionsbeziehungen oder die Institutionen selbst in Frage

gestellt wird. Die Interaktion kann bei einem strukturellen Konflikt zum Erliegen kommen, die Kommunikation bricht ab. Strukturell heißt soviel wie den „Kern betreffend". Die Folgen struktureller Konflikte sind schwerwiegend, ihre Bewältigung setzt eine hohe Ich-Identität voraus.

*Der nicht strukturelle Konflikt* bezeichnet Situationen, in denen, um bei unserem Beispiel zu bleiben, die Interaktion nicht in Frage gestellt wird, sondern höchstens deren momentane Formen, ihre momentanen Äußerungen. Der nicht strukturelle Konflikt bewegt sich gleichsam an der „Oberfläche", er berührt nicht die Struktur der Interaktion selbst.

Man muß sich bei dieser dichotomischen Konfliktunterscheidung vergegenwärtigen, daß beide Konflikttypen Endpunkte einer Skala möglicher Konflikte darstellen, daß also Konflikte zwischen diesen beiden Konfliktgrade variieren.

Beispiel: Ein nicht-struktureller Konflikt wäre etwa die Auseinandersetzung, ob die SMV weiterhin in der 6. Stunde ihrer Sitzungen abhalten darf. Anlässe zu strukturellen Konflikten gibt es bei diesem Beispiel genug: z. B. Art der Mitbestimmung in der Schule und zwar dann, wenn die Institution Schule oder die Lehrerrolle in ihrem grundlegenden Disziplinierungscharakter angegriffen wird.

*Ausmaß des Konflikts*

Eine weitere, schon oben angedeutete Konfliktdifferenzierung bietet sich noch an:
Die Unterscheidung zwischen
– individuellen
– kollektiven
– individuellen und kollektiven Konflikten.
Konflikte können individueller Natur sein, sie betreffen das jeweilige Individuum, eventuell aber auch die Bezugsgruppe; sie können umgekehrt kollektiver Natur sein, die aber dann innerhalb einer sogenannten homogenen Gruppe im weitesten Sinne alle Individuen wenigstens teilweise betreffen. Oder aber die Konflikte können eine Mischform aus beiden darstellen, was wohl die häufigste Konfliktkonstellation ist.
Beispiel:
Ein Schüler der Klasse, ein sogenannter „Außenseiter" prügelt sich mit einem anderen Schüler (individueller Konflikt). Jugendliche mit Mo-

peds, langen Haaren usw. dürfen nicht mehr in das Jugendhaus, weil sie als „Rocker" diffamiert werden (individueller und kollektiver Konflikt).
Lehrlinge werden in vielen Betrieben noch als billige Arbeitskräfte „verwendet" (kollektiver Konflikt).

## Konflikt-Ebenen

Um die Dimensionen von Konflikten abstecken zu können, um ihre Verflechtung auf den verschiedenen Ebenen zu verdeutlichen, möchte ich das Kategoriensystem der Autoren des Funkkollegs „Pädagogische Psychologie" übernehmen.
Diese unterscheiden zwischen verschiedenen Bedingungen, unter denen Konflikte in der Schule auftauchen.

*a) Interaktions-Ebene*
Soziale Konflikte in der Schule kann man als spezifische Formen von *Interaktion* zwischen Individuen und Gruppen, Schülern oder Lehrern oder anderen Beteiligten, auffassen.

*b) Institutionelle Ebene*
Soziale Konflikte in der Schule laufen stets unter bestimmten *institutionellen Bedingungen* ab. Diese Bedingungen beeinflussen die Entstehung, die Art und den Ablauf der Konflikte wie auch die Techniken der Konfliktbewältigung. Sie sind durch die Organisation von Erziehung und Unterricht in der Institution „Schule" festgelegt.

*c) Gesellschaftliche Ebene*
Die Schule ist eine Einrichtung der Gesellschaft, die in spezifischen Beziehungen zu anderen gesellschaftlichen Institutionen steht. Wichtig sind vor allem ökonomische und politische Instanzen. Soziale Konflikte in der Schule werden durch die *gesellschaftlichen Bedingungen,* unter denen Erziehung und Unterricht stattfinden, entscheidend mitbestimmt (Funkkolleg Päd. Psychologie, 7/1972, S. 72).

Beispiel:
Ich möchte dieses Beispiel bewußt nicht aus dem Bereich der Schule nehmen, um zu zeigen, daß diese Konflikt-Bedingungen sich auch auf andere Bereiche wie z.B. Beruf, Öffentlichkeit usw. erweitern lassen.

In einem Betrieb soll einer Gruppe von Arbeitern das Akkordniveau angehoben werden.
Interaktion: Wie erfolgt die Mitteilung, ja überhaupt die Festsetzung des höheren Akkordniveaus? Welche Kommunikationsstrukturen herrschen hier vor? (linear, herrschaftlich, z. B. Refa-Mann).
Institution: Hierarchisch organisiert, keine Mitbestimmung der Arbeiter, Konkurrenzverhältnis.
Gesellschaft: Die gesellschaftlichen Produzenten verfügen nicht über ihre Produkte, ja nicht einmal über die Art und die Bedingung ihrer Herstellung, Entfremdung usw.

*Konflikt-Bedingungen*

Quergelagert zu den Konfliktebenen möchte ich als Differenzierungskriterium Konfliktbedingungen einführen.
Negt 2/1971 (S. 45) unterscheidet drei Konfliktbedingungen:

a) Die manifesten Interessen, Vorstellungen und Gesellschaftsbilder. Sie lassen sich durch empirisch kontrollierte Methoden typologisieren.
Ferner latente Interessen (versteckte, verdrängte) lassen sich durch psychoanalytische Methoden und durch Sozialspiele bewußt machen (Rollenspiele).
Rolff/Tillmann verweisen auf solche Konflikte, die „einsichtig auf die bezeichneten Strukturansprüche rückführbar sind, wobei peinlich genau eine Dosierung gewählt werden muß, die für Schüler Lehrer und Eltern psychisch aushaltbar ist" (Rolff/Tillmann, 1974, S. 9).
b) Die psychischen und kognitiven Entfremdungsmechanismen. Darunter versteht Negt (vgl. 2/1971, 46) u. a. die Personalisierungstendenz von Konfliktursachen, reduziertes Sprachverhalten usw.
„Die Vermittlung von Qualifikationen strategischen Handelns soll vielmehr an diese Strukturwidersprüche anknüpfen, um dadurch Erkenntnisse über reale gesellschaftliche Prozesse und eine Handlungsperspektive entstehen zu lassen" (Rolff/Tillmann, 1974, S. 9).
c) Die ökonomischen und sozialen Lebensbedingungen.
Ansatzpunkte sind die „Funktionswidersprüche im Kapitalismus und an deren innerschulischen Widerspiegelungen anknüpfend die

Qualifikationen strategischen Handelns[29] (Rolff/Tillmann, 1974, S. 9).
Es geht zunächst um die Klassifizierung der Lebensbedingungen (Schichtzugehörigkeit, ökologische Bedingungen usw.). Dann kann die Interessenbestimmung erfolgen; schließlich das aus unserer Gesellschaft resultierende „entfremdete" Verhalten, also Ideologienbildung; Schule läßt als Mittelschicht – Institution schulisches Versagen als individuelles erscheinen usw. Das Schema Klassifizierung – Interessenbestimmung – entfremdetes Verhalten kann zur Differenzierung der Konflikte in ihren verschiedenen Dimensionen beitragen. Negt geht sogar weiter, wenn er postuliert, daß durch die dialektische Vermittlung „die Konflikte erst zu möglichen Ausgangspunkten und Inhalten der Bewußtseinsentwicklung werden" (Negt, 2/1971, 44). Konfliktebenen und Konfliktbedingungen geben ein didaktisches Raster zur Identifizierung, Einordnung und Analyse spannungsbesetzter Situationen.
Um das angeführte Beispiel „Akkordniveau" zu benutzen:

1. Interessensbestimmung: Arbeiter, Refa-Mann, Unternehmer; Herausarbeiten der arikulierten Interessen, als auch die versteckten
2. Entfremdung: z.B. „Das ist eben nun mal so. Das ist doch sein Job. Der wird doch auch dafür bezahlt. Da kann man eben nichts machen".
3. Ansatzpunkte für Handlung: Lebensbedingungen der Arbeiter, Konjunktur. Welche Handlungsformen bieten sich an?

Bei allen angeführten Konflikttypen, wobei kein Anspruch auf Vollständigkeit erhoben wird, handelt es sich um *analytische Trennungen*. Sie sind didaktische Kategorien zur Konfliktidentifizierung; im komplexen Handlungsablauf tauchen Konflikte in den verschiedensten Kombinationen auf. Die Konflikttypen sollen also lediglich zur Strukturierung der Konflikte beitragen, nicht zu ihrer Erklärung. Sie sind theoretische Konstrukte, die hypothetischen Charakter haben. Ein weiterer Schritt wäre nun die Weiterdifferenzierung, Operationalisierung und Überprüfung der vorgenommenen Einteilung in Konflikttypen, was aber verständlicherweise in diesem Rahmen zu weit führen würde.

---
29 Zum Begriff „Strategisches Handeln", vgl. S. 121 und 209 ff.

Zur Veranschaulichung der Konflikttypen vgl. das folgende Schaubild.
(Zur Typologisierung von Konfliktabwehrmechanismen vgl. Kapitel V,
S. 206 ff.)

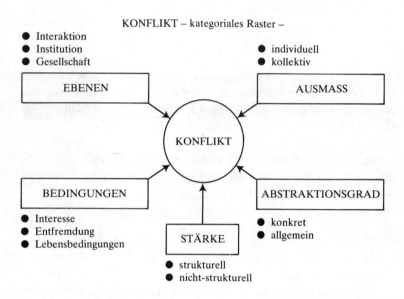

3. Prinzip: Situation

In dem Kapitel „Zielvorstellungen der Didaktik" begründeten wir eine
doppelte Zielvorstellung:

a) Realitätsbewältigung
b) Emanzipaton

Dieses Ziel richtet sich auf *Situationen,* die der Schüler emanzipativ
bewältigen soll, d. h. unter Wahrung seiner Identität, Kommunikationsfähigkeit, Sensibilität usw.
Daraus folgt, daß Situationen auf die er jetzt oder später treffen wird
oder die herzustellen sind, adäquat reagieren und agieren muß. Solche
Situationen sind in der Schule zu antizipieren und ihre Bewältigung

(anhand von Konflikten) gegebenenfalls zu erproben (z. B. durch Rollenspiele).
Diese Legitimation des didaktischen Prinzips „Situation" scheint mir die relevanteste zu sein.

Die Situationsebenen waren:
a) Situationen des Kindes bzw. Jugendlichen (Lebenssituationen/Bereiche/Rollensysteme)
b) Situationen des Erwachsenen (dito)
c) gesellschaftlich neue Situationen (das sind Situationen, die sich aus dem Wandel der Gesellschaft ergeben)
d) „Gewünschte" Situationen (Situationen, die die sich aus bewußten Akten der Veränderung gesellschaftlicher Realität ergeben).

– Politischer Unterricht vermittelt nicht primär Sachverhalte, sondern stellt Konflikte zur Verfügung, die analysiert und auf Handlungsmöglichkeiten „abgeklopft" werden.
– Zur Konkretisierung des Konfliktes bedarf es der Heranziehung einer Situation, in der der Konflikt sich erst in all seiner Widersprüchlichkeit und Komplexität zeigt. Vgl. auch Ziel „Realitätsbewältigung und Emanzipation".
– Eine hinreichende Motivation des Schülers ist nur dann zu erzielen, wenn die Lerngegenstände mit seiner Erfahrung gekoppelt sind und er diese mit seinen individuellen Lernstrukturen zur Deckung bringen, d. h. einordnen kann (vgl. dazu Heckhausen, Leistungsmotivation, 6/1971, S. 195, Funkkolleg Pädagogische Psychologie, 1972 Heft 2, S. 79 und S. 98, Habermas: Legitimationsprobleme, 1/1973, S. 131 und päd-extra Lexikon, Stichwort „Motivation").
– Werden Situationen als didaktisches Prinzip eingeführt, läßt sich das gesamte rollentheoretische Instrumentarium zu ihrer Analyse verwenden.
– Der situationstheoretische Ansatz erlaubt weiterhin den Entwurf eines Rasters zur Differenzierung von „Gesellschaft" in „Situationsfelder" (Schule, Familie, Beruf, usw.). Vgl. dazu auch Kapitel IV, „Strukturierungskategorien".
– Gleichfalls läßt sich mit diesem didaktischen Prinzip eine sinnvolle Verknüpfung des curriculumtheoretischen Modells wie es erstmals von S. B. Robinsohn entworfen wurde, herstellen.

Ausgangspunkt dieser Vorstellung ist, daß es die Aufgabe der Schule sei, „für das Bewältigen von Lebenssituationen zu qualifizieren und zwar so, daß sie ... zur Mündigkeit in einer Kultur verhilft" (Knab, in: Achtenhagen, 2/1971, 160). Als erster Schritt müsse daher die Identifikation von Situationen und deren Funktion geleistet werden. Die Situationsanalyse umfaßt (nach Zimmer „Curriculumforschung: Chancen zur Demokratisierung der Lehrpläne, in Achtenhagen 2/1971, 178 ff.) erstens die Bereiche a) generelle soziale Bereiche wie Wirtschaft und Administration und b) generelle Tätigkeitsbereiche. Oder soziologisch formuliert: Rollensysteme; zweitens Faktoren wie aktuelle Motivation, Art der sozialen Wahrnehmung usw. und drittens Indikatoren zur Ermittlung quantitativer Daten, die Wissenschaftsdisziplinen wie Human-Sozial-Wissenschaft und Arbeitswissenschaften erbringen sollen.

Den Situationen sollen Qualifikationen zugeordnet werden. Qualifikationen sind „Verhaltensdispositionen, die dazu beitragen, eine bestimmte Lebenssituation mit einiger Wahrscheinlichkeit zu bewältigen. Situationen bewältigen heißt dabei, in ihr in einer angegebenen Sachbedingungen und relevanten Normen adäquaten Weise urteilen und handeln (D. Knab)[30]. Qualifikationen können nun in 1) Verhaltensdispositionen, 2) allgemeine und berufsspezifische Qualifikationen und 3) Qualifikationen auf der Ebene von Können und Verstehen, also der Aktion und Reflexion unterschieden werden.

Die Qualifikationselemente, also die Inhalte, Stoffe, Gegenstände, Prinzipien, sind die „Curriculum-Elemente". Aus den Curriculum-Elementen schließlich werden die Lernziele herauskristallisiert. So bildet sich nach Knab ein Schema der Curriculum-Reform, das, da die zu erreichenden Lernziele nicht hinreichend bestimmt werden können, die Notwendigkeit zur permanenten Revision beinhaltet. Die Kriterien des Schemas fortlaufender Curriculum-Reform sind also Situationen – Qualifikationen – Curriculumelemente – Revision usw. Außerdem werden auf jeder Stufe noch Kontrollen durchgeführt, ob sich die Situation verändert hat, der Kontrolle der Situationsentsprechung von Qualifikationen usw.

Eine kritische Wendung ist der Hessische Entwurf für Bildungsplanung,

---

30 D. Knab: In: Achtenhagen, 2/1971, 15 ff. und 159 ff., Robinson: In: Achtenhagen, 2/1969.

der das Robinson-/Knab-Modell in einen Regelkreis von erkenntnisleitenden Interessen – Anwendungssituation – Herrschaftsverhältnisse – Determinanten des Lernens bringt.
Ein nach dieser Theorie konstruiertes Curriculum, rückgekoppelt mit unserer Didaktik, wird für den Lehrer zu einem sinnvollen Instrumentarium von Lernzielen, Art der Vermittlung und Inhalten. Gleichfalls bleibt dieser Prozeß für den Schüler tendenziell durchschaubar, so daß auch hier die Forderung demokratischer Unterrichtsplanung verwirklicht werden kann.
Das Prinzip „Situation" erlaubt es, den „Konflikt" gleichsam „auf die Beine zu stellen", ihn in seiner tatsächlichen Verwurzelung im Lebensprozeß zu erkennen und verarbeiten zu lernen.
Welche Situationen ausgewählt werden können und wie sie didaktisch zu strukturieren sind, hängt erstens von den vorher entwickelten Zielvorstellungen und Verhaltensdispositionen, zweitens von den Strukturierungskategorien zur Erfassung gesellschaftlicher Realität und drittens von den übrigen Prinzipien der Didaktik ab: exemplarischer Fall, soziologische Phantasie, Verfremdungseffekt, Kritik/Selbstreflexion/Handeln und der Raum-Zeit Dimension.

## 4. Prinzip: Exemplarischer Fall

Nun ist es ja so, daß die Schüler zwar einer Vielfalt von Situationen gegenüberstehen (werden), die die unterschiedlichsten Anforderungen an sie stellen. In der Schule jedoch, oder überhaupt, wenn es um die Entwicklung von Problemlösungsverhalten geht, können nicht alle möglichen Situationen (auch antizipierte) durchgespielt werden. Es muß eine (didaktische) Auswahl erfolgen. Die Identifikation und Einordnung von Situationen in ein Gerüst leistet das Modell in Kapitel IV. Wir benötigen jedoch zur Reduktion von Situationen ein didaktisches Prinzip.
Ein hierfür häufig verwendetes und ebenso häufig umstrittenes ist das *exemplarische Prinzip*.
So soll, z.B. nach Klafki, der Unterricht *Grund*probleme, Grundverhältnisse ... vermitteln, die das „Elementare" aufzeigen (10/1969, 14). Der Unterrichtsinhalt steht gleichsam exemplarisch für andere Fälle. Diese Bestimmung des exemplarischen Prinzips als bloße Reduktion der

Stoffülle und zur besseren und effektiveren Bewältigung des Lehrplans, ist ein rein technokratisches Prinzip. Negt kritisiert in seinem Buch „Soziologische Phantasie und exemplarisches Lernen" diese Verwendung des exemplarischen Prinzips überzeugend und versucht es umzuformulieren.

Er geht dabei von der Prämisse aus, die Wolfgang Edelstein[31] so formuliert hat: „Je weniger autoritativen Traditionen Geltung zu verschaffen ist, umso notwendiger werden exemplarische Lösungen. Je weniger überzeugend rein normative Verhaltensweisen in der Schule werden, das heißt, je weniger sie selbst ein geschlossenes System zu sein vermag, umso stärker wird sie auf ein exemplarisches Prinzip verwiesen, das imstande ist, wohl die Norm als Norm darzulegen, zugleich jedoch Offenheit nach vorn (der Welt, dem Stoff, dem Schüler gegenüber) zu bewahren" (2/1971, 24).

Spätestens jedoch seit der Diskussion um die Einführung von „Curricula" anstelle der traditionellen „Lehrpläne" wurde – wenn auch von anderer Seite und mit anderen Begründungen – die Notwendigkeit der Stoffreduktion zum zentralen Problem. Statt eines verbindlichen *Stoff*kanons war nun die Diskussion um relevante *Ziel*vorstellungen des Lernens („Lernziele") in den Mittelpunkt der pädagogischen Diskussion gerückt. Man versuchte Lernziele zu gewinnen, die der Lehrer mit „exemplarischem" Stoff zu erreichen habe. Hier geht auch die Forderung des „Lernen lernens" mit ein.

Diese Methode, Lernprozesse zu strukturieren, brachte zwar einen erheblichen Vorteil gegenüber der traditionellen „Stoffhuberei", das reine Festklammern an Zielen führt jedoch zu einer Beliebigkeit des Inhalts. In neueren Diskussionen spricht man daher mehr von einer Ziel-Inhalt-Verklammerung.

Diese Betrachtungsweise wird dem Problem gerechter, dennoch ist sie noch immer von einer *konkreten* historischen Betrachtungsweise, die von Konflikten, von Fällen ausgeht, entfernt. Eine hier vermittelnde Kategorie sehe ich in dem von Negt re-formulierten exemplarischen Prinzip.

Sowohl die Stoffülle wird reduziert, die konkrete situative Beschaffenheit eines Konflikts bleibt erhalten.

---

31 W. Edelstein: Exemplarisches Lernen, Schriftenreihe der Odenwald Schule, Heft 18, S. 9 (zitiert nach Negt, 2/1971, S. 24).

Am herkömmlichen Gebrauch kritisiert Negt drei Punkte, die er – positiv formuliert – zu Bedingungen des *exemplarischen* Lernens macht:

a) Die bisherige Pädagogik wußte, durch Anwendung des exemplarischen Prinzips nicht die traditionelle Arbeitsteilung wenigstens tendenziell rückgängig zu machen. Exemplarisches Lernen blieb im Wissenschaftsdisziplindenken verhaftet (siehe die bisherigen Unterrichtsfächer), das von Situationen losgelöstes Einzelwissen und Fertigkeiten vermittelte (vgl. 2/1971, 25).
b) Weder soziologische noch historische Aspekte werden am exemplarischen „Fall" aufgezeigt. Dies scheint umso notwendiger zu sein, als im fortschreitenden Vergesellschaftungsprozeß jegliches Handeln potentiell gesellschaftliches Handeln ist und durch die Hineinnahme historischer Dimensionen das Wirklichkeitsverständnis gefördert wird, das gesellschaftliche Strukturen als veränderbare erkennen läßt. Geschichtsbetrachtung war allenfalls auf die Vergangenheit beschränkt (vgl. 2/1971, 26).
c) Das unhistorische Herangehen an geschichtliche Ereignisse – Gesellschaft in ihrer jetzigen Form ist ein „geschichtliches Ereignis" – führte dazu, „daß ein exemplarischer Unterricht in den historischen Disziplinen, wenn Geschichte in ihrer Vergangenheitsform fixiert wird, zu einem *abstrakten Modelldenken...*" wurde (2/1971, 26; Hervorh. v. Verf.).

Exemplarisches Lernen wurde zu einer „oberflächlichen nach Belieben anwendbaren Methode der Stoffreduktion" (ebenda). Lernpsychologische Vorteile des exemplarischen Lernens blieben ungenutzt. „Denn man kann beim exemplarischen Lernen, das natürlich stets mit Informationsvermittlung verbunden ist, von einem gesteigerten Übertragungseffekt auf das ganze Wissenschaftsgebiet und, unter der Voraussetzung soziologischer Denkweise, auch auf andere Disziplinen sprechen" (S. 25).
Der Transfereffekt, der die Verbindung situativ losgelöster und untereinander isolierter Inhalte überwindet, läßt das so gewendete Prinzip des Exemplarischen als geeignete Auswahlkategorie erscheinen, unter der Voraussetzung der soziologischen Denkweise. Wir werden darauf noch näher eingehen.
Das Auswahlprinzip basiert auf den erwähnten Überlegungen, daß die

Gesellschaft im Ganzen strukturhaft wiedergegeben werden solle – man kann dies auch die Herstellung der gesellschaftlichen „Totalität" nennen – und zwar in identifizierbaren Situationen, ja an Rollen („Einzelnes"). Metaphorisch könnte man das exemplarische Prinzip oder das exemplarische Lernen, die Identifizierung des „Ganzen" im „Einzelnen" nennen. „Ganzes in diesem ... Sinne ist die arbeitsteilig organisierte Totalität des Produktions- und Reproduktionsprozesses einer Gesellschaft (im weitesten Sinne; der Verf.) in historischer Dimension; ‚Einzelnes' der für das Leben der Gesellschaft, der Klassen und der Individuen relevante soziologische Tatbestand" (Negt, 2/1971, 27).

Die Methode soll dabei nach Negt so organisiert sein, daß sie „auf der Grundlage des Erkenntnisinteresses einer politischen Ökonomie der Arbeit, soziologische, sozialpsychologische und historische Aspekte in einer systemsprengenden Praxis zusammenfassen" (S. 24). „Systemsprengend" meint dabei die Aufsprengung der verdinglichten Interaktions- und Kommunikatonsstrukturen und damit zusammenhängend die Befreiung von repressiven gesellschaftlichen Verhältnissen.

Spezieller ausgedrückt: Fälle werden in Form von Konflikten in bestimmten Situationen *exemplarisch* analysiert, d. h. stellvertretend für andere, ähnlich gelagerte Fälle, ohne jedoch die Besonderheiten des einzelnen Falls durch ein abstraktes Modell unter den Tisch fallen zu lassen. Das Exemplarische für den Schüler ergibt sich bei wiederholtem Aufgreifen von Konflikten, indem z.B. ähnliche Strukturen usw. sichtbar gemacht werden können (Transfer). Bei der praktischen Anwendung des Prinzips sollte vor allem darauf geachtet werden, daß sowohl der konkrete Fall in all seinen Besonderheiten analysiert wird (z.B.: Tarifverhandlung in Metallindustrie, Streik im Werk XY), als auch die interaktionellen, institutionellen und gesellschaftlichen Strukturen – wie durch ein Netz hindurch – sichtbar werden (In unserem Beispiel: Inflationsrate, Gewerkschaftshierarchie, Klassenkonflikte, Streik-Aussperrung, Arbeiterkontrolle, usw.).

Die Merkmale des exemplarischen Prinzips können wie folgt zusammengefaßt werden:

a) Fachübergreifendes Betrachtungsweise („Projekte")
b) Historisierung
c) Fallanalyse

d) Durch das „Netz" des konkreten Falles scheinen gesellschaftliche, institutionelle und interaktionelle Strukturen hindurch.

## 5. Prinzip: Soziologische Phantasie

Für die Interpretation von Informationen aus dem unmittelbaren theoretischen wie praktischen Erfahrungsbereich genügen festumrissene Kriterien, Technologien (Technologien sind nach Habermas Regeln instrumentalen Handelns, 1/1971, 337). „Sobald jedoch Informationen aufzunehmen und zu verarbeiten sind, die den funktional eingespielten Erfahrungsbereich der täglichen Praxis überschreiten, versagen derart einfache und pragmatische Kriterien" und „ist jedes bewußte Handeln auf soziologische Phantasie angewiesen" (Negt, 2/1971, 28).
Mit anderen Worten: Sobald wir „Neuland" in dem Sinne betreten, als unser bisheriger Erfahrungsschatz und unsere bisherigen Methoden zur Informationsverarbeitung nicht ausreichen, bedürfen wir einer zusätzlichen Methode.
Soziologische Phantasie ist die Fähigkeit, „von einer Sicht zu anderen... von der politischen zur psychologischen, von der Untersuchung einer einzelnen Familie zur Einschätzung staatlicher Haushaltspläne überzugehen und strukturelle Zusammenhänge zwischen individueller Lebensgeschichte, unmittelbaren Interessen, Wünschen, Hoffnungen und geschichtlichen Ereignissen zu erkennen" (Mills 2/1970, S. 44, zitiert nach Negt, 2/1971, 28). Es geht um die Verknüpfung der in arbeitsteilig organisierten Wissenschaftsdisziplinen gewonnenen Erkenntnisse untereinander und die Verknüpfung mit den Erkenntnissen des eigenen Erfahrungsbereichs, die durch soziologische Phantasie reaktiviert werden. Neue Erkenntnismöglichkeiten und verändertes Problemlösungsverhalten durch analytischen Zugriff werden so geschaffen.
Die Isolierung, die durch die Analyse von Fällen entsteht, wird aufgehoben in Richtung auf eine möglichst breite Verankerung im bisherigen Erfahrungsbereich des Schülers. Eine solch vielfältige Verknüpfung, eine *Fächerung* der Verankerung plaziert die Denkprozesse gezielter und langfristiger im Gedächtnis (vgl. M. Vester, 1975, S. 50ff.) und bindet neue und alte Erfahrungen eng aneinander.
„Erst die Erziehung zu einer soziologischen Denkweise ... befähigt den einzelnen wissenschaftliche Arbeitsteilungen produktiv rückgängig zu

machen und damit handlungsmotivierende Strukturen in die chaotischen Fülle der Informationen und des Lehrstoffs zu bringen" (Negt, 2/1971, 27). In der Analyse vorhandener Konflikte und der Analyse ihrer Genese, verbunden mit solidarischen Handlungsprozessen, die die Kritik zur materiellen Gewalt werden lassen, wird „die Einsicht in die Verknüpfung von Individuum-Gesellschaft in den Zusammenhang von privater Existenz und politischen Prozeß" für den Heranwachsenden deutlich, (Heinisch: Politische Bildung – Integration oder Emanzipation, in: Beck, 1971, 173). Gerade für ihn, der zudem noch ein Informationsdefizit zu den Erwachsenen aufweist, ist die Ausbildung soziologischer Phantasie unerläßlich.

Der Schüler wird unabhängiger vom Lehrer: von seinen Vorschlägen zur Informationsaufnahme und -verarbeitung, seinen Lösungsvorschlägen, Deutungen usw. Soziologische Phantasie ist mit ein Schritt zum Selbständigwerden des Schülers.

Zu ihrer Stabilisierung und Internalisierung müssen zwei Bedingungen garantiert werden:

a) Die Möglichkeit der Informationsaufnahme und Neubeschaffung, da sonst ein intellektuelles und praktisches Fortschreiten einer Entwicklung aussichtslos bleibt, und
b) Die Möglichkeit zu solidarischen Aktionen; Übung in soziologischer Phantasie wird andernfalls wirkungslos, zu einem Schauspiel.

Den Erkenntnisvorgang faßt Lempert (1969, 350) zusammen: „Erkenntnis in emanzipatorischem Interesse ist also
1. Erkenntniskritik
2. Ideologiekritik und
3. Selbstreflexion
im engeren Sinne eine Vergegenwärtigung des eigenen Werdegangs durch das Individuum, etwa nach dem Muster der Psychoanalyse und ... der Betätigung soziologischer Phantasie."

Der soziologischen Analyse folgt die Motivierung zum Handeln, um kritische Bewußtseinsbildung politisch wirksam zu machen, im Hinblick auf die Veränderung gesellschaftlicher Verhältnisse. Emanzipation erfährt erst in theoretisch angeleiteten Aktionen ihre Berechtigung. Soziologische Phantasie garantiert aber auch umgekehrt, daß kollektive wie individuelle Erfahrungen in die Reflexion mit einbezogen werden und Erkenntnis, Ideologiekritik und Selbstreflexion als theoretische Akte sich nicht verselbständigen können. Soziologische Phantasie ist das Vermittlungsglied zwischen Theorie und Praxis.

„In der politischen Bildung kommt es vor allem darauf an, durch soziologische Analysen die in besonderen Formen subjektiver Interessen und Konflikte erscheinenden allgemeinen Inhalte der gesellschaftlichen Widersprüche konkret zu bestimmen und in den Erziehungsprozeß einzubeziehen" (Negt, 2/1971, 96). Für zukünftige Realitätsbewältigung, in der wie auch heute herkömmliche Problemlösungsstrategien versagen – bedingt durch den immer schneller werdenden technologischen Wandel – wird es notwendig sein, von Stereotypen immer mehr abzuweichen und Phantasie, soziologische Phantasie zu entwickeln. Vor allem bei Anwendung des exemplarischen Lernens, soll dieses Prinzip nicht in seine alten Schwächen zurückfallen, wird soziologische Phantasie unerläßlich. Sie erst garantiert, daß die Lösungsstrategien zwar transferierbar, aber nicht von den *situativen Bedingungen* losgelöst und so zur Herausbildung eines abstrakten Modelldenkens führt, das nicht mehr gewährleistet, daß auch die Besonderheiten und jeweiligen Bedingungen eben als *Rand*bedingungen aufgenommen werden. Problembewältigung würde sich an standardisierten Lösungsmöglichkeiten orientieren, die alle die stillschweigende Prämisse der strukturellen Gleichheit von „Fällen" in sich tragen und adäquate Befriedigung verschaffen, berücksichtigt man nur die „Randbedingungen". Daß durch sogenannte Randbedingungen eine Situation total umstrukturiert werden kann, wird nicht mehr erfaßt. Außerdem immunisieren sich habitualisierte Lösungsstrategien gern gegen die Instanz der (Selbst-) Reflexion. Soziologische Phantasie wird daher gerade wegen des kritischen Anspruchs ein notwendiges Moment im Realitätsbewältigungsprozeß. Werden traditionelle Lösungsmuster unter ihre Kontrolle gestellt, können diese wertvolle Dienste leisten, ohne die Gefahr ihrer Verselbständigung.

Soziologische Phantasie läßt sich neben den schon identifizierten Elementen von Erkenntniskritik, Ideologiekritik und Selbstreflexion näher bestimmen.

a) Sie dient zur strukturellen Erfassung der Realität; nicht für ein didaktisches Modell, sondern für das Individuum selbst.
b) Sie dient zum Erkennen der Verflechtung gesellschaftlicher Momen-

te und ihrer historischen Änderbarkeit. Und zwar als die Fähigkeit, scheinbar völlig fernliegende unpersönliche Verhältnisse in ihrer Auswirkung auf die eigene Lage zu durchschauen.
c) Sie ist wesentlich soziologische Imagination, also eine soziologisch orientierte Vorstellungskraft, die über das rein empirisch Konstatierbare hinausgeht, und so Antizipation von Tatsachen, Wahrscheinlichkeiten, Möglichkeiten erlaubt.
d) Sie dient zur Unterscheidung zwischen persönlichen und kollektiven Konflikten, indem sie die individuelle Lebensgeschichte mit der kollektiven verbindet. Diese äußerst wichtige Unterscheidung soll kurz erläutert werden. Werden kollektive Konflikte als individuelle identifiziert, und sollen sie infolgedessen individuell gelöst werden, müssen sie zum Scheitern führen. Begleiterscheinung ist, daß die Motivation für Konfliktlösungen sinkt. Umgekehrt: Werden individuelle Konflikte als kollektive identifiziert, führt das Handeln ebenfalls zum Scheitern, da die Ursachen nicht in der Gruppe liegen. Bei dominanten Persönlichkeiten gar kann diese Fehlinterpretation die ganze Gruppe erschüttern und zu Neurosen führen, da immer kollektive Ursachen gesucht werden, wo ein einzelnes Individuum sie doch hervorruft. Allerdings muß einschränkend hinzugefügt werden, daß eine rigide Trennung in individuelle und kollektive Konflikte nicht möglich ist, da z.B. manche kollektiven Konflikte auch individuelle sind (Herrschaft) und individuelle oft auch kollektive sind (Angstbewältigung).
e) Sie dient, durch den Bewußtmachungsprozeß der individuellen Lage in der Gesellschaft und der Bewußtmachung der Gruppenzugehörigkeit und deren Status, zur Herausbildung von Klassenbewußtsein und Solidarität. Solidarität bekommt durch Klassenbewußtsein ihre rationale Legitimation, indem sie vor allem als Instrument zur Überwindung bzw. zum Abbau von Herrschaftsverhältnissen verwendet wird.

Das Prinzip der Selektion von Situationen ist das Exemplarische. In Verbindung mit soziologischer Phantasie werden die Einzelstrukturen und isolierten Phänomene verknüpft und tragen so zum Bewußtmachungsprozeß bei.

Soziologische Phantasie als didaktisches Prinzip bedeutet konkretisiert auf die Unterrichtsplanung:

a) Verknüpfung von einzelnen Fällen, gesellschaftlichen Verhältnissen und persönlicher Lage
b) Hinausgehen über rein empirisch konstatierbare Tatsachen, Antizipation von Tatsachen, Wahrscheinlichkeiten, Möglichkeiten
c) Herausarbeiten der Gruppenzugehörigkeit(en)
d) Überlegungen zu Handlungsformen (solidarische Aktionen)
Die Formen der soziologischen Phantasie sind
– Erkenntniskritik
– Ideologiekritik
– Selbstreflexion.


6. *Prinzip: Verfremdung*

Die Verfremdung innerhalb der didaktischen Prinzipien stellt das motivationale Element dar.
Ausgangspunkt der Überlegungen ist der Gedanke, daß nicht alle Konflikte „an sich", d. h. intrinsisch motivierend wirken. Die an der Unterrichtsplanung Beteiligten müssen sich deshalb darüber Gedanken machen, wie der „Anreizwert" (Funkkolleg Päd. Psychologie, 1972 Heft 2, S. 79) des Unterrichtsgegenstandes so gehoben werden kann, daß er für den Schüler motivierend genug wirkt.
Dazu kommt ein zweiter gewichtiger Faktor: viele Konflikte, Interaktionskonstellationen, institutionelle und gesellschaftliche Strukturen erscheinen – durch die Macht des Faktischen, d. h. dadurch, daß sie fast tagtäglich „ablaufen", sich immerfort wiederholen – selbstverständlich, gleichsam organisch mit dem menschlichen Lebensprozeß gekoppelt – und damit uninteressant zu sein. Ihr politischer Charakter, ihre gesellschaftliche Bedingtheit können unter diesen Umständen nicht wahrgenommen werden: Verhaltensweisen, Strukturen, usw., erscheinen als anthropologische Konstanten. Beispiel: „Hierarchie". Das landläufig bekannte Legitimationsschema von Hierarchien lautet: *„Schon* (!) bei den Hühnern finden wir eine Hackordnung. Das ganze Tierreich ist nach dem Prinzip ‚der Stärkere beherrscht den Schwächeren' organisiert." Solche Legitimationsstrategien finden dann noch bei Populär-Wissenschaftlern wie z. B. K. Lorenz (1973) seine ideologische Verbrämung.
Um die verharrschte Denkweise über Alltagsprozesse aufzureißen, sie

überhaupt wieder diskussionswürdig zu machen, bedarf es einer besonderen Methode.
Ein drittes Argument für die Einführung dieses Prinzips ergibt sich aus der weiter oben entwickelten Verhaltensdisposition „Sensibilität" (vgl. S. 93) Emanzipation bedeutet u.a. „Befreiung von Herrschaft". Herrschaft muß zunächst wahrgenommen werden. Wir hatten als erste Stufe der Sensibilität, das Erkennen von „Dissonanzen" herausgestellt. Um Dissonanzen erkennen zu können, bedarf es einer didaktischen Bearbeitung des Unterrichtsproblems, damit diese Dissonanz – um im Bilde zu bleiben – erst „klingen" kann.
Ein wirksames Mittel des Erkennens von Dissonanzen, des Interessantwerdens von Alltagsprozessen und der allgemeinen Motivierung der Schüler scheint mir die *Verfremdung*[32] zu sein.
Man stellt (durch Spiel, Erzählung, Diskussion usw.) bekannte Dinge so dar, daß sie *fremd,* andersartig erscheinen. Selbstverständlichkeiten (z.B. wie die schon gewohnte Unterdrückung durch den Lehrer) werden neu ins Bewußtsein gehoben und erscheinen der Kritik zugänglich. Nicht bemerkte Unstimmigkeiten werden (zunächst) als „affektive Dissonanzen" erfahren.
Brecht: „Gesucht wurde eine Art der Darstellung, durch die das Geläufige auffällig, das Gewohnte erstaunlich wurde. Das allgemein Anzutreffende sollte eigentümlich wirken können und vieles, was natürlich schien, sollte als künstlich erkannt werden. Wurden die darzustellenden Vorgänge nämlich fremd gemacht, so verloren sie nur eine Vertrautheit, die sie der frischen, naiven Beurteilung entzogen... Damit der Vorgang als das... bedeutende und problematische Ereignis erscheint, das er ist, muß er ... entfremdet werden durch die Darstellung" (S. 372); d.h. nicht nur wird Bekanntes fremd, damit auch interessant und motivierend, sondern durch die neue Art der Sichtweise werden die Dinge fremd, sie werden der distanzierteren Wahrnehmung und Beurteilung zugänglich. Eine Objektivierung der Konfliktbearbeitung ist die Folge. „Zugedecktes wird der Kritik zugänglich".
Zur Verfremdung kommt die Entfremdung. Zum zweiten kann sich die Diskrepanz zwischen gewohnten Selbstverständlichkeiten und den bewußt entfremdeten in „affektiver Dissonanz" niederschlagen. Herrschaft wird so vielleicht erst entdeckt, so vielleicht erst kritisierbar.

---

32 Vgl. bes.: B. Brecht: 1967, S. 359ff.

„Eine solche Darstellungsweise ist kritisch und kritikermöglichend gegenüber den Vorgängen unter den Menschen" (Brecht, 1967, S. 373). Affektive Dissonanz kann z. B. durch Rollenspiele in sensitive Erfahrung überführt werden[33].

Die Überführung in die Kommunizierungsphase erscheint leichter, Strategiebildung wird möglich, der Schritt vom unbemerkten Zustand zur absichtsvollen Handlung überbrückt.

Daß der Verfremdungseffekt motivierend wirkt, läßt sich anhand der motivationspsychologischen Literatur nachweisen. Heckhausen z.B. (6/1971, S. 195) schreibt, daß die Motivation vom „Neuigkeitsgehalt" (vgl. auch S. 200) eines Lernstoffes abhängig sei. Und zwar sei die Motivation dann am größten, wenn das Vertraute mäßig durchbrochen werde. Der Verfremdungseffekt erfüllt diese Voraussetzungen: Alltägliches wird zwar „fremd", „neu" gemacht, jedoch nicht in solch einer Form, daß es unkenntlich wird.

Die übermäßige Verzerrung, Entstellung des Alltäglichen kann zweifellos dazu führen, daß der Fremdheitsgrad so hoch wird, daß er als bedrohlich und/oder als uninteressant empfunden wird. Dies scheint mir eine beachtenswerte Einschränkung zu sein, vor allem angesichts der Tatsache, daß Brecht seine Theaterstücke so verfremdet hat (bei Beckett übrigens in noch entstellender Weise), daß der gewünschte Kritikprozeß der Zuschauer gar nicht mehr einsetzen kann: die Verfremdung ist zu undurchsichtig geworden und rückt als eigenständiges Element in den Vordergrund. Statt Hilfe zu sein, wird sie zu einer zusätzlichen Lernhürde.

Verkürzt zusammengefaßt werden durch dieses Prinzip Lerngegenstände als „fremd" dargestellt: „Altes neu verpacken".

## 7. Prinzip: Raum-Zeit Dimension

Politikunterricht stellt sich zunächst dar als Auseinandersetzung mit den politischen Prozessen und Strukturen der Gegenwart. Er ist also Zeitgeschichte. Geschichte wird erst zu Geschichte, wenn die Vergangenheit ansetzt und das ist strenggenommen sofort nach jedem Ereignis

---

33 Allerdings besteht bei der affektiven Dissonanz wie auch bei den anderen Bewußtmachungsformen immer die Gefahr der *Verdrängung* verspürter Unstimmigkeiten, erkannter Ursachen usw.

der Fall. Betrachtet man Geschichte als wie auch immer geartetes Bewegtes, so steht der Politikunterricht, um eine Metapher zu gebrauchen, ein zum Stillstand gebrachtes Bild dieses „Films" dar. Er ist also ein Teil der Geschichte und untrennbar mit dieser verbunden. Jeder institutionalisierte Prozeß (= Struktur) ist Ergebnis eines geschichtlichen Ablaufs, jede Handlung nur auf der Basis der vorangegangenen denkbar. Auch spontanes Handeln gründet sich auf vorangegangene Erfahrungen. Z.B. ist das heutige dreigliedrige Schulsystem aus der Dreigliederung des preußischen Schulwesens im vorigen Jahrhundert hervorgegangen. Um politische Prozesse nicht nur beschreiben, sondern erklären zu können, bedarf es der Hereinnahme der „Zeit". Gewordenes ließe sich niemals als solches erfassen, es hätte immer den Schein des Anthropologischen an sich. Eine inhaltlich begründete Trennung der Fächer „Geschichte" und „Gemeinschaftskunde" scheint daher nicht legitimierbar zu sein. (In Baden-Württemberg wird z.B. für Geschichte und Gemeinschaftskunde eine gemeinsame Note erteilt, obwohl für beide Fächer ein getrennter Stoffkanon vorliegt.)

Um Politikunterricht vollends auf die Füße zu stellen, bedarf es ebenso der Hereinnahme der Dimension „Raum". Gesellschaftliches ist vom Raum genauso abhängig wie von der Zeit. Die Entwicklung von England zu einer großen Kolonialmacht ist sicherlich auch darauf zurückzuführen, daß dieser Inselstaat schon aus Handelsgründen eine gut ausgebaute Flotte besitzen mußte. Die Bedeutung des Fuhrunternehmerstreiks in Chile kurz vor dem Sturz Allendes 1973 kann nur durch die geographische Lage Chiles erklärt werden. (In dem 400 km langen und nur 100 km breiten Land, das zudem noch von den Anden durchzogen wird, stellt der Lkw das wichtigste Transportmittel dar.) Zum „Raum" gehören gleichzeitig Klima, Bodenschätze usw. Das Interesse Portugals an Angola oder der USA an Chile war doch wohl auf ihr Interesse an den reichhaltigen Bodenschätzen zurückzuführen. Die Klimabedingungen z.B. in den Tropen bestimmen die Bedingungen unter denen produziert wird mit, usw.

„Erdkunde" als selbständiges Fach scheint daher gleichfalls nicht legitimierbar zu sein. Vielmehr bilden alle drei traditionellen Schulfächer eine inhaltliche Einheit, in der die Probleme in ihrer Raum-Zeit-Dimension entfaltet werden müssen. Politikunterricht ist deshalb nur als *integrierter* möglich. Das in Hessen eingeführte Fach „Gesellschaftslehre" entspricht ungefähr diesen Vorstellungen, wobei der Dimension des

Raumes in den „Rahmenrichtlinien" zu wenig oder gar kein Platz eingeräumt wurde. Dies ist die Bestimmung des Begriffs Integrierter Politischer Unterricht, der die traditionellen „Fächer" Geschichte–Sozialkunde–Geographie zusammenbindet, sie *als Fächer* auflöst und statt dessen Raum-Zeit-Dimensionen sozialer Tatbestände (Fälle, Konflikte) darstellt und analysiert.

## 8. Prinzip „Offenheit"

Dieses Prinzip beschreibt die *Organisation* des politischen Unterrichts. Kommunikationsfähigkeit, Spontaneität, Solidarität usw. können sich wohl schwerlich in total verdinglichten Organisationsstrukturen ausbilden. Da die Leitidee, die Verhaltensdispositionen usw. selbst nur diskursiv eingelöst werden können (vgl. weiter oben), verbieten sich Organisationsstrukturen des Unterrichts, die dem entgegenlaufen; d.h. Unterrichtsabläufe, die nicht diskursiv erarbeitet werden, scheiden aus. Es ist daher Heipcke/Messner (1973, 356) zuzustimmen: „Die Schüler ... sollten ... das ihnen ... entgegentretende Curriculum auf aktuelle Bedürfnisse und Situationen künftigen Lebens beziehen (zu) lernen, bzw. in der kritischen Auseinandersetzung mit ihm die eigenen Einstellungen, Interessen, Bedürfnisse und Handlungsweisen zu reflektieren und weiter zu entwickeln sowie selbständig übereinstimmende oder alternative Formen und Inhalte des Lernens zu entdecken und im Unterricht zur Geltung zu bringen."
Diese Konzeption „offener Curricula", die die Unterrichtssituation „offen" für die Bedürfnisse und Interessen der Schüler hält, muß angestrebt werden, soll sich der Emanzipationsgedanke nicht schon bei der Planung ins Gegenteil verkehren.
Das didaktische Strukturierungsprinzip „Offenheit" tritt damit als lernorganisatorische Forderung zu den anderen hinzu. Einschränkend sei jedoch hinzugefügt, daß die Radikalisierung des Prinzips „Offenheit" die derzeitigen Schulstrukturen sprengen würde. „Die Alternative zum ‚kritisch-konstruktiven' Unterfangen institutionalisierter Curriculumkonstruktion bestünde darin, die repressive, für die Klassengesellschaft aber durchaus funktionale Unterrichtssituation selbst zu ändern" (Holling/Bamme, 1976, 30). Die Vorstrukturierung der Unterrichtssituation durch Planung der am Lernprozeß Beteiligten sollte daher

weniger einen „idealen" Unterrichtsverlauf antizipieren, sondern mehr *Hilfestellung* sein, die Anregungen, Materialien, einen möglichen Ablauf usw. zur Verfügung stellt (vgl. H. Moser, 1973, 422). Das Hauptinteresse ist also nicht „... die Ausführung von präfabrizierten Lernentwürfen, sondern die Realisierung eigener Lernmöglichkeiten..." (H. Rumpf, 1973, 416).

„Offenheit" soll die Komplexität des Lerngegenstandes trotz der vorgenommenen didaktischen Reduktionen ermöglichen; sie ließe sich als die organisatorische Bedingung für die Bildung soziologischer Phantasie fassen. Didaktisch vermittelte und reduzierte Umweltkomplexität bewegt sich damit nicht in parzellierten Lernschritten, sondern begreift die Realität inhaltlich durch soziologische Phantasie und unterrichtsorganisatorisch durch „Offenheit" in ihren multikausalen Zusammenhängen, ohne orientierungsloses Unterrichtsspiel zu bleiben. Die von Rumpf (1973, 404) befürchtete „Gefahr chaotischer Divergenz" durch die Einbeziehung der „Subjektdifferenzen" offener Curricula minimiert sich.

Die anfangs geforderte Handhabbarkeit der Didaktik erfordert es, wenigstens die Merkmale dieses Prinzips als mögliche Hilfestellung zu skizzieren, um Schüler und Lehrer die sicher schwer zu realisierende, für beide Teile ihren sozialisationsbedingten Erfahrungs- und Erwartungshorizont übersteigende Umorganisation des Unterrichts zu erleichtern.

*Konzeptionelle Darstellung des Prinzips „Offenheit"*

*1. Strukturmerkmale:* „Schülerzentrierung",

Wagner u.a., 1976/201, formulierten einige Thesen zur Organisation und Inhalt eines „schülerzentrierten Unterrichts", die, wie ich meine sehr gut die strukturellen Merkmale des Prinzips „Offenheit" zum Ausdruck bringen.

a) Die Schüler stehen im Mittelpunkt:
durch Veränderung von Lehrer- *und* Schülerverhalten (Training, Mikroanalyse, Regeln, Unterricht über Unterricht) rückt der Unterricht von der einseitigen Lehrerzentrierung weg zur Schülerzentrierung. Das bedeutet zwar für den Lehrer, daß er auf die Schüler, ihre Interessen und Bedürfnisse, Einstellungen, Erwartungen usw. einzugehen hat, jedoch

nicht so, daß er sich wie beim „Laissez-faire"-Stil zurückzieht; sich, weil es ein *Stil* ist zurückhält: eine verschleierte Autoritätsvariante von *Lehrer*verhalten; stattdessen müssen Schüler und Lehrer lernen miteinander umzugehen. Beide müssen in rationaler Auseinandersetzung lernen, sich als Person in die Interaktion einzubringen und dort zu behaupten.

b) Die Schüler übernehmen schrittweise Funktionen, die vorher der Lehrer ausübte:
schrittweise deshalb, um kein Handlungsvakuum bei Schülern und Lehrer entstehen zu lassen. Beide verfügen wahrscheinlich am Anfang noch über keine alternativen Handlungsmuster. Neue, unreflektierte Handlungsformen, Ersatz der Lehrerrolle durch starke Schülerpersönlichkeiten, Unzufriedenheit des Lehrers über Disziplinprobleme usw. wären die Folge.

c) Aktive Unterstützung der Schüler:
Jede Bemühung der Schüler, die neuen Freiheitsräume zu füllen, ihre Anstrengungen, mit sich selbst umzugehen, ihre Interessen überhaupt zu erkennen und zu formulieren, müssen vom Lehrer aktiv in einer Art Hilfestellung unterstützt werden.

d) Aufstellen von individuellen und gemeinsamen Plänen:
Schüler und Lehrer konzipieren individuelle und gemeinsame Pläne für die Veränderung ihres Verhaltens, der Unterrichtssituation, der Art der Gestaltung von Unterricht, Erprobung neuer Unterrichtsformen usw. im Hinblick auf ein diskursiv erarbeitetes Ziel.

e) Sicherung der emotionalem Basis:
Ein intellektuell gesteuerter Unterricht, sei er auch von allen Beteiligten gemeinsam konzipiert, halbiert mögliche Rationalität um die Dimension Emotion. Sicherheit, Anerkennung, Zuneigung sind ein wichtiges emotionales „Rückgrat" für Selbstverwirklichung.

f) Rationalisierung von Konflikten:
Konflikte in der Kasse werden aufgegriffen, offen ausgetragen und versucht, diskursiv Lösungen gemeinsam zu erarbeiten.

g) Auflösung des Frontalunterrichts zugunsten kooperativer Lernformen und/oder individuellen Lernplänen:
Statt eines paramilitärischen en-bloc-Vorgehens sollten Formen gesucht und erprobt werden, die es erlauben, dem einzelnen und/oder einer Gruppe Unterrichtsziele auf verschiedenen Wegen zu erreichen (vgl. dazu auch Vesters Ausführungen zu den einzelnen Lerntypen, 1975, 122). Die Fähigkeit gemeinsam dieselben Wege zu gehen gehört zwar auch dazu, jedoch sollten diese Vorhaben variabler angelegt und nicht auf die wenig kooperative Form des Frontalunterrichts angewiesen sein.

h) Unterricht sollte Spaß machen:Die Entlastung des Unterrichts durch lockere, angenehmerere Interaktionsformen, eine Entkrampfung todernster kognitiv angespannter Diskussionen usw. würde wahrscheinlich neben der Einbeziehung von Unterrichtsgegenständen, die die Schüler auswählen und entsprechende entlastendereren Arbeitsformen und spielerischerer Vermittlung der Lerngegenstände wesentlich dazu beitragen, daß Unterricht wieder Freude bereitet.

i) Offenheit, um aus Erfahrungen zu lernen:
Lehrer und Schüler sollten den Unterricht so offen gestalten, daß sie die eigenen Erfahrungen, nicht nur die von der Theorie her legitimierten, akzeptieren und einbringen lernten, um *daraus* Lernprozesse ableiten zu können.

*2. Interaktionsmerkmale:* Partnerzentrierung

Lehrer und Schüler, sowie die Schüler untereinander sollten lernen, sich als Interaktions*partner* ernst zu nehmen, d.h. sich kommunikative Strategien der bewußten und partnerzentrierten Interaktion anzueignen.
Dazu gehören etwa *Kommunikationsregeln* (vgl. Schwäbisch/Siems, 1974, 243f.), *Interaktionsformen,* die den anderen als Partner *akzeptieren* (vgl. Wagner u.a., 1976, 110/111: Kategorien 1–5), die Kenntnis von *verhaltensmodifikatorischen Steuerungsvorgängen* (vgl. Ammer, u.a., 1976) und schließlich der Aufbau von *Eigendisziplin* durch gemeinsam aufgestellte und kontrollierte *Regeln.*
Die Kommunikationsregeln und die Interaktionskategorien sind im

Unterricht direkt anwendbar (vgl. S. 153 und 156). Über den Aufbau von Regeln finden sich sehr gute Hinweise bei Ammer u. a., 1976 und Wagner u. a., 1976. Gut umsetzbare und brauchbare Anwendungshinweise für verhaltensmodifikatorische Steuerungsvorgänge finden sich bei Ammer u. a., 1976 und Teegen u. a., 1976.

*Regeln für die Gruppendiskussion*

Vielen Gruppenteilnehmern erscheinen einige dieser Regeln zunächst unsinnig und unlogisch, und sie erleben erst, nachdem sie mit ihnen gearbeitet haben, daß diese Regeln sehr nützlich und wichtig für sie gewesen sind. Diese Regeln sollten deswegen nicht vorher diskutiert und in Frage gestellt werden, sondern nach ihrer Erprobung sollte über die Erfahrung mit diesen Regeln und über die Möglichkeit deren Übertragung reflektiert werden.

1. *Sei dein eigener Chairman*
   Bestimme selbst, was du sagen willst. Sprich oder schweig, wann du es willst. Versuche, in dieser Stunde das zu geben und zu empfangen, was du selbst geben und erhalten willst. Sei dein eigener Chairman (Vorsitzender) – und richte dich nach deinen Bedürfnissen, im Hinblick auf das Thema und was immer für dich sonst wichtig sein mag. Ich als Gruppenleiter werde es genauso halten (falls Gruppenleiter vorhanden).
   Diese Regel soll dir zwei Dinge besonders deutlich machen:
   a) Du hast die Verantwortung dafür, was du aus dieser Stunde für dich machst.
   b) Du brauchst dich nicht zu fragen, ob das, was du willst, den anderen Gruppenmitgliedern gefällt oder nicht gefällt. Sag einfach, was du willst. Die anderen Gruppenmitglieder sind auch ihre eigenen Chairman und werden es dir schon mitteilen, wenn sie etwas anderes wollen als du.
2. *Störungen haben Vorrang*
   Unterbrich das Gespräch, wenn du nicht wirklich teilnehmen kannst, zum Beispiel wenn du gelangweilt, ärgerlich oder aus einem anderen Grund unkonzentriert bist. Ein ‚Abwesender' verliert nicht nur die Möglichkeit der Selbsterfüllung in der Gruppe,

sondern er bedeutet auch einen Verlust für die ganze Gruppe. Wenn eine solche Störung behoben ist, wird das unterbrochene Gespräch entweder wieder aufgenommen werden oder einem momentan wichtigeren Platz machen.
3. *Wenn du willst, bitte um ein Blitzlicht*
Wenn dir die Situation in der Gruppe nicht mehr transparent ist, dann äußere zunächst deine Störung und bitte dann die anderen Gruppenmitglieder, in Form eines Blitzlichts auch kurz ihre Gefühle im Moment zu schildern.
4. *Es kann immer nur einer sprechen*
Es darf nie mehr als einer sprechen. Wenn mehrere Personen auf einmal sprechen wollen, muß eine Lösung für diese Situation gefunden werden. ‚Seitengespräche‘ sind also zu unterlassen, oder der Inhalt ist als Störung in die Gruppendiskussion einzubringen.
5. *Experimentiere mit dir*
Frage dich, ob du dich auf deine Art verhältst, weil du es wirklich willst. Oder möchtest du dich eigentlich anders verhalten – tust es aber nicht, weil dir das Angst macht. Prüfe dich, ob dein Verhalten Annäherungs- oder Vermeidungsverhalten ist. Versuche, öfter neues Verhalten auszuprobieren, und riskiere das kleine aufgeregte körperliche Kribbeln dabei. Dieses Kribbeln ist ein guter Anzeiger dafür, daß du für dich ungewohntes und neues Verhalten ausprobierst.
6. *Beachte deine Körpersignale*
Um besser herauszubekommen, was du im Augenblick fühlst und willst, horche in deinen Körper hinein. Er kann dir oft mehr über deine Gefühle und Bedürfnisse erzählen als dein Kopf.
7. *„Ich" statt „Man" oder „Wir"*
Sprich nicht per ‚Man‘ oder ‚Wir‘, weil du dich hinter diesen Sätzen zu gut verstecken kannst und die Verantwortung nicht für das zu tragen brauchst, was du sagst. Zeige dich als Person und sprich per ‚Ich‘. Außerdem sprichst du in ‚Man‘- oder ‚Wir‘-Sätzen für andere mit, von denen du gar nicht weißt, ob sie das wünschen.
8. *Eigene Meinungen statt Fragen*
Wenn du eine Frage stellst – sage, warum du sie stellst. Auch Fragen sind oft eine Methode, sich und seine eigene Meinung nicht zu zeigen. Außerdem können Fragen oft inquisitorisch wirken und den anderen in die Enge treiben. Äußerst du aber deine Meinung, hat

der andere es viel leichter, dir zu widersprechen oder sich deiner Meinung anzuschließen.
9. *Sprich direkt*
Wenn du jemandem aus der Gruppe etwas mitteilen willst, sprich ihn direkt an und zeige ihm durch Blickkontakt, daß du ihn meinst. Sprich nicht über einen Dritten zu einem anderen und sprich nicht zur Gruppe, wenn du eigentlich einen bestimmten Menschen meinst.
10. *Gib Feed-back, wenn du das Bedürfnis hast*
Löst das Verhalten eines Gruppenmitgliedes angenehme oder unangenehme Gefühle bei dir aus, teile es ihm sofort mit, und nicht später einem Dritten.

Wenn du Feed-back gibst, sprich nicht *über* das Verhalten des anderen, denn du kannst nicht wissen, ob du es objektiv und realistisch wahrgenommen hast. Sprich nicht in einer bewertenden und normativen Weise. Vermeide Interpretationen und Spekulationen über den anderen.

Sprich zunächst einfach von den Gefühlen, die durch das Verhalten des anderen bei dir ausgelöst werden. Danach kannst du versuchen, das Verhalten des anderen so genau und konkret wie möglich zu beschreiben, damit er begreifen kann, welches Verhalten deine Gefühle ausgelöst hat. Laß dabei offen, wer der ‚Schuldige' an deinen Gefühlen ist. Du benötigst dabei keine objektiven Tatsachen oder Beweise – deine subjektiven Gefühle genügen, denn auf diese hast du ein unbedingtes Recht.

Versuche vor deinem Feed-back die Einwilligung deines Gesprächspartners einzuholen. ihm dieses zu geben.
11. *Wenn du Feed-back erhältst, hör ruhig zu*
Wenn du Feed-back erhältst, versuche nicht gleich, dich zu verteidigen oder die Sache ‚klarzustellen'. Denk daran, daß dir hier keine objektiven Tatsachen mitgeteilt werden können, sondern subjektive Gefühle und Wahrnehmungen deines Gegenüber. Freu dich zunächst, daß dein Gesprächspartner dir *sein* Problem erzählt, das er mit dir hat. Diese Haltung wird dir helfen, ruhig zuzuhören und zu prüfen, ob du auch richtig verstanden hast, was er meint. Versuche zunächst nur zu schweigen und zuzuhören, dann von deinen Gefühlen zu sprechen, die durch das Feed-back ausgelöst worden sind, und erst dann gehe auf den Inhalt ein.

Als Hilfe zur Einübung der Regeln in den Sitzungen ist es günstig, die Regeln für alle sichtbar auf ein großes Stück Papier oder eine Tafel zu schreiben.
nach: Schwäbisch/Siems, 1974, 243–245

*Die sozioemotionalen Interaktionskategorien*

*1. Unterstützung, Lob, Zustimmung, Akzeptieren*
Fragen und Äußerungen, die Übereinstimmung mit den Ideen, Handlungen, Meinungen eines anderen ausdrücken, ihnen zustimmen, den anderen loben oder ihm ein Gefühl der Sicherheit geben, ihn akzeptieren.

*2. Reflektieren, verständnisvolles Wiedergeben einer Äußerung eines anderen*
Fragen und Äußerungen, die inhaltliche und/oder gefühlsmäßige Aspekte der Äußerung eines anderen wiedergeben mit dem Ziel des Klärens des vorher gesagten, ohne es inhaltlich weiterzuführen. (Verstehe ich dich richtig ...; Du meinst also ...) Diese Äußerung sollen den anderen inhaltlich nicht beeinflussen.

*3. Verbalisieren von eigenen Gefühlen und Verhalten. Kommentieren eigener Aussagen und Handlungen*
Der Sprecher spricht explizit über eigene Gefühle oder über das, was er sagt, tut bzw. sagte oder getan hat oder er fordert andere dazu auf.

*4. Gesprächsstrukturierende Äußerungen bzw. Fragen,* die inhaltlich nichts Neues beitragen; die mehrere Äußerungen bzw. den bisherigen Diskussionsverlauf zusammenfassen; die auf das Thema zurückführen; die das Recht, eine abweichende Meinung zu vertreten, unterstützen; die eine Abstimmung anregen; die andere ins Gespräch miteinbeziehen; die Vorschläge zum Verfahren machen. Außerdem Aufforderungen an andere, die genannten Funktionen wahrzunehmen.

*5. Problemstrukturierende Äußerungen bzw. Fragen,* die zur Strukturierung des *inhaltlichen* Problems in einer nicht-bedrohlichen Art und Weise beitragen sollen. Dazu gehören Informationen, Vorschläge,

Vermutungen, Meinungen; auch von der Sachlogik her begründete Vorschläge zur Methode.

6. *Neutrale Äußerungen,* die in keine der übrigen Kategorien passen, z. B. Vorlesen, routinemäßige Wiederholung einer Schülerantwort, usw.

7. *Direktive Äußerungen* (Einwände, Widerspruch)
Diese Äußerungen und Fragen sollen die Meinung eines anderen inhaltlich beeinflussen oder den anderen zu einem bestimmten (anderen) Verhalten oder Vorgehen bewegen. Die überwiegende Absicht ist es dabei den anderen dazu zu bringen, die eigene Ansicht zu übernehmen.

8. *Enge Fragen* und Äußerungen, die den anderen auf eine bestimmte eng umgrenzte Antwort hinführen sollen („Lückentext"); außerdem Antworten auf diese Fragen.

9. *Dominante und gesprächshemmende Äußerungen* und Fragen, die den Gesprächsfortgang blockieren oder einseitig zu dominieren suchen. Dazu gehören z. B. auch
- nicht zum Thema gehörende Äußerungen, sofern sie nicht ein wichtiges Interesse der Gruppe zur Sprache bringen
- beharrliche Selbstrechtfertigung oder Vertretung einer Idee, obwohl zusätzliche Daten vorliegen, die eine Überprüfung dieser Ideen verlangen
- Ignorieren eines Schülers während eines Lehrervortrags
- nicht aussprechen lassen.

10. *Tadel, Mißbilligung, Ironie und Sarkasmus,* die ein negatives Urteil über eine vorhergehende Äußerung oder Verhaltensweise zum Ausdruck bringen.
nach: Wagner, u. a., 1976, 110/111

*3. Lernorganisatorische Merkmale:* Lernstrategiezentrierung

Um Schüler wie Lehrer den Lernprozeß verfügbar zu machen, d. h. seine Gesetzmäßigkeiten zu kennen, scheint mir es notwendig zu sein, lernorganisatorische Merkmale als Teil-Prinzip von Offenheit einzuführen.

Die Strukturierung der Lernprozesse unter diesen Gesichtspunkten ist eine gemeinsame Aufgabe von Schülern und Lehrer. Wie sonst sollen Schüler Funktionen des Lehrers übernehmen, wenn sie nicht wissen, wie z. B. Gruppenarbeitsergebnisse, Selbstunterricht usw., didaktisch und lernpsychologisch günstig aufbereitbar sind?
Qualifikationen des Lehrers müssen hinsichtlich der Vermittlung und Steuerung von Lernprozessen wenigstens in Ansätzen auf die Schüler übergehen. Die Prinzipien, Verhaltensdispositionen usw. dieser Didaktik müssen mit den Schülern – wenn auch schrittweise und vermittelt – diskursiv erarbeitet und modifiziert werden.
Zwei lernorganisatorische Unterrichtsstrategien, die aus empirischen Lernforschungen (Vester, 1975, 190/191) und aus einer Untersuchung von Kounin (Discipline and group management in classrooms, New York: Holt, Rinehardt and Winston 1970 durch Wagner, u. a., 1976, 197 in abgewandelter Form übernommen) hervorgegangen sind, scheinen mir hierfür besonders geeignet zu sein, da beide Strategien leicht verständlich, überschaubar und nicht allzu schwer zu handhaben sind (vgl. S. 158 und 160).

*Der Lernstoff und seine Aufarbeitung*

1. Lernziele kennen
   Der Schüler muß zu jedem Zeitpunkt den Sinn dessen einsehen können, was er hört, sieht, liest oder tut. Er sollte immer wissen, wofür er einen Stoff lernt, was er damit anfangen, wie er ihn umsetzen kann. Der Sinn muß offen ausgedrückt sein. Vernachlässigung stellte sich in allen unseren Tests als ein Faktor heraus, der das Lernen stark behindert.
2. Sinnvolles Curriculum
   Daraus ergibt sich, daß Stoffauswahl, Stoffaufbau und Lehrplan sich nach Lernzielen richten sollten, die im Hinblick auf eine Nutzanwendung für das Leben in körperlicher, seelischer, geistiger und gesellschaftlicher Hinsicht aufgestellt sind. Curricula sollten sich nicht an den Fachdisziplinen, sondern an den Kriterien unseres biologischen Netzplans orientieren.
3. Neugierde kompensiert „Fremdeln"
   Unbekannter, fremder Stoff oder neue Begriffe wirken zunächst

feindlich, erzeugen also Frustration und Lernabwehr. Neugierde ist der wichtigste Naturtrieb, der diese innere Abwehr überwindet. Wo Neugier, Faszination und Erwartung fehlen, wird die so wichtige Lernbereitschaft nicht geweckt.

4. Neues alt verpacken
Neue Details und Informationen an bekannten Inhalten assoziieren. Unbekannte Inhalte möglichst in vertrauter Verpackung anbieten.

5. Skelett vor Detail
Zuerst einen bekannten und größeren allgemeinen Zusammenhang bieten. Dann erst Details und Einzelinformationen, damit sich diese gezielt und richtig (und dadurch gekoppelt mit Erfolgserlebnissen) einordnen können. So entstehen außerdem erhöhte Lernmotivation, vertraute Assoziationsmöglichkeiten und gezielteres Abrufen des sinnvoll gespeicherten Lerninhalts.

6. Interferenz vermeiden
Nicht jede Information noch innerhalb des Ultrakurzzeit-Gedächtnisses in abgewandelter Form wiederholen. Dafür Beispiele bringen, die an der Wirklichkeit und somit an vielen Eingangskanälen orientiert sind.

7. Erklärung vor Begriff
Grundsätzlich nicht mit neuen Begriffen schrecken. Zuerst das Phänomen nennen, beschreiben, Beispiele geben, dann erst abstrahieren und das neue „Codewort" nennen.

8. Zusätzliche Assoziationen
Möglichst komplexe Aufhängungsmöglichkeiten schaffen durch Beziehungen zu interessanten, lustigen, extremen Fakten. Operationale Darstellung vermittelt Mitschwingen nichtbenutzter Eingangskanäle und garantiert für bessere Übergänge ins Kurzzeit- und Langzeit-Gedächtnis.

9. Lern-Spaß
Das Lesen von Texten, Zuhören und Verarbeiten von Lernmaterial muß Schülern grundsätzlich Spaß machen. Das erhöht die Lern-, Assoziations- und Abrufleistung über eine positive hormonelle Gesamtlage.

10. Dichte Verknüpfung
Eine dichte Verknüpfung aller Fakten eines Unterrichts, eines Buches oder einer Aufgabe miteinander stärkt die Punkte 4, 5 und

8, vermittelt Erfolgserlebnisse und fördert das Behalten wie auch das kreative Kombinieren ohne zusätzlichen Aufwand. Eine solche Verknüpfung und Abstimmung gilt natürlich auch für diese 10 Punkte selbst. Man sollte sie für jeden praktischen Fall gegeneinander abwägen und mit dem jeweiligen Lerntyp des Schülers in Einklang bringen.
(aus: Vester, 1975, 190/191)


*Lernorganisations-Strategien (LOS)*

1. *Auf Störungen eingehen*
   1. Phase: Störungen werden benannt
   2. Phase: Akzeptieren von Störungen
   3. Phase: Konflikte gemeinsam angehen
2. *Das Gefühl des Vorwärtskommens vermitteln*
   Leistungen nicht statisch messen („Du bist schlechter als"), sondern dynamisch als Vorwärtsbewegung.
   Die Leistung wird gemessen
   – am Stoff, der noch vor dem Schüler liegt
   – an seiner eigenen vorhergegangenen Leistung
   1. Phase: Der Lehrer gibt Rückmeldung
   2. Phase: Schüler geben sich gegenseitig Rückmeldung
   3. Phase: Der Schüler gibt sich selbst Rückmeldung
3. *Interesse, Freude, Begeisterung am Stoff vermitteln*
   1. Phase: Der Lehrer vermittelt Interesse, Freude, Begeisterung am Stoff
   2. Phase: Schüler lernen, den Stoff auf seine Bedeutung für sie selbst einzuschätzen
4. *Tätigkeitswechsel*
   1. Phase: Wechsel der Arbeitsformen, um Ermüdungen zu vermeiden
   2. Phase: Schüler bestimmen die Arbeitsformen oder die Arbeits-Zeit
   3. Phase: Schüler bestimmen die Stoffauswahl, die Arbeitsformen und die Arbeits-Zeit; der Lehrer berät
5. *Aufmerksamkeit und Spannung aufrechterhalten*

Zügigkeit erhöhen, möglichst viele Schüler in möglichst viele Tätigkeiten miteinbeziehen, Techniken der Gesprächsleitung beherrschen
6. *Fehler: Verweilen auf Erklärungen, Verhaltensweisen usw.*
lange, unpräzise Lehrervorträge, ungenaue Arbeitsanweisungen usw.
7. *Fehler: Zersplitterung von Anweisungen, Erklärungen usw.*
zu weitgehende Zerlegung (Operationalisierung) von Tätigkeiten, so daß der Überblick verlorengeht bzw. nie gewonnen werden kann
8. *Fehler: Abbrechen von Tätigkeiten durch Verstümmeln, Hin- und Herspringen usw.*
Ein Thema in der Luft hängen lassen, vom neuen Gegenstand zum alten zurückkehren, undeutliche Neuanfänge bei neuen Phasen
9. *Fehler: In Gruppen- oder Einzeltätigkeiten einbrechen*
Nicht jeden Unterrichtsprozeß über den Lehrer laufen lassen. Die Schüler sollen ohne Einmischung des Lehrers selbst Dinge regeln können.

(aus: Wagner, u. a., 1976, 197)


Die didaktischen Prinzipien dienen der Hilfestellung zur Unterrichtsplanung. Sie erlauben eine didaktische Strukturierung des Unterrichtsgegenstandes. Der Unterricht kann anhand dieser Prinzipien aufbereitet werden. Die Zielvorstellungen stellen dabei das Korrektiv dar. Die Verhaltensdispositionen die gegliederten Zielvariablen.
Zur Übersicht und gleichzeitig als praktische Handreichung zur Vorbereitung sind die Prinzipien in einem Schema zusammengefaßt. Abb. S. 162.

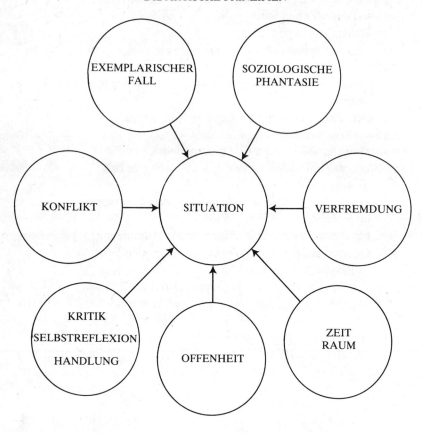

## K. Probleme der didaktischen Reduktion und Vermittlung

1. Allgemeine Didaktik-„Fachdidaktik"

Wenn man unter Fachdidaktik die Konkretisierung didaktischer Fragestellung und Entscheidung didaktischer Analyse und Konstruktion in einem Fach versteht, läßt sich zunächst einmal feststellen, daß das, was in der jeweiligen Fachdidaktik zur Sprache kommt, nicht in einem direkten Ableitungsverhältnis zur allgemeinen Didaktik steht. Denn eine allgemeine Didaktik, die unabhängig von jeweiligen Zielvorstellungen intentionaler Sozialisation gebildet wird, kann es gar nicht geben (s. weiter vorne). Jede „allgemeine Didaktik" ist auch Didaktik für ein

bestimmtes *Vorhaben*, z.B. hier die politische Emanzipation gesellschaftlicher Individuen.
Mit anderen Worten: Didaktik stellt eine Ausrichtung von Fragestellungen, genauer Reduktion und Vermittlung, im Hinblick auf einen *Fachbereich* oder ein *Lernfeld* dar.
Wenn man als „Fach" die organisatorische Umsetzung dieses Vorhabens bezeichnet, ergibt sich ein Abhängigkeisverhältnis, das zwar kein wissenschaftliches, wohl aber ein schulpolitisches ist. Die Bildung von Fächern bzw. Fachbereichen läßt sich wissenschaftlich bestimmen, die Ableitung der Zielvorstellung allgemeiner Didaktik zu Fachdidaktik muß unter Zuhilfenahme von Zusatzentscheidungen vorgenommen werden, wie z.B. unter der Frage, wie die entwickelten Vorstellungen im derzeitigen Schulsystem durchführbar sind. Gewiß, es lassen sich aus Lern-, Motivations- und Sozialisationstheorie Gründe für bestimmte Organisationsformen finden, diese sind aber (meist) nicht so eindeutig, daß ein wissenschaftlich gesicherter Zusammenhang von Zielvorstellung und Organisationsform gefunden werden kann. Auch scheint es sich nicht so zu verhalten, daß Zielvorstellungen aus der „Fachwissenschaft" ableitbar sind. Wie wir hier gesehen haben, ist dieser Prozeß eine *politische Entscheidung* mit bestimmten theoretischen Prämissen.
In diesem Rahmen unberücksichtigt bleiben muß die gesamte Auseinandersetzung zwischen Fachwissenschaft-Didaktik-Fachdidaktik, da dieses Problem erstens innerhalb der getroffenen Neubestimmung des Didaktikbegriffs sich so nicht stellt, und zweitens, wurde dieses Problem bereits an anderer Stelle besser und ausführlicher diskutiert, als es hier hätte geschehen können (vgl. dazu z.B. Kochan: Allgemeine Didaktik, Fachdidaktik und Fachwissenschaft, Darmstadt 1970).

2. Planungsdeterminanten
Die formulierten Aufgaben der Didaktik zur emanzipativen Realitätsbewältigung bewegen sich in ihren Anwendungsfeldern sowohl im Bereich der Erziehungssituation als auch im Bereich der Umweltsituationen, d.h. schulischer und vormals „privater Bereich" verzahnen sich zu gemeinsamen Aufgabenfeldern, denn in der vergesellschafteten Gesellschaft ist die „private Sphäre" eine gesellschaftliche geworden. Didaktik, die dies nicht berücksichtigt und zwischen privat und öffentlich, bzw. Probleme legitimer (schulischer) und nicht legitimer (privater) Sphäre teilt, wird zur Ideologie.

Die Zielplanungsdeterminanten der Didaktik (und davon abhängig die Lernziel-Determinanten) lassen sich nun angeben. Es sind:

a) die Leitidee,
b) Anwendungssituationen,
c) zu erwerbende Qualifikationen,
d) geforderter Typ eines Forschungsablaufs (bzw. Analysevorgang),
e) Themenbereiche (vgl. dazu Krope, 1972, 54/55, der sie als Zielplanungsdeterminanten für Lernziele formuliert).

Sie geben die zu berücksichtigenden Faktoren an, die die didaktische Reduktions- und Vermittlungsarbeit als Determinanten vorfindet. Die Leitidee reguliert und steuert die Auswahl von Inhalten und Methoden didaktischer Überlegungen. Die Anwendungssituationen unterrichtlichen Geschehens resultieren aus der Analyse von Situationen und gesellschaftlichen Bereichen, bzw. -systemen. Die zu erwerbenden Qualifikationen werden a) aus der Fragestellung welche Qualifikationen ermöglichen emanzipative Realitätsbewältigung der ermittelten Situationen und b) aus der Zielvorstellung, formuliert als allgemeine Verhaltensdispositionen gewonnen.
Der Analysevorgang gesellschaftlicher Realität bestimmt sich aus der didaktisch „verkürzten" Strukturvorstellung von Gesellschaft.
*Wie* analysiert wird, richtet sich also nach der expliziten Zielvorstellung und den Kategorien struktureller und kritischer Realitätsanalyse. Erst zuletzt können die in Frage kommenden Themenbereiche ausgewählt werden. Allerdings bedarf es der vorherigen Klärung, wie IPU organisatorisch mit anderen „Fächern" zusammenwirkt.
Die Zieldeterminanten der Didaktik des IPU in ihrer inhaltlichen Ausformung, dürfen nicht statisch und vor allem überhistorisch formuliert werden, will man nicht in dogmatischer Befangenheit schon im theoretischen Ansatz „Emanzipation" ins Gegenteil verkehren. Denn: „Ziele und Inhalte der Erziehung orientieren sich nicht an zeitlos gültigen (absoluten) Werten, sondern an situationsbedingten gesellschaftlichen Notwendigkeiten und politischen Zielsetzungen" (Roloff, 1971, 23). Mit der Angabe der Zielplanungsdeterminanten allein ist das didaktische Rahmenkonzept noch nicht vollständig. Erst die Auffächerung in Lernbereiche erlaubt die Differenzierung des didaktischen Feldes. Das didaktische Feld gibt Lern-Positionen an, auf die in der

Form eingewirkt werden soll, daß Verhaltensänderungen und Erkenntniszuwachs ermöglicht wird (vgl. nächstes Kapitel).

3. Wissenschaftstheoretische Probleme
a) Das wissenschaftstheoretische Grundproblem jeder Didaktik bezeichnet B. Sutor (vgl. „Didaktik des politischen Unterrichts", Paderborn 1971) den Zusammenhang von normativer politischer Prämisse und fachdidaktischen Postulaten, d.h. es geht um die Frage, wie läßt sich das, was als Voraussetzung in die theoretischen Überlegungen eingegangen ist, als didaktische (Ziel-)Setzungen legitimieren bzw. warum nicht.

Eine reine Deduktionskette, ein ungebrochener Begründungszusammenhang oberster Werte mit praktischen Empfehlungen läßt sich, wie mehrmals erwähnt, nicht durchführen. Was sich aber durchführen läßt, ist ein deduktiver Ableitungs*zusammenhang*, der zwar nicht bruchlos, aber mit Hilfe von Zusatzentscheidungen gelingt. Voraussetzung ist dabei die Wahrung wissenschaftlicher Transparenz, d.h. die dabei auftauchenden Zusatzentscheidungen müssen sichtbar gemacht werden. Die postulierte Deduktion in Form analytischer Zerlegung ist daher in Wahrheit ein synthetisierender Vorgang. Wird dieses berücksichtigt, kann trotzdem von einem Ableitungsvorgang gesprochen werden.

b) Obwohl der Begriff der Didaktik einer Neubestimmung unterzogen wurde, scheinen doch noch einige Widersprüchlichkeiten zu existieren, die nicht ausgeräumt werden konnten. Wenn unter der Vermittlung von wissenschaftsorientierter und geplanter Information, neben Reduktionskategorien auch noch Lernziele und eventuell noch Curriculumelemente ausgewählt werden, überschreitet Didaktik hier nicht ihr Feld und wird zur Curriculumtheorie? Didaktik soll reduzieren und auswählen, um weitere Ableitungsprozesse bzw. Zuordnungen zu ermöglichen. Sie stellt die Instanz der Vorentscheidungen dar. – Gleichwohl können Zuordnungsprozesse vorgenommen werden, z.B. die Umformulierung von Verhaltensdispositionen zu Lernzielen, bzw. von Strukturierungskategorien der Realität zu Lernzielen.

Hier überschneidet sich die Neuformulierung des Didaktikbegriffs mit dem klassischen Verständnis von Unterrichts- und Curriculumtheorie.

c) Muß der Entwurf kritischer Modelle zukünftiger Realitätsbewältigung nicht vielmehr die Aufgabe von Lehrern und Schülern sein, die in Diskursen und praktischen Versuchen herzustellen wären? Oder muß dies in wissenschaftlichen Bestimmungsprozessen geleistet werden? Die Antwort ist auch hier nicht eindeutig. Wohl müssen in einer Didaktik Ansätze struktureller Art dafür vorhanden sein, die Diskurse erst ermöglichen. Der Umsetzungsprozeß und nicht nur der praktische, müssen aber sowohl von der Didaktik, als auch von den Betroffenen selbst realisiert werden können, wollen emanzipatorische Modelle nicht fremdbestimmt „gesetzt" werden. Der Widerspruch liegt also hier im Emanzipationsanspruch. Schließlich wäre zu fragen, ob Emanzipation überhaupt ansatzweise zu realisieren sei, leben wir doch in einer Gesellschaft, die selbst elementare Bedürfnisse (z. B. ausreichender Wohnraum) verweigert bzw. verunmöglicht.

d) Der dritte Widerspruch scheint darin zu liegen, daß die zu entwickelnden Verhaltensdispositionen Ziele *und* Voraussetzung gleichermaßen sind. Diesen Widerspruch kann man jedoch aufklären oder besser gesagt auflösen. „Solidarität" z. B. ist insofern ein Ziel, als solidarisches Handeln in unseren Schulen bis jetzt nur ansatzweise praktiziert wird, gleichzeitig aber Voraussetzung für wirksame Interessenvertretung (und damit für Emanzipation).

# IV. Kapitel
# Strukturierungskategorien zur Erfassung gesellschaftlicher Realität

**Analysefelder**

### A. Funktionsbestimmung

Die Funktion dieses Kapitels läßt sich in mehrfacher Hinsicht bestimmen.
Die wesentlichste Aufgabe der Didaktik ist die Reduktion und Vermittlung von Realität (vgl. Kapitel III).
Im letzten Kapitel hatten wir die *Art* der didaktischen Bearbeitung des Unterrichtsgegenstandes zum Inhalt. Jetzt geht es darum, daß Realität, gesellschaftliche Realität, auf bestimmte „Felder" oder „Bereiche" reduziert wird, und zwar so, daß diese die Gesellschaft *strukturell* wiedergeben.
Die gewonnenen Kategorien sind Strukturierungskategorien gesellschaftlicher Realität. Damit werden gesellschaftliche Bereiche, Situationen handhabbar. Sie können analysiert werden („Analysefelder"). Dies ist die zweite Funktion dieses Kapitels. Die Realitätskategorien geben ein didaktisches Modell ab, die als Untersuchungsdimensionen für Situationsbewältigung fungieren. Situationen (Konflikte, Probleme) können in einen Kontext eingeordnet und zielgerichtet (Interessens- und Bedürfnisbefriedigung) bewältigt werden. Dies deutet die dritte Funktion an.
Durch didaktische Reduktion können Handlungsbereiche für individuelle und kollektive Aktivitäten identifiziert werden, die gleichsam die *Bewältigungsfelder* für Probleme usw. sind. Ziel ist es, daß durch die Reduktion und Vermittlung gesellschaftliche Strukturen erkannt, analysiert und bewältigt werden können. Zudem leisten die Strukturierungskategorien bei der Unterrichtsplanung und Lernzielbestimmung wertvolle Dienste, da die Bereiche abgesteckt und explizit sind und so Realität erst theoretisch bearbeitbar wird.

Dazu sollen Modelle herangezogen werden, die versuchen, gesellschaftliche Realität didaktisch zu strukturieren, oder deren Kategorien sich für unsere Zwecke als übertragbar erweisen.
Anschließend soll ein Integrationsversuch der verschiedenen Ansätze unternommen werden, um ein didaktisches Modell gesellschaftlicher Strukturen zu gewinnen. Die Einzelansätze werden dabei gegebenenfalls modifiziert.

## B. Modelle gesellschaftlicher Realitätsstrukturierung

Es gibt in der deutschen Curriculumentwicklung vier Modelle zur Strukturierung gesellschaftlicher Realität und ihrer Bereiche. Diese Modelle sind nicht die einzig existierenden, jedoch repräsentiert jedes von ihnen einen unterschiedlichen Ansatz.
Es muß betont werden, daß die einzelnen Modelle in unterschiedlichem Grad differenziert sind. Modell 1 z.B. ist wohl das am besten differenzierte, während Modell 4 sich noch im Bereich von Postulaten befindet und soweit mir bekannt, kaum differenziert wurde. Dabei mußte sich der Verfasser auf die bundesrepublikanischen Ansätze beschränken. Allein die Vielfalt der Ansätze hätte den Rahmen der vorliegenden Arbeit weit überschritten, zudem dann noch die Beschränkung auf *amerikanische* Ansätze nicht mehr legitimierbar würde.

1. Modell: Soziale Bereichsdifferenzierung in *Situationsfelder* (Rollentheoretisches Konzept)

Dieses Modell, das im Zuge der hessischen Curriculumentwicklung durch die sogenannte „Gruppe Hartwig" erarbeitet wurde, versucht, unter dem Leitgedanken von Emanzipation, die allgemeinste „Situation" Gesellschaft in *Situationsfelder* zu differenzieren. Dabei sollen die Situationsfelder so beschrieben werden, daß sich innerhalb der Situationen verschiedene *Rollen* bestimmen lassen. Die Differenzierung erhebt nach eigener Angabe der Autoren keinen theoretischen Anspruch, sondern sie wurde pragmatisch gefunden (vgl. Mitteilungen... 1969, Heft 1, 19)[34].

---

[34] Mitteilungen..., 1/1969, 8ff. und Hartwig: Projekt Wohnen, b:e 7/72, S. 33ff., aber auch: H. Hartwig: Methodologische Bemerkungen zum vorliegenden Konstruktionsvorschlag für ein Curriculum. In: Zeit. Ästhetik u. Kommunikation 1, 1970, S. 29ff.

Die Situationsfelder sind:
- Familie
- Öffentlichkeit
- Beruf
- freie Zeit.

| Situationsfelder | Kategorien zur Differenzierung der sozialen Bereiche |
|---|---|
| Familie | a) als *Institution*<br>  – Rechtsform<br>b) Als *soziale Gruppe*<br>  – Sozialisationsinstanz<br>  – Sexualeinheit<br>  – Wohneinheit<br>  – Konsumeinheit<br>  – Produktionseinheit |
| Öffentlichkeit | a) als *Organisationsform* des<br>  – politischen<br>  – ökonomischen    Systems<br>  – soziokulturellen<br>b) als politische usw. *Beteiligung* |
| Beruf | a) als betriebliche *Organisationsstruktur*<br>  – als gewerkschaftliche, berufsständische Organisation<br>b) als *Arbeitstätigkeit* |
| Freie Zeit | a) in *ihrer Komplementärfunktion* in der<br>  1. regenerativen<br>  2. kompensatorischen<br>  3. suspensiven Funktion<br>b) im *subjektiven Selbstverständnis* als Selbstverwirklichung, Selbstbestimmung im Sinne von:<br>„Kreativität" – „Aktivitätsinteresse" – „Produktivität" – „Reproduktion" |

Das Schaubild entspricht nicht ganz der Abbildung in Heft 1, S. 9a. Es ist die überholte Version nach: Kommission zur Reform der hessischen Bildungspläne, Projekt Wohnen, Marburg, o. J., S. 54.
Freie Zeit wurde statt wie vorher in psychische, physische und ökonomische Funktion, in komplementäre, regenerative, komensatorische und suspensive Funktion differenziert (vgl. dazu Mitteilungen..., 2/1970, S. 45 ff., bes. 55).

---

und Ch. K. Lingelbach: Probleme und Perspektiven der Curriculumentwicklung in Hessen. In: Z. f. Päd. 1/1971, S. 91 ff., zitiert nach Becker, 1972, 31.
Curriculumtheoretisch liegt diesem Modell der situationstheoretische Ansatz (Robinsohn/Knab) zugrunde bzw. dessen hessische Erweiterung.

(Vgl. dazu die Differenzierung der Situationsfelder anhand der graphischen Darstellung des Modells auf Seite 169.) Soziale Differenzierung wird in „Aspekte" der sozialen Bereiche konkretisiert, die dann strukturanalytisch in formelle und informelle Beziehungen und in Interaktionsformen (Rollen) weiter differenziert werden (vgl. Abbildung unten). Es wird betont, daß die Trennung in soziale Bereiche eine analytische sei und die Trennung „im entfalteten Zusammenhang" wieder aufgehoben werden müßte (vgl. Mitteilungen... 1969, Heft 1, 10).

Ebenfalls der Begriff „freie Zeit" wurde selbstkritisch eingeschränkt. Freie Zeit als „Nichtarbeitszeit" wird in seiner Komplementärfunktion

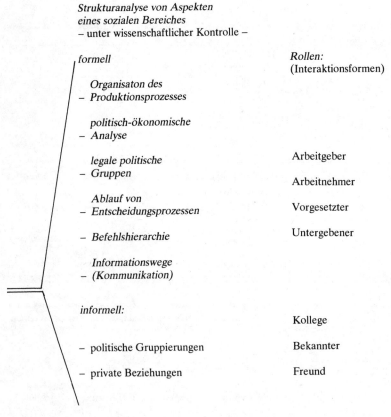

Aus: Mitteilungen der Kommission zur Reform der hessischen Bildungspläne, 1/1969.

zu den übrigen sozialen Bereichen gesehen (vgl. Mitteilungen... 1970, Heft 2, 47). Die Bereiche müssen also, obwohl rollentheoretisch getrennt, immer in ihrer Interdependenz zueinander gesehen werden.

2. Modell: *Strukturgitter,* differenziert nach den Medien der Vergesellschaftung (interaktionistisches Konzept)
Dieses Modell wurde von Gösta Thoma (2/1971, 67 ff.) in Anlehnung an Habermas als didaktisches Strukturgitter für den politischen Unterricht entworfen. Thoma schränkt den Gebrauch seines Modells von vornherein ein. Es diene nicht zur Ableitung von Unterrichtsinhalten, sondern „erlaube die Entwicklung von Fragen und kritischen Rückfragen an die einschlägigen Wissenschaften, nicht aber eigenständige Beantwortung" (S. 82). Die Ableitung von Unterrichtsinhalten soll mit Hilfe des curriculumtheoretischen Ansatzes vom „Robinsohnkreis" geleistet werden (S. 89). Die Medien des Vergesellschaftungsprozesses sind:

– Arbeit
– Sprache
– Herrschaft[35]

Er führt die Verknüpfung dieser Medien näher aus: „Existenzsicherung in Systemen gesellschaftlicher Arbeit, in umgangssprachlicher Kommunikation und in einer Bewußtseinsfestigung durch Aufbau von Ich-Identitäten" ... Dabei wird „die Dimension der Herrschaft mit den Medien Arbeit und Sprache innerlich verbunden angesehen" (2/1971, 78). Herrschaft wird bei ihm als „notwendiges Moment von Arbeit" betrachtet (ebenda).
*Arbeit* ordnet er drei interessensbestimmte Ebenen der Definition zu:

a) Ebene rationaler („wertfreier") Definition
b) Ebene gesellschaftlich kommunikativer Definition („Ideologie")
c) Ebene der „Kritik der Legitimationen, welche auf das zu Legitimierende durchschlägt" (79)

---

35 Vgl. dazu die von Habermas weiterentwickelten Hegelschen Kategorien Sprache, Werkzeug, Familie 4/1970 (9 ff.), und das Strukturgitter S. 172.

Skizze 1: Strukturgitter

| Medien der Vergesell- schaftung | Definition / Kategorien | technisch »wertfrei« zweck- rational | praktisch »ideologisch« »kritisch« | emanzi- patorisch |
|---|---|---|---|---|
| Arbeit | Problema- tisierung | Leistung | Freizeit | Muße |
| | Intention | Produktion | Konsum | Bedürfnis- befriedigung |
| Sprache | Selektion | Verzicht | Sucht | Lust |
| | Problema- tisierung | Sprach- regelung | Jargon | Mündigkeit |
| | Intention | Information | Meinung | verbindliche Diskussion |
| | Selektion | Aufmerk- samkeit | Propaganda | freier Dialog |
| Herrschaft | Problema- tisierung | Umwelt- druck | Machtver- hältnisse | Emanzipation |
| | Intention | Selbst- erhaltung | Anpassung | Reflexion |
| | Selektion | Sachent- scheidung | Wahl | Kritik als Handeln |

Diese Definitionsebenen sollen auch auf das Medium „Sprache" angewandt werden.

*Sprache* artikuliert sich – mit der Intention intersubjektiver Verständigung – „auf der Ebene zweckrationaler Definition... als diejenige an Informationssicherung eingeschränkt ... welche durch Sprachregelung machbar wird" (S. 80). Er geht davon aus, daß die Struktur der Sprache Mündigkeit zwar enthalte, aber die gesellschaftliche Realisation fehlt. Sein Maßstab ist dabei die Möglichkeit des freien Dialogs in Abgrenzung „gegen eine in Beliebigkeit verzerrte Kommunikation" (ebenda).

Skizze 2: Problemzusammenhang

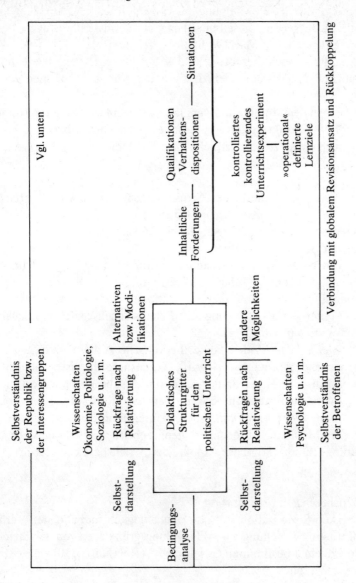

Aus: G. Thoma: Zur Entwicklung und Funktion eines
,didaktischen Strukturgitters' für den
politischen Unterricht, Blankertz 2/1971, S. 94/95.

*Herrschaft* bezeichnet nach Thoma, auf der wertfrei-rationalen Ebene der Definition, die Bewältigung des Umweltdrucks (Natur). Gleichzeitig als Sachgesetz auf gesellschaftliche Verhältnisse übertragen, legitimiere es bestehende Machtverhältnisse (ebenda).
Thoma hebt noch hervor, daß das Strukturgitter an den Kontext „historisch gesellschaftlicher Bestimmungsgründe" gebunden sei (S. 91).
Wir werden beim Integrationsversuch sowohl auf die „Situationsfelder" wie auf das „Strukturgitter" noch näher einzugehen haben. Hier sollen dann auch die einzelnen Bereiche bzw. die Medien (begrifflich) genauer gefaßt werden.

3. Modell: Gesellschaftliche Strukturierung in *„Arbeitsbereiche"* (systemtheoretisches Konzept)[36]
Ausgangspunkt der Überlegungen für die Erstellung eines Bezugsrahmens sind *Anwendungssituationen*.
„Suchinstrument für lernrelevante Situationen ist die Frage, wo und wie von dem Schüler Gesellschaft erfahren wird, bzw. erfahren sollte... Die pragmatische Zuordnung dieser Situationen zu vier Arbeitsbereichen erfolgt unter Berücksichtigung gesellschaftswissenschaftlicher Schemata" (Revisionen... 6, 10/11).
Auch hier ist das Modell keine theoretische Ableitung, sondern ein pragmatischer Ansatz. Der Begriff „Arbeitsbereiche" ist wohl nicht als wissenschaftliche Bezeichnung der darunter subsumierten Vorstellungen zu verstehen, sondern verweist wahrscheinlich auf das unterrichtliche Moment der *Anwendung* dieser Unterteilung. Besonders wird auf die Verschränkung historischer, geographischer, ökonomischer und politologisch-soziologischer Aspekte der Arbeitsbereiche verwiesen (S. 10).

*Arbeitsbereich 1: Sozialisation*
Im System Sozialisation soll „die Abhängigkeit individueller Verhaltensformen, Einstellungen und Handlungsgrundlagen von der Zugehörigkeit zu einer bestimmten Gesellschaft" (Revision..., 10) Gegenstand von Lernen sein.

---

36 Revision der hessischen Bildungspläne, Gesellschaftslehre, Sekundarstufe I, (Rohentwurf o.J.), S. 11 ff.

Dabei soll neben den
- Sozialisationseinflüssen auch die
- Sozialisationsinstanzen

behandelt werden (vgl. S. 53).
Eine Untergliederung von „Sozialisation" wird in:
- Bedingungen und Auswirkungen von Sozialisation
- Verhalten in Rollenkonflikte

vorgenommen.

*Arbeitsbereich 2: Wirtschaft*
Das System „Wirtschaft" wird als die „Bedingungen, Formen, Folgen der Herstellung, Verteilung und des Verbrauchs von Gütern beschrieben (S. 11), ebenso gehören zum System der Wirtschaft die Besitzverhältnisse (S. 119). „Wirtschaft" kann in:
- Distribution
- Produktion und
- Konsumtion

untergliedert werden.
Hierbei soll die Betrachtung besonders unter den Fragestellungen
a) Voraussetzungen und Bedingungen der Produktion
b) Verhältnis zwischen Wirtschaft und Politik
c) Aus der Wirtschaftsordnung entstehende Konflikte und Krisen
behandelt werden (S. 119). Wichtige Momente sind hierbei Arbeit, Konsum, Freie Zeit.

*Arbeitsbereich 3: Öffentliche Aufgaben*
Dieses System kann auch mit dem Ausdruck „institutionalisierte Machtausübung" umschrieben werden, nämlich die Planung, Organisation und Ausführung von öffentlichen Aufgaben und die Aufrechterhaltung von Herrschaft.
Untergliedert werden kann das System in
- Konflikte und Auseinandersetzungen
- öffentliche Aufgaben – Produktionsbereich
- Organisation der Entscheidungsprozesse
    a) Entscheidungsbestimmung
    b) Entscheidungsvorbereitung
    c) Durchführung
    d) Entscheidungsnutznießer.

*Arbeitsbereich 4: Internationale Konflikte*
            *Friedenssicherung*
Näher bestimmt wird dieses System durch die Organisierung zwischen staatlichen Beziehungen und deren Austragungsformen von Konflikten. Untergliedert wird der Arbeitsbereich in
- militärische Konfliktstrategien (S. 165)
- ökonomische Dimension internationaler Konflikte (S. 165).

4. Modell: Gesellschaftliche Differenzierung in *Strukturen und Prozesse* (Systemtheoretischer Ansatz)

Dieses Modell ist das am wenigsten entwickelte und hat eher einen hypothetischen Wert. Die Untergliederung in

- soziale
- ökonomische    Strukturen und Prozesse
- politische
- internationale

folgt einer gebräuchlichen systemtheoretischen Unterscheidung, weist aber außer Punkt 1 keine Unterscheidung in Bezug auf den Inhalt zum Modell 3 auf. Außerdem ist es nicht weiter differenziert, so daß man dieses Konzept eher programmatisch nennen könnte, dem eine genauere Bestimmung der „Strukturen" und „Prozesse" folgen müßte.

Dieses Modell wird daher nur der Vollständigkeit halber erwähnt, hat aber für unsere weiteren Überlegungen keine Bedeutung, da, bedingt durch die Grobunterteilung in Systeme, eine weitere Verwendung dieses Modells ein illegitimes Verfahren wäre.

## C. Integrationsversuch der vorliegenden Modelle[37] zu einem didaktischen Ansatz der Strukturierung gesellschaftlicher Realität

Der Integrationsversuch soll unter unserer entwickelten Zielvorstellung vorgenommen werden. Das bedeutet, daß die Modelle hierbei gegebenenfalls eine Modifizierung bzw. Umstrukturierung erfahren.

---

37 Modelle sind Erklärungshilfen für irgendwelche Phänomene. Sie sind weder wahr noch falsch, aber können danach unterschieden werden, inwieweit sie zur Erklärung des gestellten Problems beitragen, d. h. wieviel und mit welchem Präzisionsgrad soziale Erscheinungen theoretisch abgedeckt werden.

Ausgangspunkt unserer Überlegungen war die Vorstellung von Situationsbewältigung und Emanzipation. Emanzipation bestimmt dabei die Art und Weise der Situationsbewältigung. Die Situationen haben wir in

- jetzige (z. B. Kind)
- künftige (z. B. Erwachsener)
- gesellschaftlich veränderte (z. B. Wandel von Rollen)
- wünschenswerte (z. B. „befreite Gesellschaft")

unterschieden.
Diese Situationsdifferenzierung verlangt, daß in unserem Konzept sowohl aktuelle als auch antizipierte Rollensysteme auftauchen.
Ein solches situationsbezogenes Konzept, das diese verschiedenen Rollensysteme mit aufnehmen kann, ist das Modell 1: Die gesellschaftliche Strukturierung in *Situationsfelder*. Die einzelnen „Felder" werden hinsichtlich ihrer *Funktion* und des *historischen Wandels* unterschieden. Die Funktionsbestimmung soll zur Abklärung und Bewußtmachung des Situationsfeldes beitragen, um es so kritisierbar zu machen. Der historische Aspekt, die Untersuchung des historischen Wandels, dient dazu, daß bestehende Strukturen nicht als ewige, gleichsam als sachimmanente Notwendigkeiten begriffen werden, sondern daß gerade die Wandlungsfähigkeit, der Prozeßcharakter, besonders hervorgehoben wird. Dies erleichtert die Bildung politischen Bewußtseins, indem einsichtig wird, daß herrschende Strukturen veränderbar und nicht gleichsam gesellschaftlich invariant sind.
Zu dieser Differezierung der Situationsfelder tritt noch eine Differenzierung in den Handlungsaspekten des Individuums hinzu. Es kann ein
- aktiver und ein
- passiver

Handlungsaspekt unterschieden werden. Die Unterscheidung dient dazu, die verschiedenen Rollen zu kennzeichnen. Rollen können aktiv (produktiv) und passiv (konsumtiv) ausgerichtet sein. Verwendet werden kann diese Unterscheidung z. B. in dem Situationsfeld „Freie Zeit"; aktiv – als Produzent von „Literatur", als Sprecher in verbaler Kommunikation; passiv – als Konsument von Fernsehen, Zeitung usw., als Hörer in verbaler Kommunikation. Wir sehen also, daß die beiden Handlungsaspekte jeweils verschiedene Rollen nach sich ziehen, die aber (im Prinzip jedenfalls) sich situativ verändern können. Ein

Individuum kann also in der gleichen Situation aktiv und passiv handeln. Allerdings sind viele Rollen in ihren Handlungsaspekten nicht umkehrbar (z. B. Zeitungsschreiber). Das liegt zum einen an strukturellen Bedingungen der Rolle selbst, zum anderen aber auch an gesellschaftlich bedingten Rollenausformungen (z. B. der passive Handlungsaspekt der derzeitigen Bürgerrolle). Eine weitere Unterscheidung kann aus dem Modell selbst entnommen werden: Die Differenzierung der sozialen Bereiche in
– informelle und
– formelle Strukturen.
Formelle Strukturen in der Schule sind etwa die komplementären Rollen Lehrer-Schüler. Versucht nun der Lehrer diese Rollenbeziehung zu verändern, kann man eine informelle Struktur feststellen, z. B. wenn er versucht, in seinem Unterricht demokratische Erziehung in den Vordergrund zu stellen. Er versteht sich dabei als *ein* Mitglied der Klasse – obwohl seine formelle Rolle nach wie vor bestehen bleibt – und eine informelle Rollenstruktur in Richtung symmetrische Rollen entsteht.
Diese aus der Rollentheorie übernommenen Unterscheidungsmerkmale erlauben eine Differenzierung in institutionalisierte Beziehungen und Rollen und in eine Funktionsbeschreibung. Wir haben also folgende Differenzierungskategorien:

1. Funktion und Prozeßcharakter
2. informelle und formelle Strukturen
3. aktiver und passiver Handlungsaspekt
4. derzeitige und künftige Rollen (antizipierte)

Für die Errichtung eines didaktischen Modells zur Strukturierung gesellschaftlicher Realität scheint es mir zweckmäßig, einen Bereich aus dem Situationsfeld „Öffentlichkeit" gesondert herauszugreifen: die Schule. Schule ist zwar in „Öffentlichkeit" impliziert, jedoch ist es der Handhabbarkeit und Konkretheit des Modells wegen vorteilhafter, diesen Bereich als eigenes System herauszugreifen. Dieses Situationsfeld ist für den Schüler das bedeutendste; würde man Schule nicht als zwar abhängiges, jedoch eigenes System herausstellen, würde die Anwendung des Modells *durch* die *Schüler* ein schwieriges Unterfangen werden.
Wir haben in dem erweiterten Modell folgende Situationsfelder:

- Familie
- Schule
- Öffentlichkeit
- Beruf
- Freie Zeit[38]

Der Begriff Freie Zeit deckt dabei alle Situationen ab, die sich nicht in die anderen vier einordnen lassen. Sie ist der Komplementärbereich zu den übrigen Situationsfeldern. In den einzelnen Situationsfeldern tauchen die verschiedensten Situationen auf, die zu bewältigen sind.
Es ist noch zu berücksichtigen, daß selbstverständlich Rollen vielfach nicht nebeneinander, sondern häufig *gleichzeitig* als Rollenbündel auftreten, wobei eine Rollenausformung der anderen widersprechen kann (vgl. Kapitel III, Ich-Identität).
Außerdem ist die soziologische Unterscheidung in „Rollen" eine analytische, d.h. es sind immer die Interdependenzen zwischen den Rollensystemen zu beachten.
Modell 3 läßt sich in unser erweitertes und ergänztes soziales Bereichsmodell unter bestimmten Bedingungen integrieren. Und zwar kann die Integration so vorgenommen werden, daß das Modell horizontal zum ersten gelagert wird, so daß gleichsam ein differenzierteres Raster zur Erfassung gesellschaftlicher Realität entsteht.

1. „Sozialisation" wird zu einer Kategorie, die Sozialisationsfelder innerhalb der sozialen Bereiche unter der genannten Fragestellung abtastet:
   a) Bedingungen und Auswirkungen von Sozialisation und
   b) Verhalten in Rollenkonflikten *und* deren Zustandekommen
   Es wird also untersucht, wo und wie sozialisiert wird, unter welchen Bedingungen, mit welchen Konsequenzen und wie die Individuen sich in diesen Situationen verhalten (können). Z.B. werden im Situationsfeld „Freie Zeit" die Sozialisationsfunktion usw. von Massenmedien, Werbung, der Einfluß von Freunden usw. analysiert und deren Auswirkungen herausgestellt.
2. Das System „Wirtschaft" erlaubt auf dem jeweiligen Hintergrund des Situationsfeldes eine Analyse und Beurteilung der Einflüsse der

---

[38] Es wird das erweiterte Hartwig-Modell von freier Zeit verwendet.

Wirtschaft, also auch ihrer Funktion innerhalb dieser. Die Bedingungen, Formen, Folgen von Produktion, Distribution und Konsumtion werden nun nicht mehr losgelöst von den in Frage kommenden Bereichen analysiert, sondern innerhalb dieser und mit verschiedenen Schwerpunkten. So wird wahrscheinlich im Bereich „Öffentlichkeit" und „Beruf" bevorzugt Produktion und Distribution zur Sprache kommen, im Bereich Familie und Freie Zeit mehr die Konsumtion gesellschaftlicher Güter. Gleichzeitig werden die gegenseitigen Abhängigkeiten des Systems „Wirtschaft" mit den einzelnen Situationsfeldern deutlich.
3. Um den Arbeitsbereich III ebenfalls zu integrieren, bedarf es seiner Umstrukturierung. Dieses System der „institutionalisierten Machtausübung" bezeichnet zuvorderst die Institution des *Staates* und danach dessen „öffentliche Aufgaben". Staat und öffentliche Aufgaben werden zu einem Arbeitsbereich zusammengefaßt, müssen aber nun wieder getrennt werden. Wir wollen nun unter „Staat", der nicht mit dem politischen System gleichzusetzen ist, die *Organisation* und Struktur dieses Systems verstehen und es hinsichtlich der

– Ausführung und Bewältigung öffentlicher Aufgaben (Infrastruktur)
– seiner Struktur der Machtverteilung und der Regelung der Entscheidungsprozesse und Konflikte
– der jeweiligen Funktion und des jeweiligen Einflusses innerhalb der Situationsfelder

differenzieren. Das System „Staat" deckt so ebenfalls einen Aspekt des jeweiligen Situationsfeldes ab.
Der Arbeitsbereich „Internationale Konflikte/Friedenssicherung" scheint mir nicht integrierbar. Wir können ihn jedoch auflösen und ihn sowohl dem System „Wirtschaft" als auch dem System „Staat" zuordnen. Wir behalten somit die gesamte Fragestellung dieses Arbeitsbereichs bei. Im System Wirtschaft wird die ökonomische Dimension internationaler Konflikte integriert; gleichfalls die internationale Verflechtung der Konzerne, Ursachen von Monopolisierungstendenzen und der fortschreitende Konzentrationsprozeß können so herausgehoben werden, und sind nicht (im Modell) in ein anderes System integriert. Dadurch werden Ursachen von „Großkonflikten" leichter sichtbar (z. B. „Ost"–„West"; „Nord"–„Süd").

Militärische Konfliktstrategien, Diplomatie usw. werden dem System „Staat" zugeordnet. Auswirkungen von „Großkonflikten" können in den Situationsfeldern durch die Kategorien „Staat" und „Wirtschaft" sichtbar gemacht werden.
Eine gewisse Bedenklichkeit ergibt sich jedoch aus der Trennung. – Staat und Wirtschaft werden in Fragen der internationalen Beziehungen und Konflikte getrennt, und gerade hier ist nicht nur von einer Verschränkung von Staat und Wirtschaft zu sprechen, sondern hier sind sie fast identisch.
Dieser Mangel muß durch die besondere Betonung der *Interdependenzen* der Systeme „Sozialisation", „Wirtschaft" und „Staat" aufgehoben werden. Interdependenzen sind daher in der Anwendung des kombinierten Modells besonders aufzuweisen.
Beide Modelle konnten nun integriert werden, wobei das Modell 1 gleichsam das Grundmodell ist, und die Systeme des Modells 3 zu Kategorien der Differenzierung und Funktionsbestimmung der sozialen Bereiche werden. Die Verknüpfung *konkreter* Situationen mit der Funktionsweise und Organisationsstruktur unserer Gesellschaft scheint insofern recht sinnvoll zu sein, da mit Hilfe dieses didaktischen Modells konkrete Situationen analysiert werden und anhand dieser Situationen Gesellschaftsstrukturen verdeutlicht werden können, so daß Gesellschaftsstruktur und konkrete Lebenssituationen mit ihren Konflikten nicht mehr isoliert und abstrakt nebeneinander stehen, sondern ineinander integriert sind[39].
Sozialisation, Staat und Wirtschaft bezeichnen Dimensionen gesellschaftlicher Organisation. „Sozialisation" tastet z. B. im Situationsfeld „Familie" die erzieherischen Faktoren ab, „Staat" die institutionell-rechtlichen und „Wirtschaft" die ökonomischen. Funktionen und Auswirkungen der Situationsfelder lassen sich somit systematisch erfassen.
Modell 2 kann ebenfalls in unser kombiniertes Modell integriert werden.
Nach Thoma bzw. Habermas bezeichnen die Begriffe Arbeit, Sprache und Herrschaft Medien der Vergesellschaftung (vgl. voriger Abschnitt). D. h. Arbeit, Sprache und Herrschaft tauchen in jeglicher gesellschaftli-

---

[39] Wahrscheinlich kann dadurch (intrinsische) Motivation für die Beschäftigung mit gesellschaftlichen Phänomenen entstehen.

cher Situation auf. Wir können daraus den Schluß ziehen, daß die Medien ebenfalls in den reduzierten Realitätsbereichen Familie usw. auftauchen. Die Situationsfelder bedeuten für die einzelnen Individuen Handlungsfelder zur Realitätsbewältigung. Realitätsbewältigung äußert sich also durch verschiedene Handlungsformen. In Kapitel III unterschieden wir allgemein zwischen zweckrationalem und kommunikativem Handeln. Beide bewegen sich in Interaktionssystemen (Situationsfelder). So ist sowohl zweckrationales Handeln („Arbeit") als auch kommunikatives Handeln („Sprache") an Interaktion gebunden. Sowohl „Arbeit" als auch „Sprache" tauchen also in der Interaktion auf, allerdings in verschiedener Form und unter verschiedenen Bedingungen.
Wir werden nun auf beide Medien näher eingehen, um zu prüfen, inwieweit das Thoma'sche Modell in unseres aufgenommen werden kann.
*Sprache:* „Sprache" umfaßt nicht schon die Kommunikation handelnder und zusammenlebender Subjekte, sondern meint hier nur die *Symbolverwendung* des gemeinsamen Individuums, das der Natur konfrontiert ist und den Dingen Namen gibt" (Habermas, 4/1970, 24; Hervorh. v. Verf.). Um also den Handlungsaspekt in der Interaktion erfassen zu können, müssen wir über „Sprache" hinaus gelangen: zur Kommunikation. Dabei wollen wir unter Kommunikation nicht nur verbale, sondern, entsprechend der im vorigen Kapitel ausgeführten Überlegungen, gleichfalls visuelle, gestische, und tonale verstehen. Das Modell „Thoma" muß erweitert werden. Die Symbolverwendung in der Interaktion nennen wir Kommunikation. Sie ist ein Medium des Handelns, das wir kommunikatives Handeln nannten.
*Arbeit:* Darunter verstanden wir mit Habermas zweckrationales Handeln, das wir weiter in instrumentales und strategisches Handeln differenzierten.
Arbeit sichert uns zuallererst unsere Existenz, indem sie „das Diktat der unmittelbaren Begierde (bricht) und hält den Prozeß der Triebbefriedigung gleichsam an" (4/1970, 25). Arbeit, vor allem vergesellschaftete Arbeit, die ebenfalls Handeln ist, bindet sich indirekt an Interaktion. Handeln (zweckrationales Handeln) ist „in ein Netz von Interaktionen eingebettet, und deshalb seinerseits abhängig von den kommunikativen Randbedingungen jeder möglichen Kooperation" (4/1970, 32). Insofern taucht Arbeit in den Interaktionssystemen (Situationsfeldern) auf,

und dient ebenso wie Kommunikation zur Unterscheidung von Handlungssituationen:
Beide sind deren je verschiedene Medien. „Die Symbole gestatten das Wiedererkennen desselben, die Instrumente halten die Regeln fest, nach denen die Unterwerfung der Naturprozesse beliebig wiederholt werden kann" (4/1970, 26).
Arbeit als:

a) Sicherung der Existenz durch unmittelbare Triebsuspendierung
b) Instrumentales
c) Strategisches Handeln

und die aktive Symbolverwendung (Kommunikation) zur Mitteilung von Absichten, Interessen, Wünschen, Erwartungen, Hoffnungen und Bedürfnissen beschreiben den Handlungsraum menschlicher Interaktion. Ihre Bestimmungsebenen sind dabei die technische (Funktionsbestimmung, Erklärung), die ideologische und die kritische.
Beide werden durch das Moment der Herrschaft überformt, wobei festzumachen ist, daß gegen Herrschaft, hervorgerufen durch den Vergesellschaftungsprozeß, der Wunsch nach dem Abbau dieser institutionalisiert werden muß.
Herrschaft stellt somit, übernommen in ein Modell der Realitätsstrukturierung, eine kritische Kategorie dar, die den verknöcherten Verhältnissen die Möglichkeit der Emanzipation vorhält.
Wir können das so erweiterte Thoma'sche Modell mit den Medien Arbeit, Kommunikation und Herrschaft so integrieren, daß Arbeit und Kommunikation in den jeweiligen Situationsfeldern als Handlungsdimensionen unterschieden werden, wobei jedesmal die verschiedenen stark ausgeprägten Formen der Herrschaft festzustellen sind.
Unser Modell sieht also folgendermaßen aus:
Zunächst erfolgt die *Differenzierung* der Gesellschaft in die *sozialen Bereiche* (Familie, Schule, Öffentlichkeit, Beruf, Freie Zeit).
Wobei *Differenzierungskategorien der Situationsfelder*

a) Funktion und Prozeßcharakter der Situationsfelder
b) informelle und formelle Struktur
c) aktiver und passiver Handlungsaspekt
d) derzeitige und künftige Rollen

waren.

Zu diesem Unterscheidungskriterium kommen die *Handlungsdimensionen der Interaktion* hinzu:
- Arbeit und
- Kommunikation.

Die Kategorien Sozialisation, Wirtschaft und Staat sind die *gesellschaftlichen Organisationssysteme.*

- Sozialisation (Bedingungen und Auswirkungen: Konfliktverhalten)
- Wirtschaft (Bedingungen, Folgen, Formen (auch internationaler Art) von Produktion, Distribution und Konsumtion)
- Staat (Funktion und Einfluß; Machtverteilung, öffentliche Aufgaben in Planung, Organisation und Ausführung, ebenfalls mit Einbeziehung internationaler Auswirkung)

Entscheidungsprozesse bei „Wirtschaft" und „Staat" können in

- Bestimmung
- Vorbereitung
- Durchführung
- Nutznießer

gegliedert werden.

Ein Schaubild auf Seite 185 mag dies veranschaulichen („Familie" kann durch „Schule", „Öffentlichkeit" usw. jeweils ersetzt werden).

Dieses Modell kann sowohl zur curricularen Strukturierung geplanter Unterrichtsprojekte verwendet werden, als auch zur zur didaktischen Strukturierung eines ausgewählten Konflikts aus einem der Situationsfelder. Handlungsdimensionen, Differenzierungskategorien, gesellschaftliche Organisationssysteme und die Kategorie der Herrschaft sind dabei Gesichtspunkte der Ausfächerung und Systematisierung der Konfliktanalyse.

Modell 4 läßt sich wegen seiner mangelnden Differenzierung nicht integrieren. Zum Teil taucht es in den gesellschaftlichen Organisationssystemen Sozialisation, Wirtschaft (ökonomisches System) und Staat (politisches System) auf. Wirtschaft wie auch Staat sind nur Teile des ökonomischen bzw. politischen Systems. Familie usw. gehören ebenfalls dazu. In unserem Modell wird eine Globaldifferenzierung in Grobsysteme vermieden, die nur schwer situativ anzuwenden wären. Man müßte die Systeme jeweils getrennt differenzieren und eine nachträgliche Verknüpfung herstellen.

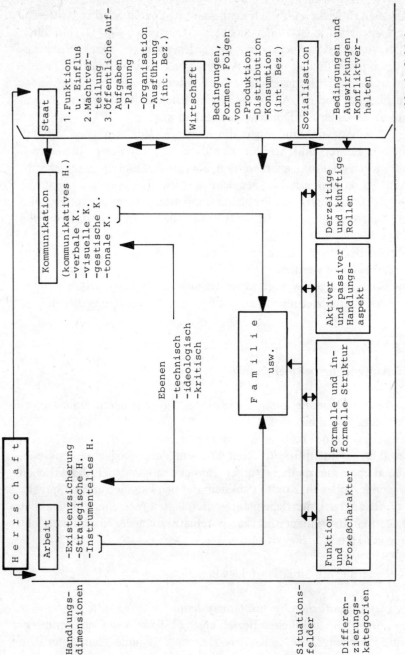

Das hier entwickelte Modell kann nun in weiteren Schritten differenziert werden, was aber hier nicht geleistet werden soll. Dazu müßten auch *praktische* Versuche gemacht werden, inwieweit es zur Strukturierung von Gesellschaft und zur Analyse von Situationen geeignet ist.
Im weiteren Differenzierungsprozeß könnten, zur Erstellung eines Curriculums und zur Ableitung von Lernzielen, die Situationsfelder in ihre verschiedensten Dimensionen zerlegt werden.
Zur Analyse von Sitiationen dürfte das Modell genügen. Mit ihm können Lehrer und Schüler Konflikte und Probleme, die aktuell auftauchen oder antizipiert werden, eingeordnet und die gesellschaftlichen Strukturen sichtbar gemacht werden. Gleichfalls besteht die Möglichkeit, langfristige Problemlösungsstrategien zu entwerfen. Dieser Analysevorgang von Situationen usw. ist Gegenstand des nächsten Kapitels.
Abschließend soll an einem Beispiel die Anwendung des Modells veranschaulicht werden.
Die Ausführungen werden notwendigerweise fragmentarisch bleiben, da die Exemplifizierung nur als Anregung und Erläuterung dienen soll.

### D. Anwendungsbeispiel: Familie

*Das Projekt Familie kann aus zweierlei Motiven heraus zum Unterrichtsgegenstand werden:*
Entweder wurde Familie aus systematischen Überlegungen heraus gewählt, der identifizierte Konflikt dient einer möglichst konkreten analytischen Bearbeitung (unter Berücksichtigung der didaktischen Prinzipien) oder ein Konflikt aus dem Bereich Familie kam zur Sprache und die an der Unterrichtsplanung Beteiligten haben nun anhand des Rasters ein Instrumentarium zur Systematisierung der Konfliktbetrachtung zur Hand.

1. Rasterung des Situationsfeldes Familie

a) *Gesellschaftliche Organisationssysteme*
Da „*Staat*" die rechtlichen Beziehungen absteckt, kann hier herausgegriffen werden: „Ehe", „Kindererziehung". „Familie steht unter dem

besonderen Schutz des Staates". Im Bereich *„Wirtschaft"* wird die Frage aufgeworfen werden, inwiefern hierarchische Beziehungen, Kommunikationsstrukturen, Sozialisationsgewohnheiten Folge wirtschaftlicher Strukturen sind.
Die Funktion der Familie als Konsumtionseinheit und als Reproduktionsinstanz von Arbeitskräften muß gleichfalls zum Ausdruck kommen.
Die Verhaltensdispositionen regeln die Auswahl der Inhalte: Welche Kommunikationsstrukturen entstehen, wo wird Ich-Identität verhindert usw. *„Sozialisation"* hingegen ist der zentralere Gesichtspunkt unter dem Familie bearbeitet wird: Kindererziehung, Aggressionen, Sexualität, Erziehungsstile und -praktiken, schicht- und geschlechtsspezifische Sozialisation.
Vor allem eine Ausrichtung auf die Fragestellung: Wie, unter welchen Umständen, mit welchen Folgen findet die Sozialisation in der Familie statt.

*b) Handlungsdimensionen*
*Arbeit* kann z.B. unter dem Gesichtspunkt betrachtet werden: Auswirkungen der Sozialisationsmechanismen auf das Verhalten des Ernährers an der Arbeitsstätte oder umgekehrt: Auswirkungen der existenzsichernden Handlung („Arbeit des Vaters") auf die Familie. *Kommunikations*prozesse und -strukturen können untersucht werden: Kommunikation in der Familie, ihr Aufbau (hierarchisch?), schichtspezifische Ausprägungen usw.

*c) Differenzierungskategorien*
Auf die Funktion der Familie als („Zelle des Staates") und – innerhalb des Gesichtspunktes „Sozialisation" – als Erziehungsinstanz muß hier eingegangen werden. Desgleichen auf ihren Prozeßcharakter, weshalb in einem geschichtlichen Teil die Entstehung der Familie erarbeitet werden kann. Daneben können Alternativen zur Familie (z.B. exemplarisch an Wohngemeinschaften usw.) aufgezeigt werden. Die formelle Struktur der Familie als Vater-Mutter-Kind Triade und deren informelle spezifische Ausprägung (formell: z.B. Vater als Oberhaupt der Familie, informell: Mutter dominiert, bzw. die Kinder haben einen wachsenden Einfluß). Eine Analyse, wenigstens eine Beschreibung des familialen Rollengeflechts und seine schichtspezifischen Ausprägungen

sind weitere grundlegende Differenzierungsgesichtspunkte. Darunter fallen typische Werte und Normen familialer Sozialisation, ja die grundlegende Bedeutung von Werten und Normen als verhaltenssteuernde Maximen sollte hier angesprochen werden.
Bei der Bearbeitung und Lernzielbestimmung sind die Verhaltensdispositionen in den Mittelpunkt – als Korrektiv – zu stellen.

*d) Herrschaft*
In allen Differenzierungsbereichen müssen die Formen von Herrschaft identifiziert, ihre spezifische Ausprägung aufgedeckt werden. Dazu zählt die Beschreibung der Machtkonstellationen innerhalb der Familie und die Beschreibung der Herrschaftsverhältnisse; das Aufzeigen der die Familie überformenden Herrschaftsverhältnisse ist gleichzeitig ein integraler Bestandteil dieses Schrittes. Desgleichen gehört hierher die Fragestellung wie Herrschaft abgebaut werden könnte, welche Voraussetzungen dazu nötig sind usw.
Der Vollständigkeit halber und zur Erläuterung des vorangegangenen Kapitels werden noch kurz die Möglichkeiten der Anwendung der didaktischen Prinzipien und Lernziele erläutert (vgl. S. 107–162).

*e) Didaktische Prinzipien*
Die Materialien sind so auszuwählen, daß sie von der *Situation* der Schüler ausgehen, bzw. die Schüler insofern betreffen, als die Situation auf sie zutreffen könnte (z. B. Streit in der Familie, Vater schläft abends beim Fernsehen ein, die Jungens dürfen mehr als wir Mädchen, bei uns in der Nachbarschaft existiert eine Wohngemeinschaft usw.).
Dabei ist zu beachten, daß möglichst ein *exemplarischer Fall* herausgegriffen wird (der Lehrer müßte versuchen, zusätzlich zu den angebotenen Materialien einen *aktuellen* Fall aus dem Leben *seiner* Schüler aufzugreifen). Die Texte, Spiele usw. sollten so beschaffen sein, daß nicht von vornherein eine bestimmte Lösung des Problems feststeht, sondern der Konflikt offen bleibt und der Ausgang von den Schülern diskutiert, beschrieben, gespielt werden kann. Wo das bei den angebotenen Materialien nicht der Fall ist, kann der Lehrer oder die Schüler dies trotzdem versuchen, indem der Text nicht zuende gelesen, das Rollenspiel unterbrochen wird, um den möglichen Ausgang des Konflikts zu untersuchen.
Der *Verfremdungseffekt* kann z. B. so eingesetzt werden, daß alltägliche

Handlungen wie z. B. Tischgespräche nicht in Rollenspielen simuliert, sondern in andere Medien transferiert werden (z. B. Comics); oder es wird anhand eines Textes versucht, einen Witz zu basteln, Personen werden in eine andere Umgebung gesteckt, Lieder getextet, evtl. komponiert usw. (Anregungen hierzu kann man sich zwar aus den Stücken B. Brechts holen, von einem bloßen Kopieren wird jedoch schon insofern abgeraten, als der Verfremdungseffekt bei Brecht oft nicht bemerkt wird, bzw. nicht die gewünschte Wirkung erzielt).

„Familie" ist kein anthropologisches Phänomen, sondern ein gesellschaftlich bedingtes, also ein veränderliches. Diese so oft vernachlässigte Dimension der „Bewegung", eine Differenzierung nach „*Raum*" und „*Zeit*" darf nicht zu kurz kommen. Es sind also immer – wenigstens in Ansätzen – sowohl historische Rückblenden (z. B. bei der Untersuchung von Kommunikationsstrukturen, sind die patriarchalischen Strukturen voriger Jahrhunderte unbedingt mit aufzugreifen) als auch Spekulationen über künftige Entwicklungen der Sozialisation in der Familie notwendig. Eine Mit-Reflexion der jeweiligen Raumbedingungen gehört ebenfalls dazu.

*Kritik, Selbstreflexion und Handlung* bilden praktisch den Modus der Informationsaufnahme und -verarbeitung. Der kritischen Bestandsaufnahme gegebener Zustände z. B. geschlechtsspezifischer Sozialisation muß die selbstreflexive Frage hinzukommen, ob die Analysemaßstäbe richtig waren, die Kritik überhaupt am richtigen Punkt einsetzte usw. Die Notwendigkeit der Handlung rüttelt zwar recht heftig an den Grundfesten der Schule, sollte aber trotzdem immer dort, wo es Möglichkeiten gibt – und seien sie auch noch so gering – versucht werden: Angefangen von Interviews in der eigenen Klasse, über Schüler-Elternabende an denen über Erziehung diskutiert wird, über Strategiediskussionen und Überlegung von Verfahrensschritten, wie man selbst z. B. Kommunikationsbeziehungen, -strukturen in seiner Familie verbessern kann, autoritäre Erziehungsstile zumindest abmildern, Bildung von Arbeitskreisen, die über Erziehung reden, Aktionen in der Schule, Klasse (z. B. „Woche der Mitarbeit") usw. Der jeweiligen Möglichkeiten in der Schule und der Phantasie des Lehrers bleibt es überlassen, wie extensiv dieser Regelkreis Kritik-Selbstreflexion-Handlung-Kritik usw. in Schwung gebracht wird.

*Soziologische Phantasie* verhindert die Einrastung der Denkprozesse in bestimmte Schemata, die allzu am Buchstaben der vorgeschriebenen

Bearbeitung der Analysefelder klebt. Sie sorgt vielmehr dafür, daß die verschiedenen Informationen möglichst vielfältig verknüpft, die Zusammenhänge zwischen individueller Lebensgeschichte in der eigenen Familie und der gesellschaftlichen Struktur der Familie und ihrer Beziehungen mit Staat, Wirtschaft usw. gewahrt bleiben. Sie ist die handelnde Variable der vielbeschworenen Interdependenz zwischen den einzelnen Betrachtungsweisen. *Offenheit* sorgt für Schülerzentrierung für die teilweise oder gänzliche Übernahme des Projekts „Familie" durch die Schüler, für die Diskussion auftauchender Konflikte und Arbeitsschwierigkeiten, für die Hilfe, didaktische Prozesse zu realisieren, für die Unterstützung zur Erstellung des Arbeitsplans für die Unterrichtseinheit usw.

Partnerzentrierung meint hier die Vermittlung von Gesprächstechniken im Unterricht und überlegt, wie solche alternativen Gesprächsformen in der Familie zu verwirklichen sind, trainiert sie anhand von Rollenspielen. Kommunikationsregeln können in den verschiedenen Diskussionen erprobt werden. Der Lehrer verhilft durch unterstützende Interaktion (vgl. Kategorien 1–3 SIK) und durch gesprächs- und problemstrukturierende Interaktion, die inhaltlichen Probleme besser zu bewältigen (auch diese Techniken müssen den Schülern schrittweise vermittelt werden). Notwendige Regeln für die Gruppeninteraktion können umformuliert und/ober geübt werden.

Lernstrategiezentrierung sorgt für gelingende Unterrichtsintention, adäquate Darstellung der Ergebnisse der Arbeitsgruppen und für eine befriedigende, lernwirksame Unterrichtsgestaltung.

*f) Verhaltensdispositionen*
Gerade hier, aber auch bei den anderen didaktischen Prinzipien, sind die o. g. Verhaltensdispositionen z. B. Solidarität zu praktizieren (bzw. ihr Erlernen durch die Form der Unterricht zu erleichtern). „Sensibilität" als Erkennen von Herrschaft, das wie ein Netz über das ganze didaktische Strukturgitter gelegt ist, beschränkt sich auch hier nicht auf das Erkennen von Herrschaftsstrukturen in familialen Sozialisationsprozessen, sondern sollte vom Lehrer auch bewußt soweit gefördert werden, daß eine Sensibilisierung in der Freundesgruppe, in der Klasse und im Unterricht eintreten kann. Ebenso die übrigen Verhaltensdispositionen (Ich-Identität in der Familie: Wo wird sie gefördert, wo verhindert, Ich-Identität in Unterrichtsprozesse: Wo ... usw.) sind in

dieser breit gefächerten Weise im Auge zu behalten und je nach den konkreten Umständen (d. h. Möglichkeiten) anzusteuern.

*g) Lernziele*
Die unten ausgewiesenen Lernziele sind – im Sinne der offenen Curricula – nicht als operationale anzugeben, sie werden vielmehr als *Lernanlässe* verstanden. Ihre Formulierung dient eher dazu, sich über mögliche Lernprozesse zu verständigen, als deren Endresultat exakt festzulegen. Ein wie immer geartete Vollständigkeitsanspruch muß deshalb fallengelassen werden, ungebrochene Deduktionen sind wissenschaftlich nicht einlösbar (vgl. „Lernziele") und von der didaktischen Konzeption her nicht erstrebenswert. Wie aus dem Strukturgitter ersichtlich, bestreicht das ausgewählte Situationsfeld „Familie" zwar einen bestimmten Bereich, die Verhaltensdispositionen legen zwar den Rahmen fest, ihre konkrete Ausgestaltung und Formulierung muß jedoch den Schülern und Lehrern überlassen bleiben.

Zunächst soll versucht werden, allgemeine Lernziele anzugeben, die innerhalb dieses Lernbereichs anvisiert werden können; differenziert nach inhaltlichen und instrumentellen Lernzielen. Anschließend erfolgt der Vorschlag eines Lernzielkatalogs für die einzelnen Unterkapitel.

Auch hier diente das Strukturgitter einschließlich der didaktischen Prinzipien und der Verhaltensdispositionen als Raster zur Gewinnung der Lernziele.

Eine Differenzierung der Lernziele in ihren verschiedenen Möglichkeiten, erfolgte hier nicht (z. B. Funktions-, Prozeßlernziele).

Allgemeine Lernziele
a) Den am Lernprozeß Beteiligten sollen die Bedingungen und Auswirkungen ihrer familialen Sozialisation bewußt werden und Möglichkeiten ihrer Veränderung kennen.
b) Erkennen von familialen Konflikten als gesellschaftlich strukturierte. Anhand von konkreten Erprobungen sollen Konfliktlösungsmöglichkeiten den am Lernprozeß Beteiligten bekannt sein.
c) Den am Lernprozeß Beteiligten sollen ihre eigenen jetzigen Verhaltensweisen als durch Sozialisation gewordenen und somit potentiell veränderbare erfahrbar werden.
d) Sie (= die am Lernprozeß Beteiligten) sollen Formen von Herrschaft in ihrer unmittelbaren familiären Lebensumwelt und auch in

der gesellschaftlichen erkennen und Ansatzpunkte finden können, diese Formen zu verändern.
e) Sie sollen die Funktion und den Einfluß des Staates auf die Familie erkennen.
f) Anhand des Materials und ihrer eigenen Erfahrungen sollen der Einfluß der Wirtschaft, konkret der Arbeitswelt auf ihre Sozialisation nachgewiesen werden können.
g) Sie sollen die Kommunikationsstrukturen in ihrer Familie erkennen, und Möglichkeiten kennen, diese zu verändern.
h) Das vorhandene Material soll es ihnen ermöglichen, „Familie" als etwas Gewordenes, als etwas Prozeßhaftes zu erkennen. Sie sollen weiterhin bekannte oder denkbare Alternativen zur Familie diskutieren und die je spezifischen Leistungen herausstellen können.
i) Der Aufbau, die Wirkungen der formellen Struktur der Kleinfamilie (Vater-Mutter-Kind) und ihres Rollengefüges sollen ihnen bekannt sein. Sie sollten fähig sein, anhand ihrer Erkenntnisse ihre eigene Rolle zu reflektieren und gegebenenfalls zu verändern.
k) Sie sollen fähig sein, schichtspezifische formelle Strukturen in der Familie zu erkennen und sie mit der informellen Struktur innerhalb einer „konkreten Familie" vergleichen zu können, um Ansatzpunkte für Veränderungsprozesse innerhalb der Familie (ihrer eigenen oder einer abstrakten) zu finden.
l) Ihre eigenen Werte und Normen sollen sie erfahren und anhand der Materialien auf Sozialisationsprozesse zurückführen können. Sie sollen die Werte und Normen als verhaltenssteuernde Faktoren erkennen und über die Bewußtwerdung ihrer eigenen „Verhaltenssteuerungen" Versuche unternehmen können, diese zu ändern.

*Formale Lernziele*

a) Die Lernenden sollen verschiedenen Diskussionsformen können
b) Sie sollen Rollenspiele aus vorgegebenen Texten oder sonstigen Materialien entwickeln können.
c) Sie sollen die Grundformen der Analyse: Aufgliederung eines Problems anhand von Kriterien kennen und anwenden können.
d) Sie sollen – um Probleme zu erforschen – bestimmte Techniken wie Fragebogen, anfertigen, und im Interview anwenden können.

e) Die Lernenden sollen aus den Materialien Exzerpte in Form von „pro und contra" Aussagen zusammenstellen können.
f) Sie sollen als wichtiges instrumentelles Werkzeug Aufstellen und Auswerten von Tabellen und Statistiken ansatzweise beherrschen und die wichtigsten Informationsquellen wie Lexikon, Bibliothek, Zeitungen, Institutionen kennen und anhand des Projekts benutzen lernen.
g) Argumente, die in die Diskussion eingebracht werden, sollen anhand von „Textstellen" oder sonstigen Quellen belegt werden können.
h) Sie sollen diese Techniken vor allem dann anwenden können, wenn es gilt, sich über gemeinsame Bedürfnisse und Interessen zu verständigen.
i) Sie sollen anhand von gemeinsam geplanten Aktionen zu dem Thema Formen der Kooperation und der praktischen Solidarität können.

Beim jetzigen Stand unserer didaktischen Bearbeitung des Unterrichtsprojektes fehlen die exakten Strukturierungen anhand der didaktischen Prinzipien (dies würde hier zu weit führen), zweitens die Strategie der Konfliktbearbeitung und die konkrete Konfliktanalyse als zeitliche Strukturierung des Projektablaufs (Verlaufsmodell). Die beiden letztgenannten Punkte werden in dem folgenden Kapitel ausgeführt.

# V. Kapitel
# Analysevorgang – Analysestrategie

In Kapitel III klärten wir, wie der Unterrichtsgegenstand (Konflikt) didaktisch zu strukturieren sei. In Kapitel IV entwarfen wir ein Raster zur Gewinnung von Konfliktbereichen (Situationsfelder). Ziel dieses Kapitels ist die Fragestellung, *wie* der Unterrichtsgegenstand zu bearbeiten sei, die Klärung der Verlaufsbeschreibung von Konfliktanalysen und schließlich die ganz konkrete Bearbeitung des Konfliktes selbst in seinen einzelnen Phasen, d.h. in diesem Kapitel haben wir es mit der Interdependenz von Verhalten des Schülers und des Unterrichtsgegenstandes zu tun.

## A. Verhaltensbereiche und Determinanten des Verhaltens

Hier kann es nicht darum gehen, die Verhaltenstheorie aufzurollen, sondern die für unsere Fragestellung wichtigen Überlegungen zu leisten und sie in unser didaktisches Konzept einzuordnen.

1. Verhalten
„Verhalten ist eine individuelle Reaktionsweise des Menschen, die sich auf dem Hintergrund eines Reifungs- und Anpassungsprozesses, in der ständigen Wechselwirkung zwischen Anlage und Umwelt abspielt" (Funkkolleg 1975, Heft 2, S. 23). Diese mehr formale Beschreibung von Verhalten müßte in unser theoretisches Konzept integriert werden. Da Verhalten in ständiger Wechselbeziehung von Selbst und Umwelt steht, kann man von einer Interaktion sprechen. Interaktive Handlungen (Zur Problematik, ob es außerhalb der Interaktion noch Handlung gibt, vgl. Watzlawick, 4/1974, S. 50ff.) haben wir in „Arbeit" und „Kommunikation" differenziert, wobei die erstere Kategorie mehr die Art und Weise der Bedürfnisbefriedigung anspricht, die zweite mehr die Rolle und ihre Struktur.

2. Verhaltensbereiche
Situationsbewältigung drückt sich in Verhalten aus. Um möglichst viele Bereiche des Verhaltens aktivieren und Störungen erkennen zu können, bedarf es einer Ausfächerung in Bereiche. Die Autoren des Funkkollegs Beratung in der Erziehung differenzieren wie folgt:
a) *Externales Verhalten*
  – körperliche Reaktionsweisen
  – beobachtbares Handeln
b) *Internales Verhalten*
  – Emotionale Aktiviertheit (Wut, Langeweile, Angst, Zuneigung)
  – kognitiv: Wahrnehmung, Denken, Gedächtnis, Planung, Schlußfolgern (Funkkolleg 1975, Heft 3, S. 35).
Das Verhalten kann dabei durch den Grad seiner *Organisiertheit* und den Grad von *Ausdauer* näher bestimmt werden. Von diesen beiden Variablen ist Situationsbewältigung zunächst abhängig.

3. Beeinflussung des Verhaltens
Auch hier sei nur ganz kurz an die verschiedenen Lernarten erinnert:
a) Klassische Konditionierung (bedingter Reflex)
b) Instrumentelle Konditionierung (Verstärkung)
c) Imitationslernen (Beobachtung)
(vgl. Funkkolleg Päd. Psychologie, 1972 18. Kollegstunde)[40]
Im schulischen Alltag werden die Ergebnisse dieser Lerntheorien noch viel zu wenig beachtet, ja ist die oft anzutreffende Unkenntnis über Lernprozesse die Ursache vieler „Störungen". Beispiel: Ein vom Lehrer ermahnter „schwätzender" Schüler wird in seinem Verhalten verstärkt, er behält es also bei; verlaufen Unterrichtsprojekte mit großem Interesse der Schüler, reagiert der Lehrer oft nicht darauf – da er zufrieden ist – das Verhalten der Schüler bleibt unverstärkt, es wiederholt sich infolgedessen nicht mehr so oft.

4. Verhaltensauffälligkeiten
Sogenannte „Störungen" oder „Disziplinschwierigkeiten" nehmen in der Schule einen breiten Raum ein. Hänsel/Nyssen beschreiben den sich

---

40 Zur genaueren Information: vgl. Funkkolleg Päd. Psychologie Heft 8, S. 5 ff., 1972. Eine ausführliche Darstellung der Lernarten und ihrer Theorien finden sich bei Hilgard/Bower: Theorien des Lernens, Stuttgart 1971.

einspielenden Kreislauf in der Schule wie folgt: „Der Lernverweigerung der Schüler entspricht nämlich ein Lehrzwang auf seiten der Lehrer. In dem Maße, in dem sich die Lernverweigerung der Schüler zuspitzt, fühlen sich Lehrer zu autoritären Verhaltensmustern gezwungen, um die beabsichtigten Lernprozesse durchzusetzen. Dabei entwickelt sich ein fataler Kreislauf. Der Druck, den der Lehrer auf die Schüler ausübt, verfestigt die Lernverweigerung der Schüler, die wiederum die autoritären Verhaltensmuster des Lehrers stabilisiert (b:e 8/75, Restschule, S. 35). Oder sehr verkürzt formuliert: „Die Knechte sollen als Knechte lernen, Knechte zu bleiben" (Hagemann-White/Wolff: Wie's in der Schule wirklich aussieht, S. 34, b:e 8/75).

Dieses abweichende Schülerverhalten stellt eine Identitätssuche der Schüler dar, ohnmächtige Versuche, der Vermassung und Individualisierung zu entgehen (vgl. dazu Kapitel III, Abschnitt „Ich-Identität"). Ich erwähne diese Schwierigkeiten deshalb, weil sie oft den ganzen Unterricht überlagern, ja sie werden meist unthematisiert zum beherrschenden Unterrichtsinhalt (vgl. dazu b:e 5/73, Der heimliche Lehrplan, S. 18ff.).

Verständlicherweise kann hier die Problematik nicht aufgerollt werden. Sie erfordert eine eigenständige Auseinandersetzung.

Parallel zu der didaktischen Auseinandersetzung mit Unterricht sei deshalb auf die erfolgreiche Technik der *Verhaltensmodifikation*[41] verwiesen, deren Problematik als Anpassungsstrategie wohl sehr stark mitreflektiert werden muß.

Nach diesem Exkurs über Verhalten und Verhaltensbeeinflussung soll nun auf die Methode der Konfliktbearbeitung, der Konfliktanalyse, sowie ihrer Abwehrmechanismen seitens der Schüler und Lehrer eingegangen werden.

---

41 Vgl. dazu: L. Homme u. a. 1974. J. Grell: 3/1975. H. Kern: 1974. P. Halder: 1973. (Sehr praxisorientierte Anregungen geben vor allem J. Grell, 3/1975, der das *Lehrverhalten* ins Zentrum rückt; Ammon, u. a., 1976, die Beeinflussung von *Schülerverhalten* durch Verhaltensmodifikation; Schwäbisch/Siems, 1974, die versuchen, die *Kommunikationsstrukturen* durch Training zu verändern.)

## B. Ausgangspunkte

Nach Negt (2/1971, 21) umfaßt die Analyse zunächst drei Bereiche:

1. Konfliktbereiche (Realitätsfelder)
2. Die Lernmotivationen der Schüler und sie hemmende Faktoren
3. Das Selbst- und Wirklichkeitsverständnis der Schüler

Die Funktion dieser Analyse liegt seiner Ansicht nach darin: daß die dem Bewußtsein zugrundeliegenden Entfremdungsmechanismen aufgedeckt und die Bestimmung der in den spezifischen Konflikten und Sprachgebilden gebundenen emanzipativen Bildungsgehalte geleistet werden kann.

zu 1) *Konfliktbereiche:* Sie wurden in Kapitel IV differenziert.
zu 2) *Lernmotivation:*
Motivierung ist abhängig von:
– dem Erreichbarkeitsgrad
– dem Anreiz der Aufgabe (optimal: mittlerer Schwierigkeitsgrad)
– dem Neuigkeitsgehalt (wenn das Vertraute mäßig durchbrochen wird) (nach: Heckhausen 6/1971, S. 195).
Die Auswirkungen der Eltern-Kind-Beziehung und der sozialen Schicht auf die Motivation lasse ich weg, da der Lehrer hierauf keinen Einfluß hat.

a) *Leistungsmotivation* („Kompetenzmotivation")
Eine optimale Leistungsmotivierung erfolgt dann, wenn
– maximale Unsicherheit über Erfolgs/Mißerfolgsausgang herrscht
– klare Rückmeldung über Erfolg/Mißerfolg vorhanden ist
– maximale Rückführbarkeit des Handlungsausgangs auf Fähigkeit oder Anstrengung angenommen werden kann
– maximale Information über eigene Tüchtigkeit erfolgt
– maximale Selbstverantwortlichkeit für den Handlungsausgang vorherrscht (nach: Funkkolleg Päd. Psychologie, Heft 2. S. 22, 1972).

Heckhausen stellt in seinem Gutachten (6/1971, 198) fest, daß bei einem Unterrichtsstil, der Leistungswetteifer stimuliert, nur die Schüler mit niedriger Leistungsmotivation und geringer Mißerfolgsängstlichkeit

lernmotiviert werden, während Schülern mit hoher Leistungsmotivation nur dann lernmotiviert werden, wenn der Unterrichtsstil nicht leistungsorientiert ist.
Es müssen weiter Hilfen gegeben werden, die es dem Schüler erlauben, sein selbstgestecktes Ziel nach dem Schwierigkeitsgrad zu bemessen oder die Information über den Schwierigkeitsgrad muß *vorweg* eindeutig gegeben werden (Die Angabe von differenzierten Lernzielen könnte diese Funktion übernehmen).
Der „Belohnungswert" einer Aufgabe ergibt sich aus den hieraus befriedigten Interessen. Interessen können nach Herz (1972, 13) als Maß für die Höhe des Belohnungswertes einer Aufgabe verstanden werden. Daraus ergeben sich nun einige Konsequenzen:

1. Die Interessen müssen berücksichtigt werden
2. Die hierfür entsprechenden *Arbeitsbedingungen* müssen hergestellt werden nämlich:
   a) Zur Individualisierung der Interessen, eine Individualisierung der Lernprozesse (daneben aber auch die Möglichkeit, gemeinsam Probleme zu bewältigen).
   b) Zur besseren Interaktion die Herstellung von Kleingruppen.

Die Motivation nimmt zu, wenn die zu lösenden Probleme für die Bewältigung von Alltagsproblemen beitragen (vgl. eine ähnliche Untersuchung, zitiert bei Herz 1972, 13).
Da nach White (1961, zitiert nach Herz, 1972, 14) das Erlebnis der eigenen Wirksamkeit motivierende Wirkung ausübt, kann eine weitere Schlußfolgerung gezogen werden:
Die Lernsituation (Problemsituation) muß erstens einen einsichtig praxisorientierten Bezug aufweisen und zweitens so gestaltet sein, daß sie Aktiviät fördert, daß durch aktives und wirksames (d. h. *Wirkungen* auslösendes) Handeln die Lernsituation bewältigt wird.

b) Neugiermotivation („Kompetenzmotivation")
Sie bedarf der Anregung durch die Umwelt; durch Konstellationen, die *widersprüchlich* sind, die Konflikte *erzeugen*.
„Konflikt bedeutet, daß von vornherein nicht eine bestimmte Antwort gegeben werden kann, sondern daß die Situation konkurrierende Reaktionen mobilisiert" (Skowronek, 3/1971, 100). Der Konflikt

produziert durch seine Spannung und Widersprüchlichkeiten höheres Interesse und Neugier (vgl. Skowronek, 3/1971, 101, und Herz, 1972, 23), um die Widersprüchlichkeiten und Spannungen zu reduzieren. Mit anderen Worten: man sucht nach Informationen, die den Konflikt lösen können. Ausgelöst werden diese Konflikte nach Berlyne (Notes on Intrinsic Motivation And Intrinsic Reward in Relation to Instruction; in Bruner (Hrsg.) Learning About Learning 1966, zitiert nach Herz, 1972, 22) durch:

1. *Zweifel*
2. *Überraschung* (Phänomen, das (wider Erwarten) den Vorstellungen und Erwartungen der Schüler widerspricht; Skowronek, 3/1971, 104)
3. *Unklarheit* (verschiedene Behauptungen passen nicht zueinander, Herz 1972, 23)
4. *Ungewißheit* (ein Problem läßt mehrere Lösungen zu; Skowronek, 3/1971, 104)
5. *Unvereinbarkeit* (angestrebte Handlungen oder Eigenschaften eines Gegenstandes widersprechen sich; Herz, 1972, 23)
6. *Verwirrung* (Implikationen eines Problems usw. sind unklar; ebenda)
7. *Irrelevanz* („Lösungen haben keinen erkennbaren Bezug zum Lösungsziel"; ebenda)
8. *Widersprüchlichkeit* (Aussagen widersprechen sich; ebenda).

Herz gibt allerdings zu bedenken, daß eine zu große Divergenz zwischen Lösungsansätzen und Ziel keine Motivation mehr auslöst. Er kommt zu der Schlußfolgerung, daß mittlere Grade von konfliktauslösenden Momenten die höchste Motivation ergibt (1972, 23).
„Auf die Dauer genügt es natürlich nicht, hier und da kognitiven Konflikt zu erzeugen, sondern wiederholte Erfahrungen in selbständigen Fragen und Informationssuchen sollten eine dauerhafte motivationale Disposition entwickeln" (Skowronek, 3/1971, 105).
D. h. es geht um die *selbstproduzierende Konflikthaltung*, eine Haltung, die Bekanntes oder Selbstverständliches in Frage stellt (ähnlich dem Brecht'schen Verfremdungseffekt). Durch laufendes Konfliktlösen können geradezu Konfliktlösungsstrategien erzeugt werden, die allerdings nicht aus abstrakten Modellfällen gewonnen werden sollen (vgl.

die Praxisgebundenheit der Motivation), da sonst Unterschiede der Situationen und beim wiederholten Bewältigen einer *Situationsart* der eventuelle *historische Wandel* der Situation nicht mehr wahrgenommen werden und der Schüler sich nicht als Subjekt in den Lernprozeß einbringen kann. Solche Konfliktlösungsstrategien produzieren geradezu eine Fragehaltung, die so Skowronek, in einem *Fragetraining* (inquiry training) noch besonders gefördert werden soll (vgl. dazu Skowronek, 3/1971, 105). Eine ähnliche Förderung der generalisierenden Neugier- und Fragehaltung kann durch Kleingruppendiskussion (vgl. Herz, 1972, 24) erreicht werden. Epistemische und kognitive Konflikte können geradezu als Prototypen intrinsischer Motivation angesehen werden. Eingeübt werden können solche Konfliktlösungsstrategien durch Rollenspiele, die ebenfalls intrinsisch motivieren (vgl. Skowronek, 3/1971, 144).

„Ein Individuum, das immer wieder in seiner Lerngeschichte intrinsisch angeregt wird, bildet allmählich stabile Dispositionen und Persönlichkeitsmerkmale aus, es wird als neugieriger und interessierter beschrieben, es entwickelt mehr spontane Erklärungen und stellt häufiger Fragen" (Skowronek, 3/1971, 102).

c) Mißerfolgsorientierte Motivation
Mißerfolgsorientierte Motivation als Meidung von Leistungssituationen zeichnet sich vor allem durch die angstbesetzten und negativen Erwartungen an Leistungsaufgaben aus.
Mißerfolge werden zusammen mit der aufgetauchten Situation generalisiert und negativ besetzt (Herz, 1972, 25). Mißerfolgsmotivation beruht „auf einer Mischung aus Angst vor der Verringerung des Selbstwertgefühls, Angst vor Konsequenzen eines Mißerfolgs (Strafe) und Angst vor dem Verlust des sozialen Ansehens". Sie „kann sowohl zur Meidung von Leistung wie zu aktivem Arbeiten führen. Die negative Wirkung zeigt sich dann an den Leistungsresultaten und an den unrealistischen Mißerfolgserwartungen" (vgl. Birney, Fear of Failure" , N.Y. 1969, nach Herz, 1972, 15).
Mißerfolgsorientierte Motivation wird bestimmt durch
– überdauernde Motivausprägung
– Mißerfolgswahrscheinlichkeit
– Bestrafung des Mißerfolgs (Herz 1972, 15)
Dabei hängt der Bestrafungswert sehr stark mit den sozialen Berechti-

gungen und die Mißerfolgswahrscheinlichkeit vom Ausmaß der *Undurchsichtigkeit* der objektiven Mißerfolgswahrscheinlichkeit ab (ebenda). Mißerfolgswahrscheinlichkeit kann verringert werden, durch (vgl. zum folgenden auch Herz, 1972, 15/16):

– Die Veränderung der den Erwartungen zugrundeliegenden Motivstrukturen („denn bei Mißerfolgsmotivierten werden die Erwartungen viel stärker vom überdauernden Motiv beeinflußt als bei Erfolgsmotivierten, die sich vorwiegend an den objektiven Wahrscheinlichkeiten orientieren"; Herz, 1972, 17).
  Hierfür müßte, um vor allem die Motivationsstrukturen grundlegend verändern zu können, das Bildungssystem eine Umstrukturierung erfahren. Ein erster Ansatz dazu bildet die Gesamtschule, unterrichtsinhaltlich die immer stärkere Orientierung an den Ergebnissen der Curriculumforschung und die schülerzentrierte Organisation des Unterrichts durch „offene Curricula".
– Vermittlung von Erfolgserlebnissen. Außerdem sollte die in unserer Gesellschaft ausgeprägte Konkurrenzhaltung abgebaut werden, die jede Situation wettbewerbsorientiert macht und die Teilnehmer veranlaßt, sich zu „produzieren".
– Die Anregung der Gesellungs- oder Anschlußmotivation (Kontakt mit anderen und angenehme Arbeitsatmosphäre)
– Die Verringerung des Bestrafungswertes von Mißerfolgen. Werden Mißerfolge nicht mit hohen Bestrafungen verbunden, (das Prüfungsvokabular veranschaulicht dies: z.B. „durch*fallen*", oder die Notengebung, die leistungsorientierte Hierarchien und damit Konkurrenzkampf und Angst erzeugt) werden Mißerfolge nicht als „Schande", „Blamage" usw. interpretiert, sondern einfach als die Registrierung, daß dieser Lösungsweg der falsche war, bzw. blockiert wurde.
– Die Vermittlung von Teilerfolgen. Teilerfolge wirken als Bekräftigungen und steigern insofern die Motivation, als sie die bestätigte Verhaltensweise wieder produzieren. Teilerfolgsbekräftigungen verbunden mit Belohnungen (vgl. etwa die Skinnerschen „Chips") erzeugen extrinsische Motivation, angestrebte Ziele beginnen sich zugunsten von „Lobsammlungen" zu verschieben. Statt dessen wäre eine kommunikative Beurteilung des eingeschlagenen Lösungsweges innerhalb einer Gruppe anzustreben.

d) Das Anspruchsniveau

Das Ziel (die „Höhe" des Ziels), das das Individuum sich vor seiner Handlung setzt, nennt man Anspruchsniveau.
Zur Motivation ist erforderlich, daß das Problem so strukturiert ist, daß ihm Informationen zu entnehmen sind, wie es gelöst werden kann bzw. Anleitung gegeben wird, *wie* die Informationen hieraus zu beschaffen sind (vgl. Neugiermotivation). Die Bedingungen für realistische Zielsetzung sind, daß die Anforderungen den individuellen Fähigkeiten angepaßt werden; „Äußere" Bedingungen hierfür sind:
– Kleingruppenunterricht.
– Die Homogenisierung von Gruppen bzw. die Binnendifferenzierung.
Um eine Handlungsmotivation für Ziele erreichen zu können, nennt Herz (1972, 19) zwei Voraussetzungen.

1. Innerhalb des Handlungszusammenhangs muß die Beziehung Handlung – Ziel *klar* und *ausformuliert* sein (Daher auch (selbstgesteckte) Lernziele im Unterricht).
2. Das anzustrebende Ziel darf *zeitlich* nicht zu stark von der Handlung entfernt liegen. Diese Spannung kann durch Zwischenziele oder Teilziele überbrückt werden (Lernzieldifferenzierung).

Außerdem müssen, wie wir aus dem vorigen Abschnitt sehen, Ziele in einen übergreifenden Zusammenhang (oder übergreifende Zusammenhänge) eingeordnet werden, damit sie motivierend wirken.
Zu diesen Voraussetzungen muß jedoch ein weiteres Prinzip treten, das die Schüler über ihren Erfolg/Teilerfolg/Mißerfolg des Problemlösens informiert, die *Rückmeldung.*

e) Die Rückmeldung

Dieser Ausdruck stammt aus der Kybernetik („feed-back") und bezeichnet die Kontrollinstanz innerhalb des Regelkreises, die über Erfolg oder Mißerfolg der ausgeführten Operationen informiert.
Die Vermittlung von Erfolgserlebnissen soll eine realitätsgerechte Selbsteinschätzung ermöglichen.
Herz teilt Rückmeldungen ein in:

– *Selbstbekräftigende,* in der die Rückmeldung durch das Problem selbst erfolgt, gelungenes oder noch zu bewältigendes Problemlösen ist *unmittelbar* abzulesen und bedarf keiner weiteren Bestätigung.

– Fremdbekräftigung, in der die Rückmeldung innerhalb der Interaktion, also durch Kommunikation erfolgt. Derartige Fremdbekräftigung vermittelt emotionale Sicherheit und erzeugt Solidaritätsbewußtsein.

Sowohl Selbst- wie Fremdbekräftigung müßten ganz allgemein die Erfolge stärker hervorheben (ermöglichen) und zum zweiten sollte die Rückkoppelung möglichst *informativ* gestaltet sein, so daß eine *differenzierte* Beurteilung und Selbsteinschätzung möglich wird.

zu 3) Das Selbst- und Wirklichkeitsverständnis
a) „Selbst- und Wirklichkeitsverständnisse" können nicht vorab geklärt werden, sondern dies müssen die Schüler selbst leisten; allenfalls können Hilfestellungen hierfür gegeben werden.
Gefördert werden kann dies durch die Bewußtmachung eigener und fremder Interessen und Bedürfnisse in Handlungsprozessen und gesellschaftlichen Beziehungen und Strukturen.
Ein *Bedürfnis* kann als Zustand beschrieben werden, der sich durch Begehren oder dem Wunsch nach Vollzug einer bestimmten Klasse von Handlungen äußert oder ganz allgemein sind Bedürfnisse „die umfassende Beschreibung für Zustände des Organismus, die ein suchendes bzw. zuwendendes Verhalten hervorrufen" (Drever, 4/1970, 57). Zugrundeliegenden Wirkungsmechanismen können Trieb oder einfach ein Mangelzustand sein.
Krope (1972, 37) beschreibt die Wirkung von Bedürfnissen folgendermaßen: „Gekennzeichnet durch das Gefühl eines Mangels und durch den Wunsch oder den Willen, diesem abzuhelfen, richtet sich das Bedürfnis auf die aktive Auseinandersetzung mit der Umwelt". Bedürfnisse sind handlungsaktivierend, ihre Erfüllung verschafft Befriedigung.
Nach unserer Zielvorstellung von Emanzipation, die u. a. als „optimale Bedürfnisbefriedigung" konkretisiert wurde, ist die Herausarbeitung bewußter und unbewußter (verdrängter) Bedürfnisse eine Aufgabe der Situationsanalyse. Ebenfalls die Eruierung der Bedürfnisse anderer Individuen, um erstens deren Handeln erklären und verstehen zu können und zweitens um die Grenzen eigener Bedürfnisansprüche sich bewußt zu machen.
In repressiven Gesellschaften oder in repressiven Gruppen bekommt

die Analyse unterdrückter Bedürfnisse besondere Geltung. In ihnen signalisiert sich der Grad von Unterdrückung, den es gerade aufzuspüren gilt; dann erst können die Ursachen von Bedürfnisunterdrückung abgeschafft werden. Lempert, der zwischen interpretierten und nicht interpretierten unterdrückten Bedürfnissen unterscheidet, schlägt für nicht interpretierte Bedürfnisse den psychoanalytischen Weg der Erinnerung an die Verinnerlichung von Ideologien und Vorurteilen vor, die „indem sie unbefriedigte Verhältnisse als befriedigende hinstellen, unerfüllte Wünsche als erfüllte verhüllen" (W. Lempert, 1969, S. 359). Gleichzeitig macht er auf den Mangel dieser Methode aufmerksam. „Die Adäquatheit der Interpretation einer individuellen Biographie wird nur dem reflektierenden Selbst gewiß, sie ist nicht intersubjektiv mitteilbar" (Lempert, 1969, 361). Gleichwohl ist die Bewußtmachung von unterdrückten Bedürfnissen ein notwendiger Schritt, sollen Interaktionsbeziehungen rationaler gestaltet werden.
*Interessen* sind situationsbedingte Verhaltensorientierungen[42] (vgl. Wörterbuch, 1972, 135). Sie bestimmen die *Richtungen* aktiver menschlicher Tätigkeit (vgl. Krope, 1972, 37). Daß jegliche Erkenntnis von Interessen motiviert wird, haben wir schon in Kapitel I gesehen. „Die Gegenstände, auf die sich das Interesse richtet, sind dem Bedarf und den Bedürfnissen eines Menschen komplementär. Sie besitzen teils positiven, teils negativen Aufforderungscharakter und lösen daher entweder eine Appetenz oder ein Aversionsverhalten aus, bisweilen auch einen Konflikt zwischen diesen beiden „Tendenzen" (Fischer-Lexikon Psychologie, Hrsg. P. R. Hofstätter 1957, S. 179 ff., zitiert nach Negt, 2/1971, 101).
Um also Interaktionsstrukturen, Handlungen, gesellschaftliche Großstrukturen zu analysieren, bedarf es der Interessenbestimmung und Bedürfnisinterpretation. Interessensbestimmung ist gleichzeitig Ideologiekritik. Sie deckt verschleierte Interessen auf. Eine Ideologie liegt dann vor, wenn a) Interessen verschleiert, negiert werden, wenn sich das Bewußtsein als „reines" Bewußtsein ausgibt (von Interessen gereinigtes) oder Handlungen als interessenlos, als interessenfrei bezeichnet werden und/oder b) wenn partikulare für allgemeine (verbindliche) Interessen ausgegeben werden. Eigen- und Fremdbestimmung der Interessenlage leistet also ein doppeltes: Erstens bringt sie die verschie-

---

42 Interessen liegen Motive zugrunde, vgl. S. 17 und 198.

denen Zielvorstellung von Handlungen und Absichten zum Vorschein und zweitens ist Interessenbestimmung Kritik von Ideologien. Bedürfnis- und Interessenanalyse ist also ein Bestandteil rationaler und emanzipativ gerichteter Situationsbewältigung: Ohne diesen Vorgang sind Handlungen und Situationskonstellationen nicht verstehbar.

b) Eine wichtige Rolle bei der Bestimmung der Bedürfnisse und Interessen der Schüler kommt der *Erfahrung* zu. Rolff/Tillmann (Strategisches Lernen, päd. extra 2/74, S. 11) zitieren Hartmut von Hentigs Kritik an der „Verschulung der Schule": schulisches Lernen sei ein von der Wirklichkeit abgesondertes Feld, das „mit künstlichen Erfahrungsgegenständen ausgestattet (wird). Viele dieser Gegenstände werden als Vorstellungen vorgestellt. Aus vorgestellten Problemen und Lösungen werden Lehren – aus Präparaten Präzepte" (v. Hentig: Schule als Erfahrungsraum, in: Philologenverband NW (Hrsg.): Sozialisation und Erziehung, Bottrop 1972). Rolff/Tillmann führen weiter aus: „In einer solchen Schule werden die Lernbedürfnisse des Kindes unterdrückt, weil Lernen nur als Belehrung vorkommt. Deshalb versteht v. Hentig konsequent ‚Erfahrung' als Gegenteil von Belehrung. Die Frage nach der Perspektive sozialen Lernens in der Schule muß sich mithin auf die Möglichkeiten beziehen, aus der Schule einen Erfahrungsraum zu machen". V. Hentig betont, „daß bisher die in der Schule vermittelte Theorie unnötig von den wirklichen Erfahrungen der Schüler abgeschottet wird; „umgekehrt bleiben die Erlebnisse, die in der Schule anfallen, auf eine erschreckende Weise ungenutzt und unreflektiert" (v. Hentig 1972, S. 27)" (ebenda). Hentig: „Der Unterricht führt sowohl zu eigenen Untersuchungen, wie zu eigenen Verallgemeinerungen wie zu eigenen Handlungen" (v. Hentig, S. 44, zitiert nach Rolff/Tillmann 1974, S. 11).

Der Rolle der Erfahrung, der Erfahrung mit der Erfahrung, schreibt Negt/Kluge (2/1973, S. 58) eine besondere Bedeutung zu: Die Erfahrung im Umgang mit den Lernrythmen dieser Erfahrung ist die Stelle, an der Motivierung, praktische Handlung und Denktätigkeit sich zusammenfügen. Das Einbringen persönlicher Erfahrung in den Unterricht, die Verquickung der Erfahrung mit den analysierten Bedingungen des Konflikts, erhöhen also nicht nur die Motivation der Schuler (vgl. dazu auch den vorangegangenen Abschnitt), sondern binden den Schüler gleichsam emotional in den Konflikt mit ein. Der Konflikt wird zu „seinem" Konflikt: der Schritt Analyse – Handlung ist emotional vollzogen. Das Moment der Erfahrung durchbricht die institutionalisierte Trennung von theoretischer Auseinandersetzung und praktischer Tätigkeit.

„Wenn also den Schülern das richtige Bewußtsein, das heißt das Bewußtsein ihrer objektiven Lage und ihrer objektiven Möglichkeiten vermittelt werden soll, reicht es für die Schulreform nicht aus, ‚Belehrung' durch irgendwelche ‚Erfahrungsräume' zu ersetzen. Vielmehr kommt es darauf an, daß die Schüler eine gesellschaftliche Praxis entwickeln, die ihnen Erfahrungen zur Erschließung der Gesellschaft als Ganzes ermöglichen, und zwar sowohl in ihrer Wirklichkeit als auch in ihrer Möglichkeit..." „Affirmative Erfahrung, die bloß in die Schule hineinholt, was ohnehin der Fall ist", ist auch nicht in der Lage „‚falsches' Bewußtsein, unaufgeklärte Ideen oder manipulierte Bedürfnisse zu ändern, sondern daß es gerade darum gehen muß, Erfahrungen mit *gesellschaftsverändernder* Praxis zu machen"... „Erst gesellschaftsverändernde Praxis vermag das affirmative Bewußtsein, den Verblendungszusammenhang der herrschenden Ideen und manipulierten Bedürfnisse zu durchbrechen, indem sie zumindest Teile des objektiv Möglichen überhaupt erst erfahrbar macht, und indem sie lehrt, daß sich die Handelnden angesichts neuer Erfahrungen verändern"... „Lernen durch praktische Erfahrungen ist möglicherweise überhaupt erst realisierbar", ... „wenn es an das aktuelle Alltags-Problembewußtsein anknüpfen kann"... „Das läuft auf selbstproduzierte Erfahrung hinaus. Lernen durch gesellschaftsverändernde Praxis muß, da ein einzelner nichts ändern kann, notwendig im Kollektiv geschehen, wobei der Schüler jederzeit Subjekt und Objekt der Praxis zugleich ist. Erst dann wird der Heranwachsende zum Subjekt seiner praktischen Lernarbeit, durch die er sich selbst verändert" (Rolff/Tillmann, 1974 ebenda, S. 13). (Vgl. dazu Prinzipien der Didaktik: „Offenheit".)

c) Konfliktabwehrmechanismen

Nicht nur affirmative Erfahrung, viel stärker stellt die direkte *Konflikt-Abwehr* ein Problem dar. Konfliktabwehrmechanismen seitens der Schüler, Lehrer, Eltern und Institutionen müssen bei der didaktischen Strukturierung mitreflektiert werden, soll ein aufgreifenswerter Konflikt nicht schon vor seiner Bearbeitung „geschluckt" werden. Da Abwehrmechanismen nicht nur *vor,* sondern oft *während* der Konfliktbearbeitung auftauchen, scheint mit ihre Kenntnis ein Schritt zur Sensibilisierung für diese Momente zu sein.

1. *Techniken psychosozialer Abwehr*[43]
– Intrapsychischer Aspekt
Verdrängung: „Das Individuum verdrängt Impulse, Gefühle, Phantasien, die es in Konflikt mit seinem Gewissen oder der Umwelt bringen, aus seinem Bewußtsein"
Projektion: „Das Individuum projiziert Impulse, Gefühle, Impulse, Phantasien, die für sein psychisches Gleichgewicht unerträglich sind, auf andere Menschen oder auch Dinge."
Identifikation: „Das Individuum versucht einen bedrohlichen Konflikt mit der Außenwelt zu vermeiden, indem es sich mit dem Angreifer identifiziert" (ebenda, S. 79).
– Extrapsychischer Aspekt
Intra- und extrapsychische Abwehr sind zwei Seiten „eines konkreten Interaktionszusammenhangs von Lehrern und Schülern in der Schule: Sowohl auf der Ebene des Individuums wie auf der Ebene der Interaktion zwischen Individuen werden in der Schule Triebimpulse und Affekte, die zu sozialen Konflikten führen können, abgewehrt. Individuelle und gemeinsame Formen der Abwehr stützen sich gegenseitig" (ebenda, S. 80). Beispiel Sexualität: Eine „Isolierung der sexuell-biologischen Tatsachen von den erlebten sexuellen Affekten schließt aber diese aus der reflektierten Kommunikation zwischen Lehrern und Schülern aus. Soziale Konflikte in denen sexuelle Impulse eine Rolle spielen, erscheinen dadurch als Ausdruck von persönlichen Problemen der Beteiligten, die unabhängig von den legitimen Interaktionsprozessen in der Schule sind" (ebenda, S. 81). Beispiel Aggressivität: „Der Lehrer ist wütend, daß die Schüler trotz Lob und Tadel sich nicht am Unterricht beteiligen. Die Schüler sind wütend, daß der Lehrer sie zur Beschäftigung mit einem langweiligen Unterrichtsgegenstand zwingen will. Derartige Wut ist verständlich. Die in ihr steckenden aggressiven Impulse ... werden intensiv abgewehrt, um offene soziale Konflikte zu vermeiden. Zeigen einzelne Schüler häufig aggressives Verhalten gegenüber Mitschülern

---

43 Vgl. Funkkolleg Päd. Psychologie 1972, Heft 7, S. 78 ff.
   Abwehr: Den Prozeß, durch den Triebimpulse und Affekte aus der Kommunikation ausgeschlossen werden, bezeichnet die Psychoanalyse als Abwehr (ebenda, S. 78).

oder Lehrern, so bieten sie den anderen oft einen einfachen Weg, mit den eigenen konfliktträchtigen Aggressionen fertig zu werden. Konflikte werden auf sie als ‚Sündenböcke' verschoben" (ebenda, S. 83) (vgl. zum letztern auch den Mechanismus der Projektion).

*2. Distanzierung*
„Die Spannung sozialer Konflikte in der Schule wird oft reduziert, indem der Konflikt an einem Sündenbock festgemacht wird. Dann ist für alle, die durch den Konflikt beunruhigt sind – ... – klar, wo sie die eng umgrenzte Ursache für den Konflikt suchen können... Die Fixierung von sozialen Konflikten an Sündenböcken bietet allein eine einfache Lösung des Konflikts an: man trennt sich von dem Sündenbock und ist damit – so scheint es – auch den Konflikt los" (ebenda, S. 83).

*3. Rituale*
Dieser Abwehrmechanismus besteht darin, die Identität des anderen so umzuinterpretieren, daß das Problem entproblematisiert wird. In der Schule stellt sich das Problem so dar, daß Situationen gar nicht uminterpretiert werden müssen: fast jede Situation ist festgelegt („Stunde", „Pause", „Schulordnung", „Klassenarbeiten", „Zensuren", „Strafarbeiten", „ruhig sitzen" usw.). „Ritualen liegen relativ starre, für bestimmte Situationen charakteristische Handlungsmuster zugrunde. Sie integrieren eine Reihe von Einzelhandlungen und Interaktionen zu einem strukturierten sozialen Drama ... Rituale werden von den an ihnen Beteiligten nicht als Ganzes vorgestellt. Sie werden nicht reflexiv begriffen, sondern szenisch mitvollzogen" (ebenda, S. 86).

*4. Institutionalisierte Konfliktkanalisierung*
Die mildere Form einer Abwehr ist ihre Kanalisierung in überschaubare Kanäle mit festgelegten Regeln. Konflikte können so – wenn die Beteiligten sich an die „Spielregeln" halten – begrenzt gehalten, bzw. durch die Spielregeln gegebenenfalls auch „abgewürgt werden" (Beispiel Mitbestimmung: durch sog. „Geschäftsordnungsanträge"). Das wichtigste Instrument der institutionalisierten Konfliktkanalisierung in der Schule ist die SMV: „Differenzen in den Problemlösungsaktivitäten zwischen Schülern und Lehrern müssen sich auch dann, wenn sie thematisiert werden, nicht notwendig zu Konflikten entfalten, die

gemeinsames Handeln in der Schule unmöglich machen. Und zwar dann nicht, wenn es in der Schule *Institutionen* gibt, die eine begrenzte Thematisierung solcher Differenzen gestatten und dabei auf einem grundsätzlichen Konsens zwischen den Konfliktpartnern beharren" (ebenda, S. 88).

## 5. *Reduktion von Problemen sozialer Interaktion und Kommunikation auf technische Probleme*

Störungen in der Klasse (Aggressivität, Unkonzentriertheit usw.) werden meist nicht als Konflikte begriffen, sondern der Lehrer schiebt sie ungeeignetem Unterrichtsmaterial, dem hohen Schwierigkeitsgrad der Aufgaben, der 6. Stunde o. ä. zu. Innovationen, die Konflikte produzieren könnten, werden meist auf diese Weise abgeblockt: mit dem Hinweis, welche große organisatorischen Schwierigkeiten auf einen zukämen, wolle man diese oder jene Sache nicht realisieren.

Die Durchsetzung des Projektunterrichts oder eines an der Erfahrung der Schüler orientierten integrierten Unterrichts wird desgleichen auf Argumente stoßen, wie „Schwierigkeiten mit der Stundenplanregelung", „Aufsichtspflicht" usw.

Desgleichen bei der inhaltlichen Diskussion eines Konflikts als Unterrichtsgegenstand: die Schüler werden Konfliktlösungsmöglichkeiten als solche gar nicht erkennen, bzw. werden sie als ungeeignet hinstellen, da technische Probleme vorgeschoben werden.

## C. Problemlösungsverhalten

Nach der Beschreibung der Randbedingungen der Analysestrategie wenden wir uns nun dem Kern zu:
Adäquate, aktuelle und zukünftige Situationsbewältigung setzt die Kenntnis entsprechender Techniken (Instrumente, Technologien, Strategien) voraus, wobei diese natürlich erst im Prozeß fortlaufender Situationsbewältigung gelernt werden müssen. Man muß sich deshalb den Bewältigungsprozeß als *Regelkreis* vorstellen, der bei (idealen Bedingungen) sich zu einem immer besseren Problemlösungsverhalten entwickelt. Zum Problemlösungsverhalten gehört die *Entwicklung*

einer Problemlösungsstrategie, sowie adäquaten Entscheidungsstrategien[44].
Die Analysestrategie besteht also aus einer *Problemlösungsstrategie.*
Unter Strategie verstehe ich mit Frey (1971, 61) die Handlungsbeschreibung mit der Abfolge der Verhaltensereignisse und ihren Zusammenhängen in Hinsicht auf das zu erreichende Ziel, oder einfacher ausgedrückt: Strategien sind die Regeln rationaler Wahl (vgl. Habermas, 1/1971, 337).
Technologien sind die Regeln instrumentalen Handelns (vgl. ebenda).
Und unter Technik schließlich versteht Habermas „ein Aggregat von Mitteln, die eine arbeitsentlastende und effektive Verwirklichung von Zielen erlauben" (technische Mittel und technische Regeln) und zum zweiten ein „System von Regeln, die zweckrationales Handeln festlegen (Technologien und Strategien)" (1/1971, 337).
Techniken werden kommunikativ gelernt oder imitiert, wobei die Kontrolle über ihre jeweiligen Geltungsansprüche diskursiv unter den Beteiligten eingelöst werden sollen.
Problemlösungsstrategien lassen sich in 6 Stufen auflösen:

1. Erkennen des Problems
2. Planentwicklung für Bewältigung
3. Theoretische Prüfung
4. Ausführung des Plans
5. Praktische Prüfung/Reflexion
6. Kritik

Eine weitergehende Differenzierung kann wie folgt aussehen:
Zu 1)
a) Die Sammlung von Informationen
b) Strukturierung des Problems (in Schritte)
c) Was gehört dazu, was nicht (Rahmenbestimmung)
d) Welches ist das Grund-/Hauptproblem (Bestimmung der wichtigsten Punkte)
e) Welche Punkte sind nebensächlich
   Gibt es Entscheidungsregeln, wenn ja, welche usw.

---

44 Unter Entscheidung verstehe ich mit Naschold: den „Prozeß der Wahl einer Handlung aus einer Reihe von Handlungsalternativen im Hinblick auf einen bestimmten Zielwert" (2/1971, S. 31).

Zu 2)
a) Zielbestimmung (Was will ich, was verlangt das Problem): *Explizierung* dieses Ergebnisses
b) Welche Möglichkeiten der Vorgehensweise scheiden von vornherein aus, welche haben hohe Erfolgswahrscheinlichkeit
c) Sind Problemlösungen bekannt, die eine ähnliche Problemstruktur haben
d) Was für situative und zeitliche Bedingungen sind gegeben (auch für Punkt c) wichtig)
e) Was für Mittel zur Problembewältigung brauche ich, wo, wie und wann sind sie beschaffbar
f) Wer kann dabei behilflich sein
g) Welcher Weg muß zuerst eingeschlagen werden (Nahzielstrategie), welcher später (Fernzielstrategie) usw.

Zu 3)
a) Scheint der Plan adäquat und erfolgversprechend zu sein (warum)
b) Was könnte besser gemacht werden
c) Was sind die Folgen, Nebenfolgen usw.

Nach der Ausführung des Plans kann die praktische Prüfung und Reflexion über den eingeschlagenen Verhaltensweg erfolgen. Zielvorstellung (Nah- und Fernziel) werden mit dem Ergebnis verglichen.
Die letzte Stufe innerhalb dieser Strategie kann die einzelnen Schritte kritisieren und Überlegungen anstellen, was die Ursachen für Scheitern sind, bzw. was und wie man es besser machen könnte, welche Voraussetzungen hierfür notwendig sind, usw. Die aufgezeigte Möglichkeit einer Problemlösungsstrategie müßte noch erweitert und genauer differenziert werden, was aber hier nicht geleistet werden kann. Stattdessen soll versucht werden, eine Verlaufsbeschreibung zur Entwicklung von Problemlösungsverhalten und aktueller Situationsbewältigung vorzunehmen.
Als didaktisches Modell kann es die Funktion übernehmen, unterrichtliche Maßnahmen zu strukturieren und für den Schüler bietet es die Möglichkeit, sein Problemlösungsverhalten rational zu steuern.
Schematisch ausgedrückt sieht der Ablauf etwa so aus:

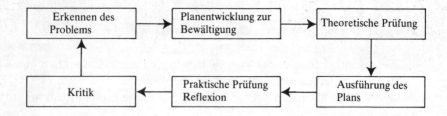

## D. Verlaufsbeschreibung

Im folgenden soll versucht werden, die Entwicklung der Problemlösungsstrategie in Form eines *Verlaufsmodells* darzustellen. Die im letzten Abschnitt entwickelten Vorstellungen sind dabei mit einzubeziehen. Die Variablen, die diesen Prozeß *steuern,* sind:

a) Die *didaktischen Prinzipien* Situation-Konflikt-exemplarischer Fall – soziologische Phantasie-Kritik/Selbstreflexion/Handeln – Verfremdung – Raum/Zeit und Offenheit steuern dabei das WIE der Problemlösungsstrategie
b) Die *Verhaltensdispositionen* Kommunikation–Sensibilität–Solidarität–Ich-Identität–Spontaneität stellen die ZIEL-Größen dar.
c) *Die Strukturierungskategorien* zur Erfassung gesellschaftlicher Realität erlauben die inhaltliche Analysierung des Unterrichtsgegenstandes, also das WAS.

Die gesamten didaktischen Überlegungen und Herleitungen kulminieren auf diesen Punkt hin, stellen das Endprodukt der Didaktik des Integrierten Politischen Unterrichts dar. Das folgende Schema mag die geschilderten Zusammenhänge verdeutlichen.
Die in dem Schema enthaltenen „leeren Kästchen" der Problemlösungsstrategie müssen nun soweit konkretisiert werden, daß sie für Lehrer wie Schüler handhabbar werden. Dabei sollen die 6 Stufen der Problemlösungsstrategie durch die Begriffe des didaktischen Modells ersetzt werden. Konkretisierung und Handhabbarkeit bedeuten dabei, daß der „Regelkreis" in ein *Prozeßmodell* zur Entwicklung von Problemlösungsverhalten und aktueller Situationsbewältigung aufgelöst wird.

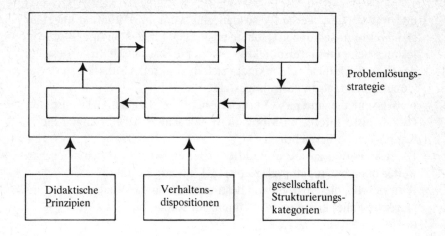

Stufe 1: Erkennen des Problems

a) Der erste Schritt ist die Identifikation relevanter (Konflikt-)Situationen. Die Auswahlmechanismen sind
- das exemplarische Prinzip
- die konkrete Schülersituation

Die Bedeutung und Funktion des exemplarischen Prinzips wurde schon erklärt. Das Anknüpfen an die *konkrete* Schülersituation ist nicht nur wegen der Motivation wichtig. Die Schüler stehen vor konkreten Konflikten, die sie zu bewältigen haben.
Es kann dabei nicht um irgendeinen Konflikt-Pluralismus gehen, sondern um exemplarische Konflikte, die die den gesellschaftlichen Verhältnissen innewohnenden gesellschaftlichen Widersprüche zutage fördern.
An diesen Konflikten kann man ansetzen und sie zu lösen versuchen, wobei der Zusammenhang zwischen den verschiedenen Konfliktebenen (allgemeinen und konkreten, individuellen und kollektiven usw.) hergestellt werden müßte. Damit nicht *abstraktes* Problemlösungsverhalten gefördert wird, sondern soziologische Phantasie, ist die Miteinbeziehung konkreter Situationen unabdingbar notwendig, vor allem wenn man sich vergegenwärtigt, daß die Schüler unterschiedliche Erfahrungshorizonte haben und aus verschiedenen Schichten kommen. Es konnte gezeigt werden, daß Situationen schichtenspezifisch aufgefaßt werden

und interpretiert werden[45], so daß eine konkrete Situation ungefähr gleiche Voraussetzungen (Homogenisierung) für gemeinsame Problemlösungssuche und intersubjektiver Kommunikation schafft, abgesehen davon, daß Unterschichtenkinder sich in konkreten Situationen besser zurechtfinden, als in abstrakt gestellten[46].
Dabei sind die unter A. Verhaltensbereiche und B. Ausgangspunkt (Bedürfnisse/Interessen/Motivation) gemachten Ausführungen dieses Kapitels zu berücksichtigen.
Die Kategorien zur Konfliktdifferenzierung wurden gleichfalls schon weiter oben behandelt (vgl. Kapitel III, Prinzip „Konflikt").
Kriterien für die Auswahl von bestimmten Konfliktsituationen (exemplarische Fälle) können in Anlehnung an Stubenrauch (1971, 171/172) die folgenden sein.

1. Abstimmung mit dem Interessens- und Fragehorizont des Schülers
2. Die gewonnenen Erkenntnisse müssen die Bedingung der Transferierbarkeit erfüllen
3. Die Beziehungen zwischen Phänomenen (Konflikte) und aktueller sozioökonomischer Lage muß verdeutlicht werden.
4. Bei der Konfliktanalyse darf nicht nur die Möglichkeit der Rezipierung anderer Gedanken möglich sein, sondern es muß vor allem eigene und selbständige Gedankenentwicklung und Tätigkeitsentfaltung (soziologische Phantasie) möglich werden.
5. Grad und Tiefe der Konfliktdifferenzierung müssen dem Alter der Schüler angepaßt sein.
6. Der Konflikt soll weitere Fragen schaffen, das Denken und Handeln weiter motivieren (vgl. weiter vorne, Explorationsverhalten und epistemische Neugier)
7. Es muß möglich sein, arbeitsteilig zu verfahren, wobei die Analyse unter größtmöglicher Selbständigkeit *und* Kooperation erbracht werden sollte.

Der Komplexitätsgrad der Situationen kann dabei eine hohe oder niedrige lernbereichsübergreifende Interdependenz aufweisen[47].

---
45 Klein/Wunderlich: Aspekte der Soziolinguistik, Frankfurt 1971, vor allem die Beiträge von Cayden und W. Labov, zitiert nach Funkkolleg Päd. Psych. 1972, S. 58/59.
46 Vgl. z. B. Funkkolleg Päd. Psychologie Heft 4, S. 45, 1972.
47 Auf Lernbereiche wurde bis jetzt noch nicht eingegangen, vgl. Kapitel VI, S. 235.

Stufe 2: Planentwicklung für Bewältigung

Nach der Situations- und Konfliktidentifikation und ihrer entsprechenden Differenzierung anhand der explizierten Kriterien erfolgt die *Konfliktanalyse*. Daraus – unter Einbeziehung eines anvisierten Ziels – können *vorläufige Handlungsanweisungen* gewonnen werden, die mit der Konfliktanalyse durch einen Akt der Selbstreflexion verbunden sind.

Handlungsanweisungen beziehen sich dabei auf Konfliktlösungsmöglichkeiten. Um nicht auf „Hier-Und-Jetzt"-Lösungen beschränkt zu bleiben, bedarf es einer Untergliederung in Nah- und Fernziele.

Nahziele sind dabei die unter den jetzigen Bedingungen anstrebenswerten Lösungen. Fernziele gehen darüber hinaus. Sie enthalten Lösungsvorschläge unter Berücksichtigung geänderter gesellschaftlicher Bedingungen.

Beispiel: Familienkonflikt:

Nahziel: Was könnte in dieser konkreten Familiensituation als Konfliktlösung in Frage kommen?

Fernziel: Die in dieser Lösung enthaltenen und unbefriedigenden Elemente werden daraufhin untersucht, wie sich die Struktur der Familie ändern müßte und wie man dies erreichen könnte, um die „ideale" Lösung des Problems anzusteuern. Daraus wäre etwa herauszudestillieren: Wie müßte – unter den herausgearbeiteten veränderten (gesellschaftlichen) Bedingungen eine Lösung dieses Problems aussehen?

Das Fernziel enthält immer 2 Bestandteile.

1. Welche (gesellschaftlichen) Bedingungen müßte man verändern und wie könnte man dies erreichen?
2. Lösungsvorschläge auf dieser veränderten – hypostasierten – Grundlage.

Der Vorteil einer Nah-Fernzieldifferenzierung liegt meiner Ansicht nach darin, daß Lösungen auf verschiedenen Ebenen angepackt werden können. Einerseits wird eine permanente Handlungsfähigkeit erreicht (vgl. Realitätsbewältigung) und andererseits eine über die Alltagspraxis hinausweisende Perspektive („Emanzipation").

Das heißt: die in den vorläufigen Handlungsanweisungen enthaltenen Teile (Lösungsvorschläge, Erfahrungen usw.), die für zukünftige

Konfliktlösungsmöglichkeiten wieder verwendet werden können, werden hier auf eine allgemeinere Ebene gehoben und *vorläufig* generalisiert. Auch hier sollte dieser Schritt mit dem vorherigen durch Reflexion rückgekoppelt sein.
Der nächste Schritt sind die – unter Beachtung und Herausarbeitung spezieller situativer Bedingungen – *vorläufigen (verallgemeinerten) Problemlösungsvorschläge.*
Erst jetzt kann die *Handlung* erfolgen. Danach erfolgt die Reflexion gemachter Erfahrungen und damit die *Antizipation* zukünftiger Konflikte und ihrer Bearbeitung: Strukturierung, Analyse, Lösungsmöglichkeiten, Handlungsmöglichkeiten. Der Antizipationsschritt stellt die auf Handlung abzielende Phase von Kritik und Selbstreflexion der vorangegangenen Konfliktbearbeitung im gesamten Problemlösungsprozeß dar.

Stufe 3: Theoretische Prüfung
Theoretische Prüfung entspricht der *Konfliktanalyse.* Sie erfolgt nach bestimmten Kritieren und auf verschiedenen Ebenen. Aus Gründen der Übersichtlichkeit wird dieser Schritt im (nächsten) Abschnitt E. dargestellt.

Stufe 4: Ausführung
Dieser Begriff ist mit dem Schritt der Handlung identisch. Hierein münden Ergebnis der Konfliktanalyse, vorläufige Handlungsanweisungen und vorläufige generalisierte Problemlösungsvorschläge.
Die Konfliktanalyse darf keine wie auch immer geartete Befähigung zum Trockenschwimmen bleiben, sondern muß als integraler Bestandteil eine Verhaltenskonsequenz mit intendieren (Dimension der Handlung). Die theoretische Erhellung innerhalb der Analyse kann nur als praktische Aufklärung, als Aufklärung der Praxis verstanden werden.
Gleichwohl stellt „Handlung" *innerhalb* der Schule ein problematisches Moment dar. Nicht jede Konfliktanalyse kann – abgesehen von den handlungsverneinenden Schulstrukturen – in sofortige Handlung münden. Oft stellt sich das Problem so, daß Handlung zwar notwendig, aber nicht sofort realisiert werden kann. Es begleitet den Schüler als *Aufforderung,* als *Prozeß* zur Handlungsentwicklung.
Politische Handlungsprozesse können nicht zu jeder Zeit in Gang gesetzt werden, sondern in vielen Fällen – besonders am Anfang der Initiierung von Konflikt-Handlungs-Prozessen – ist eine *schrittweise*

Handlungsaktivierung unumgänglich. Dazu kommt die von Schülern und Lehrern bereits verinnerlichte Theorie-Praxis Trennung, die eine emotionale Handlungssperre zur Folge hat. Und: Unter derzeitigen Schulbedingungen können Handlungsintentionen, die durch den Unterricht provoziert werden, zu erheblichen Gefährdungen des individuellen Arbeitsplatzes führen: Eltern, Kollegen und Bürokratie sind sehr schnell bereit, dem innovationsfreudigen Lehrer Knüppel zwischen die Beine zu werfen; angefangen von Ignorierung, Hänseleien, Isolierung, Beschwerden, bis hin zu Versetzung, Disziplinierung und Berufsverbot: „Handlung" als Strukturmoment eines didaktischen Konzeptes degeneriert zur taktischen Frage.

Gleichwohl soll – da der didaktische Entwurf nicht nur auf „Hier-Und-Jetzt" beschränkt bleiben darf – auf Handlung insistiert werden. Die Hereinnahme möglichst große Teile davon in den Unterricht schafft erst die Voraussetzung für politisches Bewußtsein und dem Erkennen der eigenen Interessen und Bedürfnisse. Daneben schafft der Zusammenhang von Konflikt und Handlung erst das Bewußtsein von Möglichkeiten und Grenzen schulischer und gesellschaftlicher Strukturen und Prozesse. Anlässe hierfür gibt es genug: Schwierigkeiten der Schüler untereinander, Sexualität, familiale Probleme, Ausbildungsprobleme (Lehrlingssituation/Numerus clausus vs. Leistung und Notengebung, Konkurrenzverhältnisse usw.).

Auf die Frage der *Durchsetzung* des didaktischen Konzeptes in der Schule kann verständlicherweise hier nicht näher eingegangen werden. Dazu scheint mir eine eigenständig Arbeit nötig zu sein, die die gesamten Probleme von Funktion der Schule (Sozialisation, Qualifikation, Integration usw.) bis hin zu konkreter Elternarbeit, Solidarisierung mit Kollegen und der Möglichkeit mit Schülern innerhalb und außerhalb des Unterrichts gemeinsame Ansatzpunkte zu finden, aufgreift und systematisch verarbeitet[48].

Stufe 5 und 6: Praktische Prüfung-Reflexion-Kritik
Diese Stufe entspricht einem Akt, der auf die Zukunft gerichtet ist, einer Reflexion und Kritik von Vergangenem, Abgelaufenem, um zukünftige Konflikte besser bewältigen zu können: einer *Antizipaton*.
Während und nach der Handlung erfolgt die Prüfung und Reflexion

---

48 Ansätze solcher Arbeit findet sich z. B. bei K. Wünsche, 1970; H. Kuhlmann: 1975.

über den Erfolg und die Angemessenheit der Problembewältigung (die einschränkenden Bemerkungen, die bei „Handlung" gemacht wurden, gelten hier gleichfalls).
Prüfung: Führte die Handlung zum Erfolg? Waren die Handlung und die Mittel adäquat?
Reflexion: Genügte die Konfliktanalyse? Welche Punkte sind ungeklärt? Waren die Handlungsanweisungen genau durchdacht, präzis formuliert und strikt genug auf den Konflikt bezogen? Welche Anweisungen waren ungünstig bzw. wirkten sich ungünstig auf die Konfliktbewältigung aus? Welche der vorliegenden Problemlösungsvorschläge waren erfolgreich und können beibehalten werden? Welche waren nicht erfolgreich ? Woran lag dies? Müssen sie verändert oder fallengelassen werden? Was für Konsequenzen können im Hinblick auf zukünftige Konflikt-Handlungsprozesse gezogen werden? War der Konflikt geeignet, die Situation angemessen, exemplarisch (Planungsfrage)? Wie müßte in Zukunft der Konflikt strukturiert, die Analyse erfolgen, die Handlungsanweisungen formuliert, die Problemlösungsvorschläge konzipiert, die Handlung ausgeführt werden?
Situationen werden nun mit jedem weiteren Analyseschritt immer mehr von den Schülern *selbst* identifiziert und die Problemlösungstechniken dabei verfeinert[49].
Perspektive Antizipation *künftiger* Konflikt-Handlungsprozesse, ihre Strukturierung und die Verfeinerung der Problemlösungstechnik.
Der Kreis ist geschlossen.
Zur Veranschaulichung ist auf Seite 219 eine graphische Darstellung des Prozeßablaufs dargestellt.
Der Verfasser ist sich darüber im klaren, daß dieses Konzept vollständig nur unter idealen Bedingungen (Klassenstärke, Organisation, finanzielle Mittel usw.) durchführbar ist. Wahrscheinlich werden am Anfang der Entwicklung des Problemlösungsverhaltens noch keine Angaben über vorläufige Strategien oder vorläufige (verallgemeinerte) Problemlösungsvorschläge gemacht werden können. Ebenfalls der Antizipationsakt künftiger Konflikte usw. erfordert eine Übung und vor allem den Aufbau eines Problemlösungsverhaltens. Die Reflexionsakte werden anfänglich, wegen der geringen kritischen Attitude der Schüler, etwas zu kurz kommen. Trotz dieser Bedenken meine ich jedoch, daß

---

[49] Ein Beispiel für das Lernen von Problemlösungsstrategien findet sich in Funkkolleg, Päd. Psych. 48, 1972.

unter schrittweiser Anleitung der Schüler, der Lehrer allmählich in den Hintergrund treten kann, so daß der ganze Vorgang von den Schülern selbst gesteuert wird; der Lehrer ist dann lediglich noch der Informant und gibt die notwendigen Hilfestellungen und Ermutigungen.

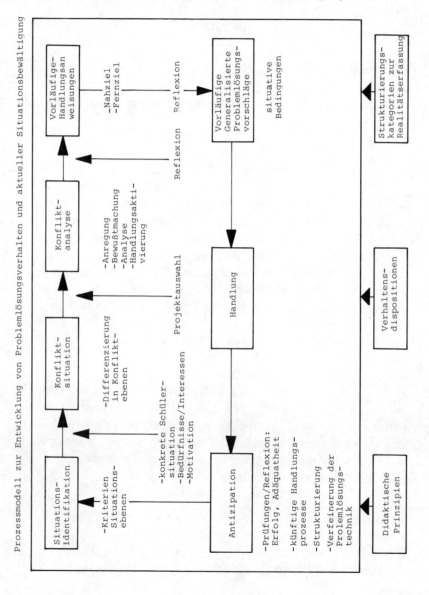

Nach der Darstellung des allgemeinen Ablaufs von Situationsbewältigung und Entwicklung von Problemlösungsstrategien können wir uns nun der Konfliktanalyse selbst zuwenden.

## E. Konfliktanalyse

Die Situations- bzw. die Konfliktanalyse wird unter dem Gesichtspunkt alternativer Handlungsmöglichkeiten vorgenommen und zwar, wie schon erwähnt, in einer Verbindung von Fern- und Nahzielhandlungen (Perspektive).
Innerhalb dieses Prozesses gilt die enge Verklammerung von emotionaler und rationaler Betrachtungsweise. Das heißt natürlich nicht, daß Sachlichkeit und Unsachlichkeit nebeneinander stehen. Vielmehr soll eine Einheit von Verstandesebene und Gefühlsebene angestrebt werden. R. Kelber insistiert gleichermaßen auf der Einheit von Rationalität und Emotionalität: Eine Betonung emotionaler Elemente würde dazu führen, daß „gesellschaftliche Probleme, ..., auf eine individualistische und subjektivistische Ebene verlagert (werden)". Andererseits: „Es läßt sich sehr häufig beobachten, daß Schüler rational Kritik an herrschenden gesellschaftlichen Zu- oder Mißständen nachvollziehen und selbst äußern. Allerdings sagt diese Fähigkeit zu einer (zwingenden) Analyse der Gesellschaft bei weitem noch nichts über die „Fähigkeit" und Bereitschaft dieser Schüler, sich selbst praktisch-politisch zu betätigen. Aus diesem Grunde muß ihnen eine Möglichkeit zur ‚Habitualisierung alternativer Normen' (Lehrer und Studenten an der FUB ... zitiert bei Kelber, 1974, S. 2) geboten werden, die im Einklang mit der rationalen Analyse der Gesellschaft stehen. Wenn ein Mensch sich ‚nur' als Kopf mit einer politischen Aufgabe oder einem politischen Ziel identifizieren kann, nicht aber mit seinen Interessen, seiner Ratio *und* seinen Emotionen insgesamt, sind die Realisierungschancen politischer Vorstellungen und Anliegen sehr gering" (Kelber, 1974, S. 18).
Ich teile die Konfliktanalyse in 4 Phasen ein:

1. Anregung
2. Bewußtmachung
3. Analyse
4. Handlungsaktivierung

## 1. Anregung

Ausgangspunkt sit eine von den Schülern (im Idealfall) identifizierte (Konflikt-)Situation. Die Schüler werden nur dann motiviert, sich mit dem Konflikt zu beschäftigen, bzw. ihn überhaupt erst zu bemerken, wenn die Situation „Unstimmigkeiten" aufweist. Ich nannte dies eine affektive Dissonanz (vgl. dazu Kapitel III „Verhaltensdispositionen" und Kapitel V „Motivation: epistemische Neugier").
Die Situation ist also so beschaffen, daß sie zur Auseinandersetzung zum Nachdenken reizt.
Ist dies nicht der Fall, kann die affektive Dissonanz auch „künstlich" hergestellt werden.
Dazu eignet sich meiner Ansicht nach sehr gut der in Kapitel III, Didaktische Prinzipien, erläuterte Brecht'sche Verfremdungseffekt. Er tritt hier als zusätzliche motivationale Variable hinzu. Zu den übrigen motivationalen Bedingungen vgl. Abschnitt „Ausgangspunkt" Motivation dieses Kapitels.

## 2. Bewußtmachungsphase

Dieser Phase kommt die Aufgabe zu, die affektive Dissonanz zuerst in *sensitive Erfahrung* überzuführen (= affektives Erkennen der Unstimmigkeiten ohne Verbalisierung). Es werden Möglichkeiten gesucht, den Konflikt in seiner Komplexität zu erfahren und damit die sensitive Erfahrung möglich zu machen.
Rollen-, Plan- und Theaterspiele scheinen dafür besonders geeignet zu sein[50].
*Pantomimisches Rollenspiel,* das eine Situation sprachlos ausdrückt, muß auf die tatsächlich sich abspielenden Interaktionsvorgänge besonders eingehen („einfühlen"), so daß ein erster (vorbewußter) Struktu-

---

50 Als Anregung sei folgende Literatur empfohlen:
V. Gold u.a.: 1973. R. Shaftel/G. Shaftel: 1973.
K. Tiemann: 1969.
A. Shaw: Curriculumelement Rollenspiel, b:e 11/70, S. 28.
Hoffmanns Comic Theater: Will dein Chef von dir mal Feuer, Rotbuch 109, Berlin.
A. Paul: Analyse einer Märchenaufführung eines ‚kompensatorischen Kindertheaters', b:e 9/71, S. 48 ff.
Arbeitskollektiv: Berich über das proletarische Kindertheater X, b:e 2/72, S. 19 ff.
Simulationsspiel: Ausbeuten und ausgebeutet werden, b:e 6/71, S. 14 (o. Verfasserangabe).
Schwäbisch/Siems: 1974.

rierungsprozeß der Situation einsetzt. Ursachen von Störungen können hier schon erkannt (gefühlt) werden (sensitive Erfahrung).
Um die sensitive Erfahrung erweitern zu können, bedarf es der Überführung der Konfliktdarstellung in verbalisierte Formen.
Das *verbalisierte Rollenspiel* bringt gewonnene Einsichten in verbale Zusammenhänge; dieser Vorgang ist immer noch reines „Spiel" (vorbewußte, strukturierte Verbalisation).
Der Bewußtmachungsprozeß befindet sich auf einer Ebene, auf der sich im Bereich der Kognition der am Lernprozeß Beteiligten ein Vorgang der verbalen Kompetenz der Konflikterkennung abspielt. Spiel und Zuschauen erlauben es, den Konflikt verbal durchzustrukturieren. Zusammenhänge können „erahnt" oder schon gefühlsmäßig vermutet werden.
Um diesen Vorgang vollends auf die Stufe der verbalen Performanz zu heben, müssen Einsichten in Kommunikationszusammenhänge möglich werden: das *diskutierte und kritisierte Rollenspiel*. Der affektive Sensibilisierungsvorgang wird zur kognitiven Sensibilisierung. Durch schrittweises Diskutieren des Rollenspiels werden Reflexionsprozesse in Gang gesetzt (Kommunizierung). Konkretes Festklammern am Fall ermöglicht – vor allem Unterschichtenkindern – die Organisierung des Bewußtmachungsprozesses und Reflexion über Zusammenhänge. Zusätzliche Informationen können nun eingebracht werden, der Analyseprozeß setzt sich in Gang.
Die verschiedenen Rollenspiele, die gleichsam ein immer bewußteres und differenzierteres Rollenspiel ausdrücken, erlauben neben Empathie ein Ausprobieren und Üben von Rollendistanz und flexiblem Rollenspiel. Dies kann mit (bewußt) rigidem Rollenverhalten verglichen und die Konsequenzen beider Verhaltensweisen erfahren werden. Spontaneität wird besonders wichtig, wenn es um die Konstruktion von Rollenspielen geht.
Schließlich kann der Bewußtmachungsprozeß sich ganz vom Spiel lösen und zur direkten Kommunikationsform (sprechen, Text... usw.) übergehen. Bewußte Kommunikation über den Konflikt kennzeichnet das Verhalten, das am Ende der Analyse (vgl. Punkt 3) in eine Strategie (geplante Kommunikation bzw. Strategiebildung) überführt wird. Die Unterscheidung zwischen personalen und kollektiven Konflikten bzw. deren Zusammenhänge, wird durch Rollenspiel und Kommunizierung deutlich.

Die Hereinnahme zusätzlichen Informationsmaterials (Statistiken, Texte, Protokolle, Interviews, „Quellen", Exzerpten der Schüler, Wandzeitungen usw.) zusammengebracht mit der Strukturierung durch die didaktischen Prinzipien, der Verhaltensdispositionen und der Kategorien zur Erfassung gesellschaftlicher Realität formen den folgenden Analysevorgang.

Als „flankierende Maßnahmen" zur Bewußtmachungsphase und der Sensibilisierung der Schüler für Gruppenbeziehungen und der eigenen Verhaltensweisen sind gruppendynamische Spiele sehr geeignet. Anfänglich noch sehr stark gehemmt, bewegen sich die Schüler mit zunehmender Begeisterung auf der Ebene der Erprobung neuen Verhaltens und der Entdeckung der Schwierigkeiten bei den anderen, die man als eigene dort wiedererkennt.

Drei Spiele (GUSS – das beste von allen –, SENSIS und CHARISO – alle von der DVA verlegt –, ca. 35,– DM pro Spiel) können im Unterricht eingesetzt werden (die Klasse muß dazu halbiert werden). Die Spiele bestehen aus Kärtchen mit Anweisungen, die je ein Schüler durchführen muß. Anschließend wird über die Ausführung diskutiert. Die Schüler sind dabei recht kreativ, wenn es um die Erfindung neuer Anweisungen geht, die sie selbst auf Kärtchen notieren.

Wer in der Schule ein regelrechtes gruppendynamisches Training durchführen möchte, der sei auf das Buch von Lutz Schwäbisch/Martin Siems: „Anleitung zum sozialen Lernen für Paare, Gruppen und Erzieher", verwiesen. Daraus läßt sich ein Programm zusammenstellen, das im Unterricht sehr gut angewendet werden kann.

3. *Analysephase*

Der Konflikt ist bewußt bzw. das Problem bekannt, die Situation vorstrukturiert. Nun geht es darum, sie zu zerlegen, d.h. in ihre möglichen Bestandteile aufzulösen, um die sich abspielenden Vorgänge zu erfassen.

Statt Einsichten zu vermitteln sollte man die Schüler *suchen* lassen, d.h. ihnen Gelegenheit zu geben, selbständig Erkenntnisse zu gewinnen, die mit ihrer eigenen Erfahrung rückgekoppelt sind.

J. Bruner (1973, S. 17) nimmt an, daß Lernen durch eigene Entdeckung folgende Vorteile hat:

a) „Zuwachs an intellektueller Potenz"
b) „Übergang von extrinsischen zu intrinsischen Belohnungen"

c) „Erlernen der heuristischen Methoden des Entdeckens"
d) „Hilfe für die Verarbeitung im Gedächtnis"

Auch J. Kagan mißt entdeckendem Lernen eine große Bedeutung bei. Entdeckendes Lernen bringe:

a) eine größere Beteiligung der Schüler
b) der Wert einer Aufgabe steige, weil mehr Anstrengungen zu ihrer Durchführung gemacht werden müssen
c) es verstärke die Erwartung, verschiedene Probleme selbständig zu lösen
d) es schaffe in der Schule mehr Spielraum, führe infolgedessen von der Unterordnungshaltung Lehrer-Schüler weg
(vgl. 1973, S. 121 ff.).

Obwohl die empirischen Befunde dazu die Bruner'schen Hypothesen nicht ganz bestätigen (Kersh weist z.B. die motivierende Wirkung entdeckenden Lernens nach, stellt aber gleichzeitig heraus, daß es keine bessere Hilfe für Behaltensleistungen sei; 1972, S. 211), muß doch auch Ausubel – Bruners schärfster Kritiker – bestätigen: „Die Entdeckungsmethode ist auch ganz offensichtlich von Nutzen bei der Bewertung von Lernergebnissen und bei der Unterrichtung in *Problemlösungstechniken* (Hervorh. von mir, J. B.) und wissenschaftlicher Methode. Es gibt kein besseres Mittel für die Entwicklung effektiver Fertigkeiten im Hypothesenaufstellen und -testen" (1972, S. 34). Allerdings sei, so Ausubel, entdeckendes Lernen mehr für Kinder geeignet, Jugendliche und Erwachsene könnten z.B. mit mechanischem Lernen *effektiver* lernen (ebenda). Die Argumente, die für das entdeckende Lernen vorgebracht wurden, korrespondieren mit den entwickelten Zielvorstellungen, Ausubels Effektivitäts-Argument läuft ihr aber entgegen, da durch mechanisches Lernen die Abhängigkeit des Lernenden vom Vermittelnden erhöht wird.

Für die Vorgehensweise der Konfliktanalyse schlägt Dahrendorf Gesellschaft und Demokratie in Deutschland, München 1965, S. 195 (zitiert nach Lingelbach, Funkkolleg Erziehungswissenschaft, 1970, Bd. 2, S. 110–114) folgendes Verfahren vor:

a) Analyse des bestehenden sozialen Systems (Eigentum, Abhängigkeit, Machtverhältnisse)

b) Rolle des Aufwachsenden im System
c) Ermittlung der Zielkomplexe
   – erkennen und analysieren
   – rational Stellung beziehen
   – politische Entscheidungsprozesse beeinflussen

Da wir von der Situation der Betroffenen ausgehen wollen, den Konflikt zunächst also von den Interaktionsbeziehungen her untersuchen, möchte ich als erstes auf Punkt b), „Rolle", eingehen.
Als erstes wäre die Situation der vom Konflikt Betroffenen zu analysieren bzw. die Situation (analytisch) in Rollen zu zerlegen. Und zwar kann zunächst eine subjektive und objektive Rollenbeschreibung erfolgen. Unter subjektiver Rollenbeschreibung verstehe ich die Interpretation der Situationsrolle im subjektiven Selbstverständnis. „Objektiv" soll bedeuten, daß die Funktion der Rolle (formell und institutionell) herausgearbeitet wird. Diese Rollenbeschreibung dient als Information zur Interpretation üblicher und möglicher Rollen, Rollenflexibilität wird theoretisch vorweggenommen, der mögliche Interpretationsspielraum kann abgetastet werden. Dies führt zu einem Rollenbewußtsein. Dabei können die Bedürfnisse der Rolleninhaber und deren Einstellungen und Meinungen herausgearbeitet werden. Festgestellte Rollenrigidität führt zur Rollenkritik. Diese wiederum ermöglicht eine Extrapolation jetziger Rollen und kann somit zukünftige Situationsrollen antizipieren: „*gleiche*" Rollen (Schüler-Schüler); „*neue*" Rollen (vorstellbare, Wunschrollen) und schließlich *zukünftige* Rollen (Lehrling, Erwachsener, veränderte gesellschaftliche Rollenerwartungen)[51].
Soll die Analyse tiefer greifen, können, die von Habermas formulierten Dimensionen der Rollenanalyse (1968, S. 10/11) mit einbezogen werden[52]:

*a) Grad der Repressivität*: „... bemißt sich an dem institutionell festgelegten Verhältnis der hergestellten Komplementarität der Erwartungen zur erlaubten Reziprozität der Befriedigung" (S. 11). Frage: Inwieweit stimmen Erwartungskomplementarität und Möglichkeiten der *Bedürfnisbefriedigung* überein?

---

51 Vgl. dazu die in Kapitel IV (Strukturierungskategorien...) erläuterten Ausführungen zu informeller und formeller Rollenstruktur.
52 Vgl. dazu Kapitel III, Verhaltensdispositionen; Ich-Identität, S. 80 ff.

(Die Fähigkeit diese Differenz zu ertragen nennt man Frustrationstoleranz; Abweichungen: Bewußte/unbewußte Abwehr.)
b) *Grad der Rigidität*: „... bemißt sich an dem institutionellen Spielraum gewährter bzw. geforderter Interpretation" (S. 11).
Frage: Inwieweit klaffen Rollendefinition und *konkrete Ausformung der Rolle* durch das Individuum im betreffenden Konflikt auseinander? (Die entsprechende Fähigkeit war hier Ambiguitätstoleranz; Abweichung: Diffuse/restringierte Selbstdarstellung.)
c) *Grad der Internalisierung*: „Und die Art der Verhaltenskontrolle, die ein Rollensystem auferlegt, bemißt sich am Grad der erreichten Internalisierung" (S. 11).
Frage: Inwieweit haben die beteiligten Individuen die *Normen* internalisiert? (Anstrebenswerte Verhaltensweise: flexible Über-Ich Formation; Abweichung: externalisierte/neurotische Über-Ich Formation.) Der Interaktionsspielraum in dem entsprechenden Rollengeflecht ist immer durch die Erwartungen, Bedürfnisse/Wünsche und Sanktionen bzw. Sanktionserwartungen eingegrenzt.
Nach der Bedürfnis- und Rollenanalyse/-kritik kann die Konfliktanalyse erweitert werden:

– Streitfrage
– Gegner der Auseinandersetzung
– Interessen der Gegenspieler
– Machtverhältnisse innerhalb der politischen Auseinandersetzung
– Ordnungsvorstellungen der Gruppen
– Zusammenhang von Ordnungsvorstellungen und Interessen
– historische Herkunft des Konflikts
(nach: Lingelbach, Funkkolleg Erz. wiss., Bd. 2, 1970, S. 115/116).

Neben der Historisierung des Konflikts gehört eine eventuelle „Raum"-Differenzierung. In welchem Umfang Raum-Zeit-Differenzierungen betrieben werden können, hängt einmal von den Interessen der Schüler, dem Umfang des Projekts und schließlich von der Möglichkeit ab, solche Differenzierungen an diesem Konflikt zu betreiben, ohne diese Kategorien zu überbeanspruchen.
Wird z.B. ein Konflikt im Ausbildungssektor („Beruf") untersucht, kann man Ausbildungsformen früherer Gesellschaften und/oder anderer Kulturen mit anderen räumlichen und gesellschaftlichen Verhältnissen erkunden. Das Ausbildungsverhältnis in bestimmten nomadischen

Kulturen (z. B. Indianerstämmen) hängt sicherlich von den gegebenen Raum-Bedingungen mit ab.
Wir können nun zu dem erstgenannten Punkt der Konfliktanalyse übergehen: der Systembetrachtung.
Allerdings wird nicht das gesamte gesellschaftliche System unter die Lupe genommen, der Konflikt repräsentiert einen Teil des Systems, und die Strukturierungskategorien erlauben Teile des Systems unter bestimmten Gesichtspunkten zu untersuchen (z. B. Staat, Wirtschaft, Sozialisation, Arbeit usw.), sondern es soll vor allem auf die Eigentums-, Abhängigkeits-, Machtverhältnisse eingegangen werden, die sich *in* dem konkreten Fall zeigen.
Transferüberlegungen zu allgemeinen gesellschaftlichen Strukturen, anderen Bereichen, wo sich solche Verhältnisse gleichermaßen zeigen, sind dabei selbstverständlich nicht ausgeschlossen.
Die Vorgehensweise läuft weniger als allgemeine Gesellschafts-, sondern als konkrete *Herrschaftsanalyse* ab.
Kritik an *Herrschaft* setzt an der Verunmöglichung der Individuierungsprozesse an. Herrschaft als Moment der Emanzipationsverhinderung kann dabei differenziert werden in a. interpersonale und b. soziale.
Interpersonale Herrschaft vollzieht sich in Interaktionsprozessen. Soziale Herrschaft liegt außerhalb diesen begründet. Sie rührt von den spezifischen gesellschaftlichen Bedingungen her. Soziale Herrschaft kann in Interaktionsprozesse mit einwirken und sich als interpersonale äußern. Hier wird die Unterscheidung interpersonal – sozial besonders relevant; Ursachen von Herrschaft würden sonst in der eigenen Gruppe gesucht. Der Unterscheidungsprozeß läßt sich natürlich nicht immer in dieser Trennung durchhalten. Vielmehr müssen die Begriffe „interpersonal" und „sozial", ähnlich wie bei der Konfliktdifferenzierung, als Endpunkte einer Skala aufgefaßt werden, zwischen denen Herrschaftsformen variieren.
Da Herrschaft deshalb abgebaut werden soll, um Emanzipation zu ermöglichen, können Bestimmungselemente von Emanzipation in Kategorien der Herrschaftskritik umformuliert werden. Herrschaft kann dort festgestellt werden, wo

– Keine Selbstbestimmung
– psychische und physische Leiden
– Keine Rationalität

- keine Bedürfnisbefriedigung und keine Genußfähigkeit
- Verdinglichung und Entfremdung

vorliegen.

3. Schritt: die anfängliche Sensibilisierungsphase, Rollen- und Herrschaftsanalyse macht *Interessen* sichtbar. Diese können herausgearbeitet und explizit dargestellt werden. Dabei sind sowohl diejenigen Interessen bedeutsam, die sich im unmittelbaren Interaktionszusammenhang ermitteln lassen, als auch diejenigen, die sich außerhalb davon manifestieren oder sich als Ideologie ( = Verschleierungsabsichten von Interesse) breitmachen. Interessensbestimmung und Ideologiekritik gehören zusammen. Sie stellen nicht nur die qualifizierten Endprodukte vorangegangener Analysetätigkeit, sondern ebenso die Vorstufe zur Handlung und deren Zielbestimmung dar. Interessenbestimmung verkettet Rollenanalyse und Herrschaftskritik zu einem systematischen analytischen Instrumentarium.

Dieser Vorgang ist insofern relevant, als er zur *Selbstaufklärung* des Individuums und der Gruppe über die gesellschaftlichen Abhängigkeiten beiträgt.

Konfliktanalyse *ist* Selbstaufklärung. Kann sie und ihre Instrumente nicht den Schülern vermittelt werden, bleibt das Ziel des politischen Unterrichts, das politisch rational-handlungsfähige Subjekt, Betrug. Analysevorgag und Vermittlung seiner Technik müssen stets zusammen betrieben werden.

Durch Rollenanalyse, Interessensbestimmung und Herrschaftsanalyse kann die Situation mit Hilfe der „Strukturierungskategorien gesellschaftlicher Realität" in einen *Kontext* eingeordnet werden; die Analyse der Stellung des Individuums innerhalb der Gruppe wird ebenfalls erleichtert. Die Kontextbestimmung ermöglicht den historischen Charakter von Situationen usw. zu ermitteln, um zu verhindern, daß gefundene Strukturen von ihren gesellschaftlichen Ursachen hypostasiert werden und im Bewußtsein als unabänderliche Konstanten erscheinen.

4. *Handlungsaktivierende Phase*

„Befreiung Lernen"[53] als schulisches (Lern-)Ziel der doppelten Lösungsaufgabe von Emanzipation und Realitätsbewältigung scheint zwar

---

53 Vgl. dazu Kapitel III: Ziel des IPU, S. 58 ff.

notwendig und einsichtig zu sein, nichtsdestoweniger stößt es neben schon artikulierten Schwierigkeiten in der Unterrichtspraxis auf ein wesentliches Hindernis: Handlung sprengt fast notwendigerweise den vorgegebenen institutionellen Rahmen, den die Schule setzt. Die umfangreiche Literatur, die dazu in letzter Zeit erschienen ist, gibt davon ein beredtes Bild ab[54].

Obwohl solche Schwierigkeiten vorliegen, kann nicht genug die Notwendigkeit der Einbeziehung der handlungsaktivierenden Phase betont werden. Nicht nur würde sonst die sowieso internalisierte Theorie-Praxis-Trennung im schulischen Bewußtsein noch mehr zementiert, sondern vor allem im Hinblick auf jetzige und zukünftige Realitätsbewältigung müssen Handlungsmodelle entworfen und je nach Situation in unterschiedlichem Grade erprobt werden. Plan- oder Rollenspiele geben lern-wirksame Handlungsvorbilder ab, in der die Schüler im überschaubaren, abgegrenzten Rahmen Handlungen planen, strukturieren, erproben und anhand dessen verallgemeinerte Lösungsmuster für Konflikte entwerfen können.

Wir können nun auf den im vorangegangenen Abschnitt genannten 3. Punkt der Konfliktanalyse: *Zielidentifikation* näher eingehen.

In diesem Schritt werden die vorangegangenen gewonnenen Erkenntnisse geordnet und für Lösungszwecke strukturiert. Der Verstehensprozeß wird in einen Erklärungsprozeß übergeführt.

Unter „Verstehen" ist die zunächst hermeneutisch-phänomenologische Beschreibung gemeint.

Die Habermas'sche Gliederung des Verstehensprozesses, die die Bereiche sprachliche Ausdrücke, Handlungen, Erlebnisausdrücke umfaßt (4/1970, 207 ff.), stand am Anfang des Analyseprozesses.

„Erklären" bedeutet die explizite Einordnung in eine Theorie (Vorstellungszusammenhang). Probleme werden expliziert, die Situationsanalyse explizit beschrieben.

---

54 z.B. Ivan Illich: Entschulung der Gesellschaft, 1971;
 ders: Schulen helfen nicht, 1973;
 ders.: Ein Plädoyer für die Abschaffung der Schule, 1971.
 Everett Reimer: 1973.
 Hartmut v. Hentig: 1973.
 b:e, 5/74: Schulen ohne Mauern;
 b:e, 6/74: Beiträge zur Entkolonialisierung des Lernens.
 Paulo Freire: 1973.
 Scuola di Barbiana: 1970.
 George B. Leonard: 1973.

Aus der Strukturierung (Verstehen, Erklären, Explizieren) des Konflikts werden Ziele entworfen. Und zwar einmal Ziele, die die *Lösung* des Konflikts anvisieren (Nah- und Fernziele) und zum anderen Ziele, die den Handlungs*prozeß* und dessen *Ergebnis* fassen. *Selbstreflexion* kontrolliert die gewonnenen Ergebnisse. Der vorher beschriebene Prozeß der Problemlösungsstrategie kann einsetzen.
Die Handlungsvorbereitung besteht in der *Planung der Aktivitäten*.
Handlung läßt sich als dynamisiertes Verhalten fassen, das zukünftige Situationen potentiell bestimmt, zumindest antizipiert (vgl. dazu K. Mollenhauer: 1972, S. 17ff.). Um diese an sich versteckte Implikation sichtbar zu machen, hatten wir in dem Prozeßmodell „Problemlösungsstrategie" zwischen Handlung und Identifikation neuer Situationen den Schritt der „Antizipation" geschaltet.
Handlungsentwürfe müssen auf eine vernünftige Grundlage gestellt werden. Unter vernünftigem Handeln versteht Wulff:

a) „Handeln im Sinne der eigenen und nicht im Sinne verinnerlichter fremder Interessen",
b) „... aber auch zweckentsprechendes Handeln, bei dem die emotionalen Handlungsantriebe nicht zu kurzschlüssigen Affektentladungen verleiten, sondern zum Motor eines planvollen Vorgehens im Sinne der eigenen Interessen" (1972, S. 2). Eine weitere Bedingung vernünftigen Handelns ist mit dem Analyseschritt selbst vollzogen: „Erst wer die Bedingungen seiner gesellschaftlichen Situation identifizieren kann, ist eventuell in der Lage, realitätsgerechte Handlungsstrategien zu entwerfen und zielgerichtet und geplant zu handeln" (Schwenk u. a.: 1973, S. 27). Handlungsformen können dabei wie z. B. in Kapitel IV (Strukturierungskategorien...) ausgeführt in Kommunikation (kommunikatives Handeln als symbolisch vermittelte Interaktion: verbal, visuell, gestisch, tonal) und Arbeit (zweckrationales und strategisches Handeln) unterteilt werden.

Als handlungsrelevante Determinanten gilt es zu berücksichtigen:
– die Situation
– der Adressat
– die Intention
– die Motivation/die Bedürfnisse
der am Handlungsprozeß Beteiligten und derjenigen, auf die die

Handlung gerichtet ist. Dabei sind sowohl Folgen wie Nebenfolgen mit einzukalkulieren. Die Herstellung alternativer Handlungsentwürfe ist das Ziel. Aktivitäten werden diskutiert und theoretisch vorweggenommen. Dies kann z. B. unter Zuhilfenahme der erwähnten Rollen- und Planspiele geschehen[55].

Zu der Konstruktion alternativer Handlungsentwürfe gehören noch 3 Momente, die die Konfliktbewältigung erst breitenwirksam machen und sie erst in der gesellschaftlichlichen Realität verankern.

*Solidarisierung:* Mit wem, wie und in welchem Umfang können Solidarisierungsprozesse aufgenommen werden, damit über rein individuelle Realitätsbewältigung hinaus andere in diesen Prozeß mit einbezogen werden können?

*Partizipation:* Wo, wie und in welchem Umfang kann an (politischen) Prozessen, die der Konfliktbewältigung helfen, partizipiert werden?

*Organisation von Aufklärungsprozessen:* Wo, wie und in welchem Umfang können Aufklärungsprozesse organisiert werden, um andere Individuen und Gruppen auf individuelle, kollektive und strukturelle Konflikte aufmerksam zu machen, bzw. ihnen die Erfahrung der eigenen Konfliktbewältigung mitteilen zu können.

Mit fortschreitender Erfahrung bei Analyse und Bewältigung kommt dem schrittweisen Herausarbeiten vorläufig generalisierter Problemlösungsvorschlägen immer größere Bedeutung zu: Ansätze von *Strategien* und *Taktiken* gilt es festzuhalten und zu verarbeiten.

Dabei müssen sowohl affektive als auch kognitive Variablen bei der Problemlösungssuche berücksichtigt werden. Die Problemlösungssuche sollte schon von Anfang an so strukturiert sein, daß sich strategisches Wissen und taktisches Können ausbilden lassen.

Alternative Lösungs-, Handlungsmuster sollen diskutiert, erprobt und verglichen werden. Dem Lernen in der Gruppe kommt dabei die Bedeutung zu, daß der Einzelne das Gefühl verspüren kann, nicht *allein* mit dem Problem fertig werden zu müssen, sondern er Hilfe von anderen erhält. Ein entsprechendes „Wir"-Gefühl, das die individuelle Identitätsbalance in eine kollektive einbettet, bildet sich heraus (vgl. Kapitel III, Ich-Identität, S. 88 ff.)[56].

---

55 Ein sehr gutes Beispiel für ein Planspiel findet sich bei Schwäbisch/Siems: 1974, S. 322 ff.
56 H. Kuhlmann: Klassengemeinschaft (1975) berichtet von ersten Ansätzen in dieser Richtung. In meiner eigenen Klasse habe ich damit ähnliche Erfahrungen gemacht.

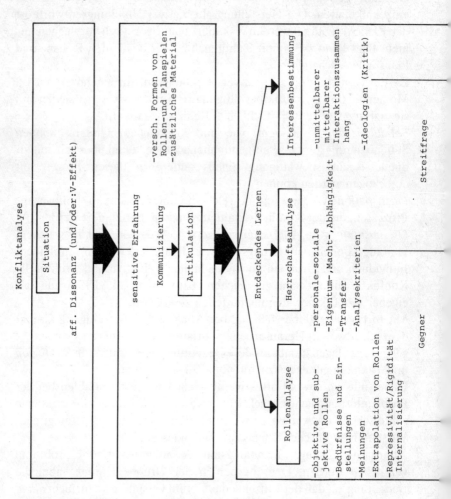

Dies wirkt daneben als bewußtes Verhaltenstraining, das Handeln antizipiert und damit zu einer rationaleren Realitätsbewältigung beiträgt; werden solche Verhaltensabläufe wiederholt geübt, kritisiert und verbessert, internalisieren sie sich allmählich.

Strategisches und zweckrationales Handeln kann in Plan- und Rollenspielen gefördert, kommunikatives Handeln in gruppentherapeutischen, Selbsterfahrung ermöglichenden Trainingsformen aufgebaut werden.

Handlungsaktivierung

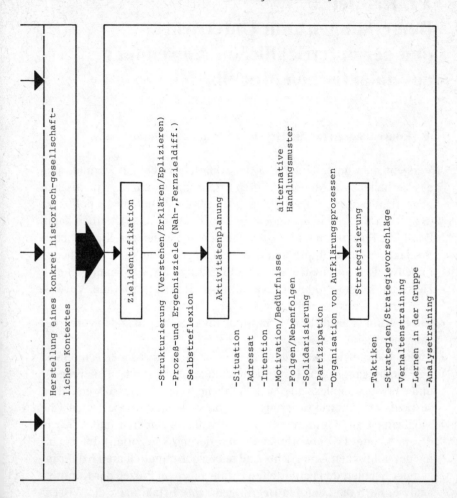

Das systematische Training der Konfliktanalyse unter Berücksichtigung der didaktischen Prinzipien, Verhaltensdispositionen und Strukturierungskategorien gibt zu der berechtigten Hoffnung Anlaß, daß hierdurch Reflexion institutionalisiert wird.

Zum besseren Verständnis des (möglichen) Ablaufs der (Konflikt) Analyse, habe ich versucht, den Vorgang graphisch darzustellen.

# VI. Kapitel
# Bemerkungen zum Unterricht und der unterrichtlichen Anwendung des didaktischen Modells

## A. Konsequenzen für die Organisation des Politikunterrichts

Versteht man unter Unterricht die erklärte Absicht zur Veränderung des Verhaltens von Menschen durch Erfahrung, so geht es im politischen Unterricht um die Fragestellung, wie politische Bildung als politische (Selbst-)Aufklärung verstanden, in der Schule realisiert werden kann. Politische Strukturen und Prozesse finden sich in den gesellschaftlichen Produktions- und Reproduktionsbedingungen, den gesellschaftlichen Lebensweisen, ihren Strukturen und Institutionen (wie Familie, Beruf, Herrschafts- und Produktionsverhältnisse, Recht, Bürokratie, Verwaltung, Interessensverbände und -vertreter, usw.).

Ein Instrumentarium zur Vermittlung findet sich dazu in den vorhergegangenen Kapiteln.

Im Politikunterricht kann es nicht um einen fest umrissenen Kanon von Lehre oder gar um eine Institutionenkunde gehen, sondern um Fragen- und Antwortkomplexe an gesellschaftliche Realität. Die Notwendigkeit curricularer Vorstrukturierung wird dabei keinesfalls bestritten (die Möglichkeit zur Gewinnung von Curriculumelementen findet sich in den in Kapitel IV entworfenen Strukturierungskategorien). Informanten des politischen Unterrichts sind neben den unmittelbaren Erfahrungen der Schüler, den vermittelten Erfahrungen im Prozeß der Konfliktanalyse, noch die „auf den Begriff gebrachte Erfahrung": die Wissenschaften. Sie werden als zusätzliche Informanten benützt, die auf kritisch-praktische Fragen Antwort geben, um Realität besser und emanzipativ bewältigen zu können.

Politischer Unterricht ist daher nicht auf ein *Fach* reduzierbar. Umfassende Konfliktanalyse wäre sonst unvorstellbar. Organisatorisch scheint mir eher eine Gliederung in *Fachbereiche* denkbar, wobei die traditionellen Fächerinhalte von „Sozialkunde", „Geschichte" und „Erdkunde" mit einzubeziehen wären. Politikunterricht ist nur als integrierter möglich; „integriert" deshalb, weil die unterschiedlichsten Informationsquellen verarbeitet werden, will man nicht in das übliche Schema der Unterrichtsgestaltung „Das gehört nicht hierher, das erfahren wir in einem anderen Fach oder zu einem späteren Zeitpunkt", usw. zurückfallen. Ein Vorschlag zur Fachbereichseinteilung findet sich in untenstehender Skizze.

**Einteilung in Fachbereiche**

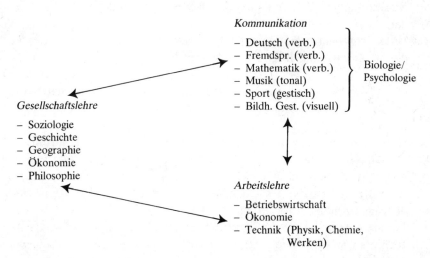

Die Gesamtschule im Widerspruch des Systems.
In Anlehnung an Herbert Stubenrauch, 1971, S. 151.

Solange Fachbereiche nicht an allen Schulen existieren, bedarf es eines vorläufigen Kompromisses: anknüpfend an Sozialkunde/Geschichte/Erdkunde müßten diese Fächer von einem Lehrer unterricht werden, der dann größere Möglichkeiten besitzt, politischen Unterricht in der skizzierten Weise durchzuführen, d.h. der Unterricht verläuft in Form von *Projekten*[57].

Geeignete Unterrichtsformen können neben dem Projektunterricht, Lehrgänge (Kurse), Fall- und Strukturanalysen sein. Projektunterricht ist fächerübergreifend (Erweiterung der Fragemöglichkeit), kann Konflikte rationalisieren und nimmt auf die Prozesse stärkeren Bezug.

---

[57] Zum Projektunterricht vgl. z.B. b:e, 1 und 2/1975.

Fallanalysen (vgl. Modell „Konfliktanalyse") können auch innerhalb von Projekten in Angriff genommen werden. Strukturanalysen sind solche, die vor allem bestimmte gesellschaftliche Bereiche in Strukturen auflösen, um sie so besser sichtbar zu machen (vgl. Modell „Strukturierungskategorien...).

Wichtig scheint mir dabei zu sein, daß der Unterricht in größtmöglicher Selbstorganisation der Schüler verläuft, daß Kooperation, *bewußtes* Lernen und reflektiere Interaktion durch Konfliktanalysen – wie der vorgestellten – besonders gefördert werden (vgl. dazu auch Prinzipien der Didaktik: „Offenheit").

Unterricht ist also eine gemeinsame Aufgabe von Lehrern und Schülern, die in arbeitsteiligen Gruppen bestimmte Probleme zu bewältigen haben.

Die Planung übernehmen die Beteiligten gemeinsam. Informationen werden a) zum besseren und kompetenteren Realitätsverständnis und b) zur Angleichung des Informationsvorsprungs zwischen formell Lehrenden (Lehrer) und Schülern und c) zum emanzipativ kontrollierten politischen Handeln benötigt. Kontrollierbare und geplante Informationen können nur in Verbindung mit Lernzielen vermittelt werden, da Stoffziele (implizit) verschiedene Lernziele ansteuern (vgl. Abschnitt „Lernziel-Problematik" in Kapitel III). Als Lernanlässe verstanden, werden Lernziele aber zur gemeinsamen Verständigungsbasis, die dazu noch planbar wird. Informationsvermittlung ist daher mit Lernzielvermittlung gekoppelt.

Erfahrungsbereiche hierzu, die kurzfristig herzustellen wären, müssen folgende Voraussetzungen erfüllen (vgl. dazu Rolff/Tillmann, 1974, 16):

– Sie dürfen nicht gegen die bestehenden Gesetze, Verordnungen, Lehrpläne usw. in einer Weise verstoßen, die die Schulaufsicht zu starken Gegenmaßnahmen provoziert, daß selbst Ansätze strategischen Lernens administrativ unterdrückt werden.
– Sie müssen realisierbar sein, ohne daß die wesentlichen Organisationsstrukturen der bestehenden Schule bereits jetzt verändert werden müssen.
– Sie müssen so angelegt sein, daß sie auf Unterstützung – zumindest aber Tolerierung – eines Kollegiums stoßen, indem nur eine Minderheit eine antikapitalistische Position vertritt.
– Solche Erfahrungsbereiche müssen das gegenwärtige Bewußtsein der

Eltern einkalkulieren und ihre möglichen Reaktionen antizipieren, jedoch die Eltern auch in die Lernprozesse einzubeziehen versuchen. Längerfristig jedoch, so Rolff/Tillmann müsse „Statt einer Konkurrenz- und Karriereorientierung und einer damit verbundenen negativen Selbstbewertung der Gescheiterten ... für den Unterricht ein soziales Feld gefordert werden, das auf solidarischen Lernfortschritt aller Bewertung der Lernergebnisse durch die Gruppe ausgerichtet ist" ... „Ausleseprinzip, Konkurrenz- und Karriereordnung stehen in unübersehbaren Widerspruch zu solidarischen Lernprozessen. Sie abzubauen ist nur möglich, wenn das herkömmliche Zensierungs- und Prüfungssystem abgeschafft wird" (1974, S. 23).

Eine damit einhergehende Umorientierung des Unterrichts muß wohl auf „Zensierung" verzichten, emanzipative Realitätsbewältigung kann nicht in Prozentrangplätzen gemessen werden, sondern im Erfolg der Rationalisierung der näheren und weiteren Umwelt. Da aber Rationalitätsverständnisse einen bestimmten Werthintergrund besitzen, müßten zunächst die Wertvorstellungen objektiviert werden – eine Unmöglichkeit; abgesehen davon merkt der einzelne durch die Konsequenzen seines Handelns sehr wohl, ob er sein Ziel erreicht hat oder nicht. Noten würden bei Mißerfolg diese negativ besetzte Situation verstärken, die Folge wäre eine Mißerfolgsängstlichkeit. „Objektivierte Leistungskontrollen zum Zwecke der Selektion begünstigen zwangsläufig die Tendenz, daß das Curriculum auf solche Inhalte reduziert wird, die auch in der Form operationalisierter Lernziele meßbar und überprüfbar zu machen sind. Politisch-kritischer Unterricht aber, der sich dem Zwang objektivierbarer Leistungskontrolle beugt, läuft Gefahr, in der Doppelfunktion Aufklärungs- und zugleich Ausleseinstrument zu sein, an seinen eigenen Widersprüchen zu scheitern" (Stubenrauch, 1971, 214). Und J. Beck fragt mit Recht: „Was ist z.B. davon zu halten, wenn Schüler im Politikunterricht über demokratische Selbstbehauptung und Emanzipation diskutieren, dafür Noten bekommen und fünfzehn Minuten später durch den Pfiff des Turnlehrers der Größe nach an die Wand gestellt werden...? (Demokratische Schulreform in der Klassengesellschaft, in: Beck, 1971, 114).

Als wichtigste langfristige Perspektive sollte „eine Strategie entwickelt werden, die auf tendenzielle Aufhebung von Arbeit und Lernen hinausläuft" (Rolff/Tillmann, 1974, S. 23; vgl. dazu auch A. Lettieri: 1972, S. 59ff.).

## B. Unterrichtliche Anwendung des Didaktischen Modells

Dieser Abschnitt soll versuchen, den Schritt der didaktischen Strukturierung des Unterrichtsgegenstandes an einem Beispiel zu verdeutlichen. Für die konkrete Unterrichtsplanung gilt jedoch, was Lenzen über den Zusammenhang von Unterrichtsentwurf und „didaktische Analyse" ausführte:
„Wer Klafkis Primat der Didaktik folgend seine didaktische (nicht: methodische!) Analyse des Unterrichtsgegenstandes als Legitimationsgrund, als Begründung für seine Unterrichtsplanung ausgibt, fällt in das Argumentationsmuster normativer Didaktik zurück (vgl. Blankertz, 3/1970, S. 18 f.). Er erhebt die Ergebnisse seiner didaktischen Analyse zur leitenden Norm seines Unterrichts und versucht, den Plan seiner unterrichtlichen Handlungen daras „logisch" zu deduzieren. Er vernachlässigt, daß es eine Fülle von Bedingungen gibt, die er bei seiner Verlaufsplanung tatsächlich auch berücksichtigt hat, ohne daß sie sich der didakischen Analyse erschließen!" (D. Lenzen, 4/1975, S. 11 ff.).
Statt dessen verstehen sich die didaktischen Prinzipien, Strukturierungskategorien etwa als *praktische* Hilfe zur Erfassung und Strukturierung des zu untersuchenden Problems.
Die Anwendung der didaktischen Prinzipien wurde schon am Ende des III. Kapitels beispielhaft aufgezeigt. Nun muß man sich vergegenwärtigen, daß die Steuerungsgrößen bei der Anwendung des Prozeßmodells, neben den didaktischen Prinzipien, als *Art* der unterrichtlichen Bearbeitung, die Verhaltensdispositionen als Zielregulative und die Strukturierungskategorien als inhaltlich/curriculare Entscheidungs- und Planungsebenen darstellen.
Folgende Ausführungen beziehen sich auf das Prozeßmodell zur Entwicklung von Problemlösungsverhalten und aktueller Situationsbewältigung S. 185. Es sollte zur Erarbeitung der konkreten Anwendung herangezogen werden.

*Situationsidentifikation*

Als Beispiel zur Erläuterung des Prozeßmodells wollen wir die Situation „Wohnen" – eine Grunddaseinsfunktion – wählen. Da die Verhaltensdispositionen nicht nur Ziel*regulative* sondern anvisierbare Ziele sein sollen, könnte man z. B. hier Solidarisierungsformen kennen- und

anwenden lernen und Sensibilisierung als Lernziel miteinbringen. (Eine genauere Ausführung zur Gewinnung von Lernzielen vgl. Kapitel II, Lernzielproblematik, und Kapitel IV, die Lernziele, die zum Situationsfeld „Familie" angeführt wurden.)
Die Entscheidung, diese Situation zum Unterrichtsgegenstand zu machen, kann initiiert werden durch:

a) einen konkreten Schülerkonflikt in der Klasse
b) einen konkreten Konflikt, der durch Medien bekannt wurde und der das Interesse der Schüler erweckt hat, bzw. der die Interessen der Schüler und ihre Bedürfnisstruktur unmittelbar trifft und ihrer Lebensumwelt entspringt
c) eine curriculare Überlegung betreffend der Situationsfelder und
d) eine curriculare Überlegung betreffend der Verhaltensdispositionen (z. B. Solidarität/Sensibilität).

Ein weiterer wichtiger Punkt, der die Entscheidung mitbeeinflussen muß, ist die Frage, ob die Situation geeignet ist, exemplarisch gesellschaftliche Zusammenhänge zu verdeutlichen.

Die Situation „Wohnen" kann nicht eindeutig einem bestimmten Situationsfeld zugeordnet werden. Einerseits verbringt der Schüler seine freie Zeit in der Wohnung, andererseits – definiert man Schüler als Beruf – ist das Situationsfeld Beruf betroffen. Dies gilt auch für die Hausfrau, eine eventuell zukünftige Rolle der Schüler. Die Entscheidung der Zuordnung muß der konkreten Unterrichtssituation angepaßt werden.

*Differenzierung der Situationsebenen*

a) Als Situationsebenen wurden genannt:
   – Situationen des Kindes bzw. Jugendlichen
   (hier auftretende Rollen z. B. Kind, Freund, Geschwister usw., diese Rollen enthalten im Verhältnis zu Mitbewohnern und Vermieter Konfliktstoffe)
   Situationen des Erwachsenen
   (Hier z. B. zukünftiger Mieter, Vater/Mutter, Nachbar usw.)
   gesellschaftlich neue Situationen

(z. B. wandelte sich die Rolle des Mieters zum Vermieter durch das neue Mietrecht, es muß u. U. gelernt werden, seine Rechte wahrzunehmen)
gewünschte Situationen
(z. B. Mietersolidarität im Konfliktfall, Solidarität der Kinder)
b) Die Entscheidung, welche Ebene/Ebenen ausgewählt werden, kann entweder vom Lehrer vorher getroffen werden, er kann den Schülern die Entscheidung überlassen, oder Lehrer und Schüler treffen die Entscheidung gemeinsam.
c) Wir müssen hier von einer Vorstrukturierung ausgehen und können nunmehr folgende Differenzierungskategorien anlegen:
– Funktion und Prozeßcharakter
Wohnen hat die Funktion der Reproduktion, einer Kommunikationsinstanz usw. Der Charakter der Wohnung hat sich durch das Auseinanderklaffen von Wohn- und Arbeitsstätte verändert. Eventuell kann auch ein „Raumvergleich", wie Menschen anderswo leben, angestellt werden.
– Formelle und informelle Strukturen
Formelle Strukturen: Mieter – Mitbewohner – Vermieter, dieses Verhältnis ist meist hierarchisch strukturiert.
Informelle Strukturen: U. U. kann dieses Verhältnis durch sehr freundschaftliche Beziehungen überlagert sein.
– Aktiver und passiver Handlungsaspekt:
Hier wäre die Frage anzuschneiden, inwieweit der Mieter seine Rolle vom Vermieter definieren läßt, also passiv bleibt, oder ob er aktiv seine Rechte in Anspruch nimmt.
– Derzeitige und künftige Rollen:
Derzeitige Rollen sind Mieter und Vermieter, zukünftige Rollen wären denkbar als Mitglied eines Mieterkollektivs (vgl. Portugal).
d) Als letzte Entscheidung steht die Frage an, inwieweit Handlungsdimensionen und gesellschaftliche Organisationsysteme in die Unterrichtsplanung miteinbezogen werden sollen. Am Beispiel Wohnen wäre denkbar, die Handlungsdimensionen Arbeit und Kommunikation heranziehen. Arbeit, d. h. Wohnen als Existenzsicherung, für die instrumentelles Handeln notwendig ist, und Kommunikation, z. B. der Mieter untereinander, Mieter-Vermieter. Zusätzlich kann untersucht werden, inwieweit das Verhältnis Mieter-Vermieter von Herrschaft überlagert ist und wo diese Herrschaft z. B. rechtlich

abgesichert ist (hier wäre das gesellschaftliche Organisationssystem „Staat" betroffen). Der nächste Schritt wäre die Differenzierung des Konflikts.

1. Abstraktionsgrad
a) Der Konflikt betrifft das Individuum dirkekt, da die meisten Familien in Mietverhältnissen leben, ist also *konkret*. Einschränkung: Da ihre Eltern nur im direktem Mietverhältnis stehen, muß wahrscheinlich die Betroffenheit der Schüler noch durch zusätzliche Maßnahmen aufgezeigt werden.
b) Grad der Konfliktstärke
Die Regel eines Mieterkonfliktes stellt wohl mehr einen nichtstrukturellen Konflikt dar, kommt es jedoch z.B. zu Hausbesetzungen, Wohnungskampf, kann er wohl strukturelle Ausmaße annehmen und auf einen ungelösten gesamtgesellschaftlichen Konflikt hinweisen. (vgl. soziologische Phantasie)
c) Ausmaß des Konflikts
Über den Ausgangspunkt des Konflikts, der zunächst immer an einer Individuengruppe festgemacht wird, also individuell ist, kommt man wahrscheinlich sehr schnell dazu, diesen Konflikt als kollektiven zu identifizieren (Solidarisierungsfrage!), der sich nur immer in individuellen Konflikten *manifestiert*. Die Ausnahme hiervon sind sicherlich die im Märkischen Viertel in Berlin ausgebrochenen Konflikte, deren kollektiver Charakter von Anfang an deutlich war.
d) Konfliktebenen
Auf der interaktionellen Ebene könnte die tatsächlich ableitbaren Interaktionsstrukturen zwischen Mieter-Vermieter, Mieter untereinander, Mieterverband, politischen Organisationen usw. aufgezeigt werden. Auf der institutionellen Ebene bedarf es der Aufdeckung von Bedingungen von „Wohnen in Mietshäusern", z.B. das auf Dauer gestellte Abhängigkeitsverhältnis zwischen Mieter und Vermieter und ihre geringen Einflußmöglichkeiten auf die Wohnhausplanung. Auf der gesellschaftlichen Ebene läßt sich die Privatisierung des Wohnraums, Grund- und Bodens und die damit gekoppelte Machtausübung zeigen, ebenso die institutionelle Einbettung von Eigentum in staatliche „Kontrolle": z.B. Grundgesetz, Gesetzentwurf und Bodenspekulation, Städtebauförderungsgesetz, Bürgerinitiativen, Bürgerbeteiligung an Planungsprozessen.

e) Konfliktbedingungen

Die Interessenbestimmung von denjenigen, die am Konflikt beteiligt sind, ihre Vorstellungen („Der Vermieter muß ja schließlich bestimmen können, was in und an den Wohnungen gemacht wird, es ist ja sein Geld") und schließlich die Gesellschaftsbilder, z. B. „Die Mieter müssen sich wehren durch Demonstrationen, Interessenvertretung, Hausbesetzung, Gerichte usw. oder z. B. „die machen ja doch, was sie wollen, wir als Mieter haben darauf keinen Einfluß". Entfremdungsmechanismen sind hier sicherlich das Bewußtsein, daß Konflikte nur bei „profitgierigen" Hausbesitzern entstehen, die Aufdeckung von Angst bei Interessenvertretung, oder apathisch: „Mich geht das alles nichts an, Hauptsache ich habe meine Ruhe".

Bei der Herausarbeitung der Lebensbedingungen muß einerseits auf die Schichtzugehörigkeit der Mieter/Vermieter, die finanzielle Lage der betroffenen Konfliktparteien und schließlich auf den direkten Zustand der Wohnung/des Hauses (Art der Wohnung, Mehrfamilienhaus, Hochhaus, Garten, Umgebung, Lärm usw.) eingegangen werden.

*Konfliktanalyse*

1. Bei der Konfliktanalyse gehen wir von einem Konflikt zwischen Mieter und Vermieter um Mieterhöhung aus. Wurde der Konflikt von der Schülern selbst eingebracht, braucht affektive Dissonanz nicht mehr geschaffen werden. Wenn nicht, müssen wir an dieser Stelle Mittel der Verfremdung einsetzen, z. B. ein Rollenspiel, bei dem jeder Spieler, also Mieter und Vermieter, jeweils die Äußerung seines Rollenpartners wiederholen muß. Gleichzeitig wäre das Rollenspiel, in dem der Vermieter seine Mieterhöhung zu begründen und der Mieter klarzumachen versucht, warum er nicht zahlen will, eine Möglichkeit, die entstandene Dissonanz in sensitive Erfahrung zu überführen. Das bedeutet, daß der Konflikt der Mieterhöhung zunächst in seiner vollen Komplexität von den Schülern averbal erfahren wird. Die Schüler können sich in die Situation einführen.
2. Damit wird die Voraussetzung geschaffen, den Konflikt in verbale Zusammenhänge zu stellen. Im konkreten Beispiel heißt dies, daß die Schüler versuchen, verbal zu ermitteln, welche Auswirkungen die Mieterhöhung bzw. Nichtzahlung bei beiden Parteien haben könnte, indem sie ihre konkreten Erfahrungen miteinbringen.

3. Mit diesen Voraussetzungen untersuchen die Schüler nun: Welche objektiven Rollen sind an dem Konflikt beteiligt? Mieter, Mitbewohner, Vermieter; welche Funktion haben diese Rollen und wie erfährt sie der Schüler (subjektive Rollen). In der Interpretation ergeben sich wahrscheinlich Diskrepanzen, so daß an dieser Stelle informelle Rollenstrukturen mitdiskutiert werden können
Mit der Erarbeitung der subjektiven und objektiven Rollen ergeben sich Möglichkeiten, die Bedürfnisse und Einstellungen, die mit diesen verknüpft sind, zu benennen und damit die Rollen daraufhin zu untersuchen, inwieweit bei Mieter und Vermieter Möglichkeiten der Bedürfnisbefriedigung vorhanden sind (Grad der Rigidität, Repressivität und Internalisierung der Rollen!).
4. Bei der Herrschaftsanalyse des Mieter-Vermieter-Verhältnisses ergibt sich, daß durch Eigentum Macht- und Abhängigkeitsverhältnisse geschaffen werden, daß also soziale Herrschaft vorliegt. Diese kann zwar auch als personale auftreten, muß aber nicht, da es durchaus auch Interaktionsprozesse zwischen Mieter und Vermieter gibt, die „herrschaftsfrei" sind.
5. Bei der Interessenbestimmung kann auf das anfängliche Rollenspiel zurückgegriffen werden. Daran läßt sich aufzeigen, welche Interessen der Mieter hat, z.B. große, schöne bequeme Wohnung zu möglichst niedrigem Preis; und welche der Vermieter: z.B. mit möglichst wenig Aufwand gute Mietpreise zu erzielen.
Dabei müssen Ideologen wie „Eigentum verpflichtet", oder die „Verantwortlichkeit des Vermieters" aufgedeckt und auf ihren politischen Hintergrund befragt werden.
6. Die nun gewonnenen Erkenntnisse können vom Schüler so geordnet werden, daß er sie für die Lösung des Konflikts verwerten kann, z.B. Handlungsmöglichkeiten und -grenzen für den Mieter wie sie durch seine Rolle, durch das Herrschaftsgefälle und durch die Interessen der Vermieter bestimmt sind. Aus diesen Überlegungen heraus kann er nun ein Nahziel setzen, z.B. weniger oder keine Mieterhöhung, und ein Fernziel, z.B. Mieterhöhungen zu beschränken oder Mieterkollektive zu gründen (Beispiel Portugal).
7. Die Schüler sollten überlegen, welche Aktivitäten ihrem Ziel angemessen sind. Dazu könnten folgende Leitfragen dienen:
   a) Erfordert die Situation eine breitere Basis zur Erreichung des Nah- bzw. Fernziels, wieviel sind von der Mieterhöhung betrof-

fen, genügt eventuell ein persönliches Gespräch mit dem Vermieter?
b) Wenn eine breitere Basis notwendig ist: wen kann man ansprechen? (z. B. Hausgenossen, Nachbarn, Mieterverein, Jugendverbände usw.)
c) Welche Intentionen verfolgen wir mit der Schaffung einer breiteren Basis – eine einmalige Handlung oder längerfristige Veränderungen?
d) Welche Bedürfnisse haben die Beteiligten? Können bei einer Aktion gegen Mieterhöhung ihre eigenen Interessen eingebracht werden, ist also genügend Motivation zur Durchführung der Handlung vorhanden?
e) Überlegungen müssen angestellt werden, welche Folgen die Handlung haben kann und ob eventuelle Nebenfolgen, z. B. Kündigung der Wohnung, dem Ziel angemessen sind.
f) Bereits beim Adressat wurde überlegt, wer angesprochen werden kann. Zusätzlich müssen geeignete Solidarisierungspartner ausgewählt werden.
g) Wo kann man bei Mietkonflikten an politischen Prozessen teilhaben (z. B. Stadtteilarbeit, Gemeinderat, Bürgerinitiative, Bürgervertreter usw.).
8. Und wie kann man andere Gruppen, die vom Konflikt prinzipiell betroffen sind oder die als Partner in Frage kommen, über den Konflikt aufklären (z. B. Presse, Flugblatt, Demonstration, Informationsveranstaltungen usw.)

Diese Überlegungen müssen nun z. B. in einem Planspiel realisiert werden. Es können verschiedene Planspiele durchgeführt werden, die alternative Lösungsvorschläge durchspielen, um so zu Ansätzen von Taktiken und strategischem Planen zu kommen.

Dabei werden zwar Verhaltensweisen eingeübt, Analysevorgänge in Ansätzen erarbeitet, aber ein effektives Training kann nur durch ständiges Wiederholen solcher Konfliktanalysen stattfinden.

*Handlung*

Dieser Schritt kann selbstverständlich nur in Gang gesetzt werden, wenn Mieterkonflikte, Mieterbewegungen in der unmittelbaren Lebensumwelt der Schüler sich abspielen bzw. wenn eine emanzipatorische Jugendarbeit (z. B. Jugendhaus) solche Fragen aufgreift. Selbst wenn der Handlungsprozeß nur im Planspiel durchgeführt werden sollte – aber dann in einer vollständigen Handlungskette – ergibt sich noch ein großer Lerneffekt, da der Analyseprozeß in *Handlungsmuster* überführt wird, die sich, da sie dirket erprobt werden, in Ansätzen von Verhaltensweisen festigen können. Erprobt werden kann im Planspiel, z. B. Mieterversammlung, Gespräch mit Vermieter, Anwalt, Mieterbund, Stadtverwaltung, Öffentlichkeitsarbeit (bei größerer Konfliktausdehnung): Demonstration.

Die Gespräche werden mit den verschiedenen Interessengruppen durchgespielt, die entstandenen Ergebnisse festgehalten.

Bei „Flugblatt", „Beschwerde", „Pressenotiz" muß Adressat und Intention vorkonzeptiert und bei einem Teil der Klasse (oder Parallelklasse), die nicht an dieser „Teilhandlung" beteiligt war, auf ihre Wirkung überprüft werden.

Innerhalb jeglichen Einzelprozesses, wie Mieterversammlung, soll deren Folgen, Nebenfolgen, Wirkungen schon im vornherein, d. h. bei der Planung der Mieterversammlung antizipiert werden. Ebenso werden Solidarisierungsprozesse der Mieter untereinander, mit der übrigen Bevölkerung, Bürgerinitiativen, Unterschriftensammlung, Parteien oder auch anderen Gruppen und Partizipationsprozesse Mieterverein, Parteienarbeit, eventuell ebenfalls Unterstützung vorhandener Bürgerinitiativen oder Planungsausschüsse der Stadt, Bürgerreferenten usw. durchgeführt.

*Antizipation*

In der Reflexionsphase erfolgt die Prüfung, ob Lösungsinitiativen den Erfolg, d. h. die Konfliktreduzierung zwischen Vermieter und Mieter, die Interessendurchsetzung der Mieter, gebracht haben. Welche Teilerfolge wurden erreicht? Wurde die Mieterhöhung zurückgenommen oder reduziert? Waren die Lösungsvorschläge angemessen, z. B. Demonstration? Wäre es nicht sinnvoller gewesen, privat zu prozessieren? Welche Auswirkungen hatte dies auf Solidarisierung mit den andern Mietern usw.

Dabei sollten sich die am Lernprozess Beteiligten fragen, ob die Durchsetzung ihrer Interessen durch den Mieterverband auch für künftige Lösungsmöglichkeiten in Frage kommen? Hat sich bei den verschiedenen Aktivitäten herausgestellt, daß der Konflikt nicht genügend analysiert wurde, z. B. Interessen der Vermieter bzw. die Rolle von Geschäftsführern bei Organisationen wie der Neuen Heimat? Hat die Heranziehung von Vergleichen mit alternativen Wohnformen in Geschichte und anderen Kulturen dazu beigetragen, den Konflikt besser zu verstehen? Hat die Konfliktbetrachtung zur Lösung beigetragen oder dazu, daß z. B. andere Wohnformen noch zur Diskussion stehen?

Die Diskussion dieser Erfahrungen kann geübt werden, um einige Punkte herauszuarbeiten, wie künftige Konflikte besser analysiert, Fehler bei Analyse, Planung und Handlung vermieden werden können.

# VII. Kapitel
# Schlußbemerkungen

Dieses Kapitel soll weniger in einem Resumée münden, als vielmehr wichtige Probleme, die ich für ungelöst halte und Möglichkeiten der Weiterarbeit aufzeigen.

## A. Zielsetzung der Arbeit: Praktikabilität und Wissenschaftlichkeit

Das allgemeinste und auch relevanteste Problem scheint mir im postulierten Ableitungszusammenhang von Zielvorstellungen, Erkenntnisinteresse zu konkreten Schlußfolgerungen wie Verhaltensdispositionen, der Weg der Konfliktanalyse usw. zu liegen.
Der vorgenommene Konkretisierungsprozeß ist mehr an Kriterien der Praktikabilität, als an Kriterien eines explizit formulierten theoretischen Gerüsts orientiert. Das anfangs angesprochene Dilemma des Arbeitsziels zwischen weitergehender theoretischer Ableitbarkeit und Praktikabilität bricht hier deutlich auf.

Daß ein ungebrochener Begründungszusammenhang möglich sei, wurde bestritten. Die Frage stellt sich jedoch, ob die *Zusatzentscheidungen* jeweils sichtbar wurden. War dies nicht immer der Fall, so liegt das sicher im angestrebten Arbeitsziel. Daß Wissenschaftlichkeit (Transparenz) und Praktikabilität, die konkrete Handlungsanweisungen ermöglichen soll, zu einem Dilemma werden, ist bekannt. Es ergab sich die Notwendigkeit, sowohl strukturelle, als auch inhaltliche Beziehungen herzustellen, um weitere Konkretionen zu ermöglichen. Soweit in diesem Rahmen möglich, wurden Zusatzentscheidungen in den einzelnen Kapiteln in Form von Begründungszusammenhängen entwickelt; jedoch nicht bruchlos. Insofern haben die Ableitungsprozesse, überspitzt ausgedrückt, mehr programmatischen Charakter, legt man die Maßstäbe eines strengen Empirismus an.

Ableitungsprozesse müßten – und hier finden wir Ansätze zur Weiterarbeit – verfeinert, expliziert und wo zur empirischen Prüfung notwendig, operationalisiert werden.
Weiter wäre ein *explizites* Raster notwendig, das von Zielvorstellung zu konkreten Ergebnissen die Ableitungsprozesse *empirisch* prüfen läßt; eine Arbeit freilich, die die auftauchenden inhaltlichen Fragen notwendigerweise ausklammern müßte. Umgekehrt wäre ein Vorgang denkbar, der die hier entwickelten Vorstellungen auf ihre Praktikabilität und Nützlichkeit untersucht und zwar unter den gegebenen gesellschaftlichen schulischen Bedingungen. Hierbei scheint mir besonders wichtig, zu untersuchen, ob die vorgeschlagene Methode der diskursiven Lernzielgewinnung realisierbar ist, indem zwar Curricula, Modelle usw. herangezogen werden können – sozusagen als Hilfestellung – deren Geltung aber demokratisch ermittelt werden müßte.
Neben dem Deduktionsproblem und Fragen der Durchsetzbarkeit, scheint mir noch der folgende Punkt wichtig: Die vorgenommene Aufteilung der Arbeit legt den Schluß nahe, daß Gesellschaftstheorie, Sozialisationstheorie, Curriculumtheorie, Lerntheorie, usw. unbedingt nötig sind, um für die Didaktik überhaupt verbindliche Aussagen machen zu können. Letzten Endes bedeutet dies, daß für eine Wissenschaft (Didaktik) alle anderen Wissenschaften unabdingbar werden. Diese Schlußfolgerung erweist sich als falsch; vielmehr bestehen zwischen den einzelnen Wissenschaften und der Didaktik der Gesellschaftslehre ein Wechselverhältnis. Wohl ist Didaktik auf die Erkenntnisse dieser Wissenschaften angewiesen, jedoch nicht auf ihren vollständigen „Einzugsbereich". Denn wie wir gesehen haben, ordnet die spezifische Fragestellung, das Erkenntnisziel, die einzelnen Wissenschaften unter ganz bestimmten leitenden Gesichtspunkten an. Curriculumtheorie, Lerntheorie, usw. werden außer als Informanten zu Anregungs- und Kontrollinstanzen. Die Abgrenzung von Wissenschaftsdisziplinen ist eine (definitorische) Übereinkunft, um Realität arbeitsteilig zu bewältigen. Insofern muß, um wissenschaftsdisziplinäre Borniertheit und dogmatische Befangenheit zu überwinden, eine interdisziplinäre Zusammenarbeit garantiert werden. Eklektizismus ist dabei zu vermeiden; stattdessen wäre die Integrierung und Anordung der Wissenschaften je nach Aufgabenstellung *erneut* vorzunehmen, nach Art eines je neu zu programmierenden Regelkreises.

## B. Modelle

Die vorliegende Arbeit stellt insofern keine Theorie dar, als ihr die bei jedem Schritt notwendige Explikation von Aussagen und deren empirische Überprüfung fehlt (mangelnde Stringenz).
Was sie allerdings leisten kann, ist die Möglichkeit der Überführung des didaktischen Modells in eine Theorie. Modelle sind Vorläufer-Theorien. Die Anwendbarkeit der Didaktik scheint mir – auch wenn einige Teilelemente (Beispiel Problemlösungsstrategie: „Handlung") erst mit veränderter Organisationsstruktur der Schule voll einlösbar werden – gegeben zu sein (vgl. voriges Kapitel).
Bezugsgrößen und Abhängigkeitsverhältnisse von Didaktikbegriff, didaktischen Prinzipien, Verhaltensdispositionen und schließlich dem Analysevorgang wurden zwar entwickelt, aber die vollständige theoretische Legitimation *innerhalb* einer Theorie fehlt. Zudem müßten die Modelle noch weiter differenziert und stringenter aufeinander bezogen werden, was allerdings erst eine abgesicherte Theorie der Didaktik vermag
Ein letztes, wenn auch gewichtiges Problem scheint mir in dem Phasenmodell der Konfliktanalyse zu liegen. Phasen beschreiben notwendig aufeinanderfolgende Handlungen, die zudem einen Übergangsbereich (nämlich in eine andere Phase) besitzen. Werden die Phasen so aufgefaßt, ist das Modell unhaltbar. Denn tatsächlich können Phasen übersprungen werden bzw. sich nicht in der angegebenen Reihenfolge vollziehen. Z.B. kann ein Motiv vorliegen, das verbunden mit Sozialisationsbedingungen ein bestimmtes Ziel dauerhaft anstrebt; Konfliktanalyse wird dann zur Scheinanalyse, denn das Ziel steht immer schon fest, die Handlungen sind in besonders ausgeprägten Fällen wahrscheinlich sogar stereotyp. Außerdem können manche Konflikte schon so bewußt und analysiert sein, daß lediglich verschiedene Handlungsentwürfe zur Lösung benötigt werden. Also: Phasen können übersprungen, abgekürzt, oder sogar verkehrt werden, nur nicht vollkommen, so daß affektive Dissonanz am Schluß der *bewußten* Konfliktlösungssuche steht. Werden die Phasen als heuristische verstanden, das Modell als Konzept zur Strukturierung von Problemsituationen, und ist man sich dieses Charakters voll bewußt, kann die vorgenommene Untergliederung des Analysevorgangs zur rationaleren und bewußteren Situationsbewältigung beitragen.

## C. Didaktikbegriff

Didaktik als Reduktions- und Vermittlungswissenschaft komplexer Umweltrealität wurde zwar definitorisch bestimmt, ihre Integration in eine allgemeine Theorie, die „Reduktion" und „Umweltkomplexität" einzuordnen vermag, kann bislang nicht vorgenommen werden, da die Wissenschaftsdiskussion noch nicht so weit fortgeschritten ist, (vgl. Habermas/Luhmann: 1971).

## D. Emanzipation

Bei der Ausdifferenzierung von Emanzipation entstand eine Doppeldeutigkeit: „Emanzipation" soll einmal die realitätsbewältigende Leitidee und zum anderen das Erziehungsziel „Befreiung lernen" sein. Diese Doppeldeutigkeit ist jedoch eine scheinbare. Wird „Emanzipation" als wissenschaftliche Leitidee akzeptiert, bedeutet dies, daß sie der Regulator für Zielvorstellungskonkretionen und theoretisch angeleiteten Handlungsentwürfen ist.

Da diese Emanzipation allgemein konkretisierten, kam es darauf an, Emanzipation, verstanden als Befreiung von Herrschaftsverhältnissen, im Bereich *intentionaler Sozialisation* zu konkretisieren: die Befreiung aus versklavten Verhältnissen erlernen. („Befreiung lernen").

Inhaltlich bedeutet Emanzipation dasselbe. Formal dagegen wird aber einmal die realitätsbewältigende Leitidee *und* das Erziehungsziel mit demselben Begriff versehen. So gesehen stellt die „doppeldeutige" Begriffsverwendung eine Unkorrektheit dar, die aber zugunsten des semantischen Bedeutungsfeldes beibehalten wird.

Damit sind wir beim zweiten Problem, nämlich der Gefahr, daß solche Erziehungsziele, wie wir sie entwickelt haben, bedenkliche Gefahren mit sich bringen. Erwirbt der Heranwachsende emanzipierte Verhaltensweisen und kann er auf die Umwelt keinen verändernden Einfluß nehmen, kann es zu Problemsituationen kommen:

a) Entweder wird, bei hoch entwickeltem Planungsverhalten und Zeitperspektive, die Verhaltensweisen zurückgestellt, „retardiert" und bleiben latent.

    d.h. der Erwerb emanzipatorischer Verhaltensweisen bleibt irrelevant, unverstärkt und wird sich im Laufe der Zeit wieder verlieren, bzw. einer Resignation Platz machen.

b) oder das Ich scheitert an dem Bewußtsein seiner Fähigkeiten und der Unmöglichkeit der Durchsetzung. Es vollzieht entweder den Emanzipationsprozeß in der Phantasie und verliert die Realitätskontrolle, oder es handelt blindlings, wobei auch hier keine richtige Realitätseinschätzung erfolgt; das Individuum wird schizophren.

Wird mit der Erziehung zur Befreiung nicht schon Möglichlichkeiten der Realisierung und die dabei auftauchenden Konflikte für den Heranwachsenden antizipiert, wird dem eigenen Ziel, abgesehen davon, daß dies verantwortungslos ist, widersprochen: das Individuum bleibt nicht *rational* handlungsfähig.

Ein weiteres wichtiges Problem scheint im folgenden zu liegen:
1. fordert der Verfasser Selbstbestimmung und
2. werden Ziele gesetzt (die Art der Gewinnung spielt dabei keine Rolle).

Wird nicht dadurch schon im Ansatz Selbstbestimmung verhindert, indem nämlich Emanzipation *fremd*bestimmt wird? Eine solche radikale Fragestellung führt zu der Konsequenz, daß selbst diese Zielvorstellung ihren Geltungsanspruch *diskursiv* einlösen muß, in diskursiven Kommunikationsprozessen unter Berücksichtigung aller Betroffenen. Konkret bedeutet das: Unter Berücksichtigung der Schüler, Lehrer, Eltern.

Gleichfalls könnte dann die Vorstellung von Realitätsbewältigung und Emanzipation so transferiert werden, daß sie als Unterrichts*prinzip* in Frage kommt.

Emanzipation kann zwar wohl Leitidee, aber nicht so ohne weiteres das praktizierte Erziehungsziel sein.

**E. Soziologische Phantasie**

Soziologische Phantasie konnte trotz Ausdifferenzierung ihrer Funktionen und Leistungen nicht näher expliziert werden. Dies liegt sicherlich zum großen Teil darin, daß diese Kategorie, die Oskar Negt ins Bewußtsein der Diskussion um politische Bildungskategorien rief, bislang nicht theoretisch weiteruntersucht wurde. Man müßte versuchen, die Funktion soziologischer Phantasie empirisch abzusichern. Außerdem sie aus der Theorie Mills genauer herzuleiten. Dies setzt jedoch eine eigene Arbeit voraus. Dabei gibt es für mich ein Problem: Wird der soziologischen Phantasie durch Operationalisierung nicht gerade ihre charakteristische Dimension, nämlich das phantasiereiche Verknüpfen entzogen? Vollständig korrekt könnte sie ohne inhaltliche Einbuße wohl erst gefaßt werden, wenn es eine, freilich soziologisch ausgerichtete, Theorie der Phantasie gibt. Mit dieser zuletzt aufgeworfenen Frage hängt ein weiteres Problem zusammen: Widerspricht nicht das aufgestellte Modell sowohl zur Verlaufsbeschreibung, als auch zur Konfliktanalyse eben nicht aus diesen Gründen soziologischer Phantasie? Wird nicht durch die weitgehend abstrakt formulierte und *nicht* an situativen Bedingungen orientierte Problemlösungsstrategie dem Charakter soziologischer Phantasie widersprochen? Hiergegen könnte man argumentieren, daß die Entwicklung soziologischer Phantasie ja selbst ein abstrakter und theoretischer Vorgang ist, und bei Anwendung der Prinzipien *auf* soziologische Phantasie abstraktes Modelldenken gefördert wird. Die Entgegnung, daß dies ein Widerspruch in sich selbst darstelle, kann wohl theoretisch nicht beantwortet werden. Man müßte versuchen, zu soziologischer Phantasie zu erziehen und zwar auf die Art und Weise, wie es hier getan wurde, und dann prüfen im Handlungs- und Bewußtseinsresultat der Schüler – ob diese tatsächlich abstraktes Modelldenken entwickeln, oder ob das Denken über transferierende Strukturen hinaus seine Handlungen an situative und historische Bedingungen bindet und sich von diesen *leiten* läßt.

## F. Konflikt

Ein weiteres Problem scheint mir darin zu liegen, ob es denn überhaupt möglich ist, *immer* konkrete Konflikte der Schüler und nicht nur die im Rollenspielen künstlich hergestellten mit aufzunehmen. Sind nicht vielmehr die relevantesten gesellschaftlichen Strukturen *nicht* in individuellen Situation gebunden?
Ich glaube nein. Dazu folgendes Beispiel: Ein Schüler verhält sich gegenüber anderen besonders agressiv. Man stellt fest, daß er aus der mittleren Unterschicht kommt, mehrere Geschwister, kein eigenes Zimmer hat usw. Nun kann an dem individuellen Konflikt deutlich gezeigt werden, wie er mit gesellschaftlichen Strukturen zusammenhängt, 1. das Problem der Schicht, 2. die Situation am Arbeitsplatz, die Rolle des Vaters, 3. die relativ schlechte Bezahlung und schlechte Bildung. Danach könnte die Interessenbestimmung von gesellschaftlichen Gruppen erfolgen.

Gesellschaftliche Strukturen können auf diese Art mit (fast) jedem Konflikt zusammengebracht werden. Dies erfordert natürlich auch soziologische Phantasie vom Lehrer. Die dichotomisch vorgenommene Konfliktdifferenzierung ist ebenfalls noch ein wichtiger Punkt. Einzelne Konflikttypen können ausdifferenziert werden, aber das alte Problem der Dichotomien bleibt: Sie sind erstens zu undifferenziert und zweitens können sie zu falschen Schlußfolgerungen führen, da jeweils Konflikttypen, passen sie nicht in das eine Dichotom, dem anderen zugeordnet werden müssen.

Damit zusammenhängend scheint es mir wichtig auf den Einwand einzugehen, daß bei der entwickelten didaktischen Konstellation wesentliche Inhalte des Erkunde- und Geschichtsunterrichts unter den Tisch fallen.

Richtig ist, daß traditionelle Geschichtsinhalte, wie z.B. „Die Zeit Bismarcks" in dieser Form wegfallen, jedoch dann und nur dann aufgegriffen werden, wenn Fragen, z.B. der Verfolgung von politischen Gruppierungen oder imperialer Außenpolitik wichtig werden. Ebenso verhält es sich mit „Erdkunde": Länderkundliche Themen wie „England" oder sozialgeographisch gefaßt z.B. „Arbeiten", werden dann und nur dann herangezogen, wenn wie im 2. Fall „Arbeiten" in der Form wichtig wird, als es gilt, Herrschaftsverhältnisse in Schule und Beruf zu untersuchen, bzw. auf den existenzsichernden Charakter von „Arbeit" eingegangen wird.

Dieses sogenannte „Steinbruch-Prinzip", nach dem aus den einzelnen Bereichen „Teile" herausgeschnitten und je nach konkreter Konfliktlage auf diese bezogen werden, findet hier seine Anwendung. Ein chronologischer Zusammenhang in Geschichte oder ein nach „Grunddaseinsfunktionen" geordneter in Geographie geht verloren, unsystematisch ist die Neustrukturierung auf keinen Fall. Vielmehr stellt die an Lebenssituationen orientierte „Raum-Zeit" Dimension eine enge Verquickung von konkreter Lebenswelt der Schüler und Informationen aus Geschichte/Geographie dar. Die Informationen werden direkt in die Interessenlage der Schüler eingebunden, ihr Sinn wird den Schülern ersichtlich. Die Systematik ergibt sich aus den Strukturierungskategorien zur Erfassung gesellschaftlicher Realität. Und so ist auch R. Kelber zuzustimmen:

„Vollständigkeit' kann fehlende Systematik nicht ersetzen und trägt eher zur Verwirrung als zur Aufklärung bei" (R. Kelber, 1974, S. 20)

## G. Ansätze zur Weiterarbeit

Ich will nun versuchen, die Ansätze möglicher Weiterarbeit anzudeuten. Die Arbeit ist so angelegt, daß jedes einzelne Kapitel eine quasi-selbständige Einheit darstellt.
Neben konkreten inhaltlichen Fragen wurde ein mögliches theoretisches Gerüst aufgezeigt.
Dieser theoretische Rahmen wäre zu spezifizieren (und gegebenenfalls zu modifizieren) und die Ergebnisse dadurch neu zu ordnen und zu integrieren:

1. Dem *Umriß* einer Theorie der politischen Bildung müßte die empirisch abgesicherte *Theoriebildung* unter emanzipatorischem Erkenntnisinteresse folgen.
2. „Didaktik" wäre in eine Reduktionstheorie komplexer Umweltrealität einzuordnen, ihr Instrumentarium anhand dessen umzuformulieren.
3. Die didaktischen Prinzipien müßten in einen integralen Bestandteil von didaktischem Konzept und Theorie der Politischen Bildung eingebettet werden.
4. Die Verhaltensdispositionen sind so zu konkretisieren und die Lernzieldiskussion so voranzutreiben, daß ihre Verbindung problemlos wird.
5. Die Modelle sind hinsichtlich ihrer Stringenz, Ausdifferenziertheit und Anwendbarkeit zu vervollständigen (Bedingungen hierzu wurden oben genannt).

# Literaturnachweis

Abels, Heinz (Hrsg.): Sozialisation in der Schule, Andax-Verlag, Kettwig 1971
Achtenhagen, Frank, u. a. (Hrsg.): Curriculumrevision-Möglichkeiten und Grenzen. Kösel-Verlag, München, 2/1971
Adler, Norman, u. a. (Hrsg.): „The Learning of Political Behavior", Scott, Foresman & Co.. Glenview, Ill., 1970.
Adorno, Theodor, u. a. (Hrsg.): Der Positivismusstreit in der deutschen Soziologie. Luchterhand-Verlag, Neuwied-Berlin 1969.
Altvater, Elmar, u. a. (Hrsg.): Materialien zur politischen Ökonomie des Ausbildungssektors. Erlangen 1971.
Ammer, Christiane/Buggle, Franz/Wetzel, Helmut/Wilhelm, Monika: „Veränderung von Schülerverhalten". Eine Einführung in die Verhaltensanalyse und Verhaltensmodifikation. Urban & Schwarzenberg Verlag, München 1/1976.
Andrae, Hugo: Über die Ideologiesierung der politischen Bildung. Aus Politik und Zeitgeschichte, Beilage zur Zeitung Das Parlament, Heft 10, S. 3 ff., 1972.
Arbeitskollektiv: Bericht über das proletarische Kindertheater X. b:e 2/72, S. 19 ff.
Ausubel, David P.: Entdeckendes Lernen. Neber, a. a. O., S. 28 ff.
Autorenkollektiv: Bericht über das proletarische Kindertheater X. b:e 2/72, S. 19 ff.
Autorenkollektiv: Didaktik, Schulpädagogik 1. Berlin 1963.
Ballauf, Theodor: Skeptische Didaktik, Quelle & Meyer, Heidelberg 1970.
Baumann, Reiner: Curriculumanalyse durch den Lehrer. Gesamtschule, 4/75, S. 5 ff.
Beck, Johannes, u. a.: Erziehung in der Klassengesellschaft. List-Verlag, München 1971.
Becker, Helmut/Haller, Hans Dieter/Stubenrauch, Herbert: Das Curriculum. Praxis, Wissenschaft und Politik, München 1974.
Becker, Helmut, u. a.: Wirklichkeit in gebrochener Form – Anmerkungen zum Projekt Wohnen. b:e, 8/72, S. 29 ff.
Becker, Nickolaus: Zur Organisation geistiger Arbeit im kapitalistischen Produktionsprozeß. „Politikon", 36/71, S. 10 ff, 37/71, S. 12 ff.
Behrmann, Günther: Politische Sozialisation. In: Görlitz: Handlexikon ... a. a. O. S. 329 ff.
Bernstein, Basil: Sozio-kulturelle Determinanten des Lernens. In: Weinert: „Pädagogische Psychologie", a. a. O., S. 346 ff.
Blankertz, Herwig: Curriculumforschung – Strategien, Strukturierung, Konstruktion. Neue dt. Schule Verlagsgesellschaft, Essen, 2/1971.
Blankertz, Herwig: Theorien und Modelle der Didaktik, Juventa-Verlag, München 3/1970.
Bloch, Ernst: Pädagogica. Suhrkamp-Verlag, Frankfurt 1/1971.
Brecht, Bertolt: Schriften zum Theater 1. Ges. Werke, Bd. 15, Suhrkamp-Verlag, Frankfurt 1971
Breyvogel, Wilfried: Die Didaktik der ‚Berliner Schule' – Eine Kritik ihrer Funktion für Erziehung und Unterricht. b:e, 6/72, S. 19 ff.
Brügelmann, H.: Offene Curricula. Z. f. Pädago., 18/72, S. 95 ff.

Bruner, Jerome S.: Der Akt der Entdeckung. Neber, a. a. O. S. 15ff.
Chomsky, Noam: „Beruht programmierter Unterricht auf einer Unwissenschaft". b:e, 3/72, S. 19ff.
Corte, Erik de: Analyse der Lernzielproblematik. Z. f. Pädago. 17/1971, S. 76ff.
Curriculumentwicklung. Gesellschaft und Schule, 2/1971.
Curriculum und Gesamtschule. Veröffentlichungen der Martin-Buber und Thomas Mann Gesamtoberschule, Berlin, 1970.
Dahmer, Ilse: Erziehungswissenschaft als kritische Theorie und ihre Funktion in der Lehrerausbildung, I. didacica, 1/1969, S. 16ff.
Dahmer, Ilse: Theorie und Praxis. Dahmer/Klafki: Geisteswissenschaftliche Pädagogik am Ausgang ihrer Epoche – Erich Weniger. Beltz, Weinheim, S. 35ff., 1968
Das Problem der Didaktik. Z. f. Pädago, 3. Beiheft, 1953.
Dieckmann, Johann/Bolscho, Dietmar: Gesellschaftswissenschaftlicher Unterricht. Bad Heilbrunn 1975.
Dirx, Ruth: Eines Tages als die Schule abgeschafft wurde. Beltz, Weinheim 1975.
Dohmen, Günther, u. a.: Unterrichtsforschung und didaktische Theorie, Piper München 1970.
Dröger, Ursula/Keitel, Horst: Individualisierter Unterricht und soziales Lernen – ein notwendiger Gegensatz? Das Projekt UDIS – Unterrichtsdifferenzierung in der Sekundarstufe I. Gesamtschule 4/75, S. 29ff.
Dreitzel, Hans Peter: „Das gesellschaftliche Leiden und das Leiden an der Gesellschaft". Stuttgart 1972.
Drever, James, u.a.: Dtv Wörterbuch zur Psychologie. Dt. Taschenbuch-Verlag, München 4/1970.
Dreyer, Claus: Kommunikationstheoretische Probleme einer Didaktik der Medien. Stuttgart, (unveröffentl. Manuskript), 1972
Eckert, Roland: Die Schule im Sozialisationsprozess – zur Rolle der Schule in der Gesellschaft. In: Schule und Gesellschaft, „Der Bürger im Staat", 4/69, S. 142ff.
Eichhorn, Wolfgang u. a. (Hrsg.): „Wörterbuch der marxistisch-leninistischen Soziologie", Westdeutscher Verlag, Opladen 2/1971.
Familienerziehung, Sozialstatus und Schulerfolg, tabu, Beltz Weinheim 1971.
Fend, Helmut: Sozialisierung und Erziehung. Beltz Weinheim, 2/3 durchgesehene Auflage 1970.
Fischer, Kurt-Gerhard: „Einführung in die Politische Bildung", Metzler'sche Verlagsbuchhandlung, Stuttgart 1970.
Fischer, Kurt-Gerhard: Über die Möglichkeiten einer „Europäisierung" der Politischen Bildung an Europas Schulen. In: Poldi Nr. 0, März 1975, S. 2ff.
Flechsig, Karl-Heinz, u. a.: „Probleme der Entscheidung über Lernziele", in: Achtenhagen, 2/1971, S. 243f.
Freire, Paolo: Pädagogik der Unterdrückten. Berlin – Stuttgart 1973.
Frey, Karl: Theorien des Curriculums. Beltz, Weinheim, 1971.
Frohn, Helmut: Kooperation mit Eltern: Chance für einen demokratischen Unterricht. b:e, 1/72, S. 36ff.
Funkkolleg Erziehungswissenschaft Bd. 1–3. Fischer Taschenbuch-Verlag, Frankfurt 1970.
Funkkolleg „Pädagogische Psychologie", Beltz, Weinheim 1972.
Funkkolleg Beratung in der Erziehung. Beltz, Weinheim 1975.
Funkkolleg Sprache. Fischer Taschenbuch-Verlag, Frankfurt 1973.
Furth, Peter: Nachträgliche Warnung vor dem Rollenbegriff. „Das Argument", 66/71, S. 494ff.

Robert Gagné: "Die Bedingungen menschlichen Lernens". Hannover 1969.
Garlichs/Heipcke/Messner/Rumpf: Didaktik offener Curricula. Beltz, Weinheim 1974.
Geißner/Lewkowicz: Emanzipatorische Familienbildung. Heidelberg 1975.
Gesellschaftslehre. Information Gesamtschule, Hessischer Kultusminister. Hessisches Institut für Lehrerfortbildung 1970.
Giesecke, Hermann: Methodik des politischen Unterrichts. München 1973.
Gold, Volker/Wagner, Mignon/Ranft, Wolfgang, R./Vogel, Marianne/Weber, Inge: Kinder spielen Konflikte. Neuwied Berlin 1973.
Görlitz, Axel (Hrsg.): Handlexikon zur Politikwissenschaft. Ehrenwirth, München 1970.
Görlitz, Axel: Politikwissenschaftl. Propädeutik. Reinbek 1972
Görlitz, Axel: Zu einer Theorie der Politischen Bildung. In: "Gesellschaft, Staat, Erziehung" 5/70, S. 349 ff.
Gorz, André: Technische Intelligenz und kapitalistische Arbeitsteilung. In: Politikon, 37/71, S. 3 ff.
Gottschalch, Wilfried: Bedingungen und Chancen politischer Sozialisation, Fischer Taschenbuch, Frankfurt 1972.
Gottschalch, Wilfried: Ideologische Komponenten in den Erziehungswissenschaften. In: "Das Argument", 31/64, S. 220 ff.
Gottschalch, Wilfried u. a.: Sozialisationsforschung. Fischer Taschenbuch, Frankfurt 1967
Gottschalch, Wilfried: Soziologie der Politischen Bildung. Europäische Verlagsanstalt, Frankfurt 1970.
Grell, Jochen: Techniken des Lehrerverhaltens, Beltz, Weinheim 3/1975.
Gronemeyer, Reimer: Integration durch Partizipation. Frankfurt 1973.
Gross, Eberhard: Soziologische Perspektiven der Lehrplanreform. In: J. Speck: "Probleme ... a.a.0. S. 162 ff.
Habermas, Jürgen: Arbeit und Interaktion. In: ders.: Technik und Wissenschaft als Ideologie. Suhrkamp, Frankfurt, 4/1970, S. è ff.
Habermas, Jürgen: Erkenntnis und Interesse. In: ders.: Technik und Wissenschaft ...a.o.O. S. 146 ff.
Habermas, Jürgen: Die Selbstreflexion der Geisteswissenschaften. In: ders.: "Erkenntnis und Interesse" Suhrkamp, Frankfurt, 1968, S. 204 ff.
Habermas, Jürgen: Legitimationsprobleme im Spätkapitalismus, Frankfurt 1/1973.
Habermas, Jürgen: Theorie und Praxis. Suhrkamp, Frankfurt, 1/1971.
Habermas, Jürgen/Luhmann, Niklas: Theorie der Gesellschaft oder Sozialtechnologie. Frankfurt, 1/1971.
Habermas, Jürgen: Thesen zur Theorie der Sozialisation. Vorlesungsmanuskript, Sommersemester 1968 (Raubdruck)
Hagemann-White, Carol/Wolff, Reinhart: "Wie's in der Schule wirklich aussieht" b:e 8/75, S. 30 ff.
Halbfas, Hubertus: Didaktik als Aufklärung. In: Dohmen/Maurer/Popp (Hrg.), a.a.O., S. 263 ff.
Halder, Petra: Verhaltenstherapie. Stuttgarat 1973.
Handreichungen für Lernziele, Kurse und Projekt 4, im Sekundarbereich II für das gesellschaftswissenschaftliche Aufgabenfeld (B) o.J.
Hänsel, Dagmar/Nyssen, Elke: Hauptschulunterricht: Wie die Restschule sozialisiert. b:e 8/75, S. 35 ff.
Heckhausen, Heinz: Förderung der Lernmotivierung und der intellektuellen Fähigkeiten. In: H. Roth (Hrsg.) Begabung und Lernen, a.a.O. S. 193 ff.
Heimann, Paul, u.a.: Unterricht, Analyse und Planung. Schroedel Hannover, Auswahl Reihe B, 1/2, Mai 1970.

Heinrich, Brigitte: Die Bundesrepublik im System des Imperialismus. In: Kursbuch 21, Wagenbach, September 1970, S. 160ff.
von Hentig, Hartmut: Cuernavaca oder: Alternativen zur Schule? Stuttgart–München 1972.
Herz, Otto, u.a.: Lernen in der Hochschule. Reihe Blickpunkt Hochschuldidaktik, 22, Hamburg 1972.
Hesse, Hans-Albrecht, u.a.: Einführung in die Curriculumforschung. Kohlhammer Stuttgart 1972.
Hiebsch, Hans (Hrsg.): Ergebnisse sowjetischer Psychologie. Klett Stuttgart 1969.
Hilgard, E. R./Bower, G. H.: Theorien des Lernens. B I/II. Stuttgart 1971.
Hilligen, Wolfgang: Zur Didaktik des politischen Unterrichts I. Opladen 1975.
Holling, Eggert/Bamme, Arno: „Curriculumforschung", Ansätze, Modelle, Probleme, päd. extra 16/76
Holtmann, Antonius: Systemtheorie und didaktisch-historische Theorie: Gesichtspunkte zur politisch-didaktischen Diskussion. In: POLDI Nr. 0. S. 14ff.
Holzkamp, Klaus: Kritische Psychologie. Fischer-Taschenbuch, Frankfurt 1972.
Homme, Lloyd, u.a.: Verhaltensmodifikation in der Schulklasse. Beltz Weinheim 1974.
Hoppe, Ottfried: Operation und Kompetenz – das Problem der Lernzielbeschreibung im Fach Deutsch. (unveröffentl. Manuskript) o,J.
Horkheimer, Max, u.a.: Philosophie und kritische Theorie. In: Z. f. Sozialforsch. Bd. IV, S. 625ff., 1937.
Horkheimer, Max: Traditionelle und kritische Theorie. In: Z. f. Sozialforsch. Bd. IV, S. 245ff., 1937.
Huffschmid, Jörg: Die Politik des Kapitals. Suhrkamp, Frankfurt, 6/1971.
Huisken, Freerk: Zur Kritik bürgerlicher Didaktik und Bildungsökonomie. List Taschenbuch, München 1972.
Iben, Gerd: Kompensatorische Erziehung. Juventa, München 1971.
Illich, Ivan: Entschulung der Gesellschaft. München 1971.
Illich, Ivan: Plädoyer für die Abschaffung der Schule. In: Kursbuch 24/71, S. 1ff.
Illich, Ivan: Schulen helfen nicht. Reinbek, 1973.
Kagan, Jerome: Argumente für das entdeckende Lernen. In: Neber, a.a.O., S. 121ff.
Kaiser, Hermann-Josef, u.a.: Das ‚didaktische Strukturgitter' in der Curriculumforschung. In: Blankertz: „Curriculumforschung..." a.a.O. S. 97ff.
Kelber, Richard: Demokratie als Polit-Zirkus?. Zur Geschichte und Funktion der Politischen Erziehung in der BRD. päd. extra 14/15 1974, S. 13ff.
Kern, Horst: Verhaltensmodifikation in der Schulpraxis. Stuttgart 1974.
Kersh, Bert Y.: Die motivierende Wirkung des Lernens durch gelenkte Entdeckung. In: Neber, a.a.O., S. 204ff.
Klafki, Wolfgang: Didaktische Analysen als Kern der Unterrichtsvorbereitung. In: Roth/Blumenthal: Didaktische Analyse. Schroedel, Hannover, Auswahl Reihe A. 1, 10/1969
Klaus, Georg, u.a.: Marxistisch-leninistisches Wörterbuch der Philosophie, Bd. 1–3. Rowohlt, Hamburg, 1972. Klaus, Georg/Bahr, Manfred (Hrsg.): (Philosophisches Wörterbuch, 10. Aufl. 1974, VEB Bibliographisches Institut Leipzig).
Klingberg, Lothar, u.a.: Abriss der allgemeinen Didaktik. Volk und Wissen, Berlin 1968.
Knab, Doris: Ansätze zur Curriculumreform in der BRD. In: b:e, 2/71, S. 15ff.
Knab, Doris: Curriculumforschung und Lehrplanreform. In: Neue Sammlung, 2/69, S. 169ff.
Kofler, Leo: Die Wissenschaft von der Gesellschaft. Makol, Köln, 1971.
König, Ernst/Riedel, Harald: Systemtheoretische Didaktik. Beltz, Weinheim 2/1974.

Kopp, Ferdinand: Didaktik in Leitgedanken. Auer, Donauwörth, 1965.
Krappmann, Lothar: Neuere Rollenkonzepte als Erklärungsmöglichkeit für Sozialisationsprozesse. In: Familienerziehung ..." S. 161.
Krappmann, Lothar: Soziologische Dimensionen der Identität. Stuttgart 2/1972.
Kress, Gisela, u. a. (Hrsg).: Politikwissenschaft. Fischer Taschenbuch, Frankfurt 1972.
Krope, Peter: Entwurf einer Theorie zur Entwicklung von Lernzielen. Reihe Blickpunkt Hochschuldidaktik, Nr. 23, Hamburg 1972.
Kuhlmann, Henning: Klassengemeinschaft. Über Hauptschüler und Hauptschullehrer und den Versuch herauszufinden, wann Schule Spaß machen könnte. Berlin 1975.
Kursbuch 24. Wagenbach, Berlin Juni 1971.
Laing, Ronald D.: Das Selbst und die anderen. Erice 2/1969.
Lempert, Wolfgang: Bildungsforschung und Emanzipation. In: Z. Neue Sammlung, 4/69, S. 347 ff.
Lenzen, Dieter: Unterrichtsplanung nach ... Verbindliche Unverbindlichkeiten bei der Abfassung von Unterrichtsentwürfen. In: Gesamtschule 4/75, S. 11 f.
Leonard, George B.: Erziehung durch Faszination. Reinbek 1973.
Lettieri, Antonio: Fabrik und Schule. In: A. Gorz (Hrg.). Schule und Fabrik, Berlin, S. 59 ff., 1972.
Liermann, Lutz, u. a.: Training zur Kooperation. In: b:e, 6/71, S. 33 ff.
Lorenz, Konrad: Die acht Todsünden der zivilisierten Menschheit. München 1973.
Lorenz, Regine/Molzahn, Rainer/Teegen, Frauke: „Verhaltensänderung in der Schule: Systematisches Anleitungsprogramm für Lehrer", Reinbek 1976.
Luers u. a.: Selbsterfahrung und Klassenlage. München 2/1973.
Mager, Robert: Lernziele und Programmierter Unterricht. Beltz, Weinheim 1971.
Mann, Iris: Interesse, Handeln, Erkennen in der Schule. Wie sich die Veränderung der Schule aus ihren Widersprüchen ableitet. Giessen 1/1973.
Markovic, Eva: Rahmenrichtlinien für Gesellschaftslehre: Ein Baustein der Curriculumrevision in Schule und Hochschule und seine politische Dimension für studentische Politik und Schulpraxis. In: Z. diskus, 2/72, S. 16 ff.
Marx, Karl: Das Kapital – Kritik der Politischen Ökonomie, Bd. 1. Dietz, Berlin, (MEW Bd. 23), 1970.
Marx, Karl/Engels, Friedrich: Manifest der kommunistischen Partei. Berlin 1971.
Menck, P./Thoma, G.: Unterrichtsmethode – Intuition, Reflexion, Organisation. München 1972.
Mertens, Wolfgang: Erziehung zur Konfliktfähigkeit. Vernachlässigte Dimension der Sozialisationsforschung. München 1974.
Mills, Theodore M.: Soziologie der Gruppe. Juventa, München 2/1970.
Mitteilungen der Kommission zur Reform der hessischen Bildungspläne.
Heft 1. Februar 1969,
Heft 2, Februar 1970,
Heft 3a, Mai 1970,
Heft 4b, Mai 1970.
Mollenhauer, Klaus: Erziehung und Emanzipation. Juventa München 4/1970.
Mollenhauer, Klaus: Theorien zum Erziehungsprozeß. München 1972.
Möller, Christine: Technik der Lernplanung. Beltz, Weinheim 1971.
Moser, Helmut: Technik der Lernplanung – Curriculumforschung und Ideologie. In Z. f. Pädago. 1/71, S. 55 ff.
Moser, Heinz: Offene Curricula: Vorüberlegungen zu einer Theorie des Unterrichtsspiels. In: „Offene Curricula", a. a. O., S. 417 ff.

Naschold, Frieder: Systemsteuerung – Einführung in die moderne politische Theorie, Teil II. Kohlhammer, Stuttgart 2/1971.
Neber, Heinz (Hrsg.): Entdeckendes Lernen. Beltz, Weinheim, 1973.
Negt, Oskar: Soziologische Phantasie und exemplarisches Lernen. Europäische Verlagsanstalt, Frankfurt 2/1971.
Negt O./Kluge A.: Öffentlichkeit und Erfahrung. Suhrkamp Verlag, Frankfurt 2/1971.
Neidhardt, Friedhelm: Die Familie in Deutschland. Nr. 5 der Reihe der Beiträge zur Sozialkunde: Struktur und Wandel der Gesellschaft. Opladen 2/1970.
Nipkow, Karl Ernst: Curriculumdiskussion. Z. f. Pädago. 1/71, S. 1 ff.
Nyssen, Friedhelm: Kinder und Politik – Überlegungen und empirische Ergebnisse zum Problem der politischen Sozialisation. In: b:e, 1/70, S. 20 ff.
Offene Curricula. Z. f. Pädaog. 3/73. Beltz, Weinheim 1973.
Opp, Karl-Dieter: Methodologie der Sozialwissenschaften. Rowohlt, Reinbek/Hamburg, 1970.
Patrick, John, J.: Political Socialisation of American Youth: A Review of Research with implications for secondary school social studies. High School Center, Indiana University 1967.
Paul, Arno: Analyse einer Märchenaufführung eines kompensatorischen Kindertheaters. b:e 9/71, S. 48 ff.
Preuss, U. K.: Bildung und Herrschaft. Beiträge zu einer politischen Theorie des Bildungswesens. Frankfurt 1975.
Redaktionskollektiv: Fetisch Qualifikation. Rezension zu Keller/Vahrenkamp: Bildungsboom und Produktion. In: Politikon 43/74, S. 31 ff.
Rehbock, Regine/Riess, Falk: Curricula im Interesse der Lernenden: Basisorientiert und parteilich. Päd. extra 12/74, S. 9 ff.
Reimer, Everett: Schafft die Schulen ab. Reinbek 1973.
Revision der hessischen Bildungspläne, Gesellschaftslehre, Sekundarstufe I. (Rohentwurf, o. J.)
Richta, Radovan: Die Auswirkungen der technisch-wissenschaftlichen Revolution auf die Produktionsverhältnisse. In: Politikon 33/70, S. 27 ff.
Richter, Horst E.: Lernziel Solidarität. Reinbek 1974.
Saul B. Robinsohn: Bildungsreform als Revision des Curriculum. Neuwied 2/1969.
Rolff, Hans G./Tillmann, Klaus Jürgen: Strategisches Lernen durch gesellschaftsverändernde Praxis. Päd. extra 2/74, S. 9 ff.
Roloff, Ernst-August: Neuere Entwicklungen in der politschen Didaktik. In: POLDI Nr. 0, S. 34 ff.
Roloff, Ernst-August: Politische Bildung zwischen Ideologie und Wissenschaft. In: Aus Politik und Zeitgeschichte, Beilage zur Zeitung „Das Parlament", 41/71, S. 3 ff.
Roloff, Ernst-August: Politische Didaktik als kritische Sozialwissenschaft. In: Aus Politik und Zeitgeschichte, 10/72, S. 32 ff.
Roth, Heinrich (Hrsg.): Begabung und Lernen, Gutachten und Studien der Bildungskommission, Bd. 4. Klett, Stuttgart, 6/1971.
Rumpf, Horst: „Divergierende Unterrichtsmuster in der Curriculumentwicklung", Z. f. Pädago. 3/73, S. 391 f.
Sachs, Wolfgang/Scheilke, Christoph Th.: Folgeprobleme geschlossener Curricula. In: Offene Curricula, a. a. O., S. 375 ff.
Schmidt, Alfred (Hrsg.): Beiträge zur marxistischen Erkenntnistheorie. Suhrkamp, Frankfurt, 2/1970.
Schmiederer, Rolf: Zur Kritik der politischen Bildung. Europäische Verlagsanstalt, Frankfurt 1971.

Schmied-Kowarzik, Wolf Dietrich: Die Selbstbestimmung des Menschen als Voraussetzung für Ethik, Pädagogik und Politik. In: „Pädagogische Rundschau", 23/69, S. 24ff.
Schmied-Kowarzik, Wolf Dietrich: Kritische Anmerkungen zur Deutschen Curriculumforschung. In: „Pädagogische Rundschau", 7/70, S. 519ff.
Schreiner, Günter: Lernziel Disziplin. Soziales Lernen. päd. extra 1/2 1975, S. 9ff.
Schramm, Wilbur (Hrsg.): Grundfragen der Komunik.-forschung, München 1964.
Schulz, Wolfgang: Didaktik. Umriß der lehrtheoretischen Konzeption einer erziehungswissenschaftlichen Disziplin. In: Hermann Röhrs (Hrsg.). Didaktik. Akademische Verlagsgesellschaft, Frankfurt, S. 17ff., 1971.
Schulz, Wolfgang: Revision der Didaktik. b:e, 6/72, S. 19ff.
Schwäbisch, Lutz/Siems, Martin: Anleitung zum Sozialen Lernen für Paare, Gruppen und Erzieher. Reinbek 1974.
Schwenk, Julia/Kick, Peter/Umbach, Eberhard: Der Junge mit den grünen Haaren. Oder: Sozialwissenschaft für Zehnjährige – keimfrei. b:e 1/73, S. 19ff.
Scuola di Barbiana – Die Schülerschule. Berlin 1970.
Seiffert, Johannes: Unterdrückte Bildungsinhalte, Kübler, Mannheim 1/1972.
Shaftel, Fanny R./Shaftel, George: Rollenspiel als soziales Entscheidungstraining. München-Basel 1973.
Shaw, Ann: Curriculumelement Rollenspiel. Erprobte Beispiele. b:e 11/70, S. 28.
Simulationsspiel. Ausbeuten und ausgebeutet werden. b:e, 6/71, S. 14 (o. Verfasserangabe).
Skworonek, Helmut: Lernen und Lernfähigkeit. Juventa, München 3/1971.
Sozialisation und Kompensatorisches Erziehung. Ein soziologisches Seminar an der FU Berlin, Berlin 1969.
Speck, Josef (Hrsg.): Probleme der Curriculumforschung. Dt. Institut für wissenschaftliche Pädagogik, Münster 1969.
Stubenrauch, Herbert: Die Gesamtschule im Widerspruch des Systems. Juventa, München 1971.
Sutor, Bernhard: Politische Bildung in der Sackgasse. In: Aus Politik und Zeitgeschichte, 10/72, S. 23ff.
Sweezy, Paul M.: Die Zukunft des Kapitalismus. Suhrkamp, Frankfurt 1970.
Sweezy, Paul M.: Theorie der kapitalistischen Entwicklung. Raubdruck, o.J. (1958).
Thiel, Siegfried: Lehr- und Lernziele. Ravensburg 1973.
Thoma, Gösta: Zur Entwicklung und Funktion eines didaktischen Strukturgitters für den politischen Unterricht. In: Blankertz: „Curriculumforschung ..., a.a. S. 67ff.
Tiemann, Klaus: Planspiele für die Schule. Frankfurt 1969.
Ullshöfer, Robert: Grundzüge der Didaktik der politischen Bildung im Deutschunterricht. In: Sprache und Politik, Schriftenreihe der Bundeszentrale für politische Bildung, Bonn S. 60ff., 91/72.
Vahrenkamp, Richard: Entwicklungstendenzen des industriellen Arbeitsprozesses. In: Politikon, 35/71, S. 11ff.
Vester, Frederic: Denken, Lernen, Vergessen. Stuttgart 1975.
Wagner, Angelika C. (Hrsg.): „Schülerzentrierter Unterricht". Urban & Schwarzenberg Verlag, München-Berlin-Wien 1976.
Watzlawick, Paul/Beavin, Janet H./Jackson Don D.: Menschliche Kommunikation. Formen, Störungen, Paradoxien. Bern–Stuttgart–Wien 4/1974.
Weinert, Franz: (Hrsg.). Pädagogische Psychologie. Kiepenheuer & Witsch, Köln 6/1970.
Wellmer, Albrecht: Kritische Gesellschaftstheorie und Positivismus. Suhrkamp, Frankfurt, 3/1971.

Wilkending, Gisela: Curriculumforschung und Curriculumentwicklung. In: Gesellschaft und Schule S. 32 ff, 1971.
Wilkending, Gisela: Die Funktion allgemeiner Lernzielformulierung in der Didaktik des Deutschunterrichts. In: Z. f. Pädago 2/71, S. 203 ff.
Winkler, Heidi/Podolsky, Sabine/Bastine, Rainer: Verhaltensveränderung in der Sonderschule. Bericht über ein Experiment. b:e 1/73, S. 19 ff.
Winnefeld, Friedrich: Psychologische Analyse des pädagogischen Lehrvorgangs. In: Weinert: Pädagogische ... a.a.O. S. 51 ff.
Wörterbuch Kritische Erziehung. Raith, Starnberg, 1972.
Wulf, Christoph: Curriculumevaluation. In: Z. f. Pädago 2/1971 S. 175 ff.
Wulff, Erich: Psychoanalyse als Herrschaftswissenschaft? In: Kursbuch 29/72 S. 1 ff.
Wünsche, Konrad: Die Wirklichkeit des Hauptschülers. Berichte von den Kindern der Schweigenden Mehrheit. Köln 1970.
Zur Problematik wissenschaftstheoretischer Voraussetzungen der Curriculumforschung. Neue Folge der Ergänzungshefte zur Vierteljahresschrift für wissenschaftliche Pädagogik, Nr. 12/1970.

# Lehrerhandbücher

**Psychomotorisches Training**
Ein Projekt mit lese-rechtschreibschwachen Grundschülern. Von D. Eggert (Hrsg.) 1975. 234 Seiten. DM 24,–
(62000)

**Unterrichtsplanung I**
Von E. König und H. Riedel. 1975. VIII, 347 Seiten. DM 36,–  (62003)

**Unterrichtsplanung II**
Von E. König und H. Riedel. 1975. 124 Seiten. DM 16,–  (54021)

**Grundlagen und Methoden der Verhaltensmodifikation bei Kindern**
Von G. J. Blackham und A. Silberman. 1975. 258 Seiten. DM 22,–  (62060)

**Musik in Linien und Farben**
Rhythmisch-musikalische Erziehung mit dynamischen Notenbildern. Von H. Zitzlsperger. 1975. 100 Seiten. DM 12,–
(62002)

**Diagnose: Legasthenie**
Meldeverfahren – Testverfahren – Gutachten. Von G. Scherzinger. 1975. 128 Seiten. DM 13,–
(62004)

Gerhard Scherzinger

## Diagnose: Legasthenie

Zahlreiche Publikationen, aber auch unterschiedliche Richtlinien, Verwaltungsvorschriften oder Erlasse einzelner Bundesländer haben zu einer Verunsicherung bezüglich der Abgrenzung des Personenkreises von Legasthenikern geführt. In diesem Band werden die derzeitigen Testverfahren zur Erfassung von Legasthenikern und die Richtlinien zur Förderung lese-rechtschreibschwacher Schüler übersichtlich dargestellt. Nehen der Darstellung diagnostischer Möglichkeiten werden praktische Hilfen für die Erstellung von Gutachten über legasthene Schüler gegeben.

**BELTZ praxis**

**Umweltschäden als Thema des Geographieunterrichts**
Didaktische und methodische Überlegungen zur Behandlung geo-ökologischer Probleme. Von J. Hasse. 1976. 103 Seiten. DM 10,–  (62007)

**Comics im Unterricht**
Von P. Burgdorf. 1976. 148 Seiten. DM 14,–
(62005)

**Lernprogramme für die Schulpraxis**
Programmierte Instruktion – eine kritische Bestandsaufnahme unter fachdidaktischen und unterrichtstechnologischen Aspekten. Von M. T. Sünger (Hrsg.) 1976. 252 Seiten. DM 24,–
(62006)

Preisänderungen vorbehalten.
308.76

Zur ausführlichen Information fordern Sie bitte das Verzeichnis „Erziehungspraxis" an.

Beltz Verlag
Postfach 1120
6940 Weinheim

# Lernfeld Sozialisation

Dieses ist der erste Block von Materialien für das breit angelegte Unterrichtswerk zur Politischen Bildung in der Sekundarstufe. Später erscheinende Materialien werden die Lernfelder Dritte Welt, Wirtschaft, Öffentliche Aufgaben und Intergesellschaftliche Konflikte behandeln.

Für jedes Lernfeld wird der Stoff in mehreren thematisch gegliederten Schülerarbeitsheften und Arbeitsblättern in Form von Kopiervorlagen vorgelegt. Dazu gibt es pro Lernfeld ein Lehrerhandbuch.

Die Themen der Schülerarbeitshefte sind auf einen fächerübergreifenden Unterricht hinkonzipiert, können aber ohne Schwierigkeiten auch im traditionellen, gefächerten Unterricht benutzt werden. Das Bausteinprinzip erlaubt dem Lehrer flexible Unterrichtsplanung und den Schülern Mitbestimmung bei der Auswahl der Themen und Inhalte.

## A. Lehrerhandbuch

**Lernfeld Sozialisation**
Theoretische und didaktische Grundlegung. Von Ludwig Helbig u. a. (Beltz praxis.) 1977. 176 Seiten. DM 15,– (62001)
Alle neueren Curricula für die politische Bildung weisen bereits für die Sekundarstufe I das Lernfeld Sozialisation als Unterrichtsgegenstand aus. Erziehung zu demokratischem Verhalten, zu Selbst- und Mitbestimmung, ist wesentlich verknüpft mit der Fähigkeit zur Reflexion des eigenen Sozialisationsprozesses und seiner Auswirkungen auf das Verhalten.
Das Lehrerhandbuch führt den Lehrer in leicht faßlicher Form in den Diskussionsstand der Sozialisationstheorie ein und gibt Vorschläge, wie das Lernfeld Sozialisation mit Hilfe der Materialhefte erarbeitet werden kann.

## B. Schülerarbeitshefte

**Die Frau I**
Materialien zum Lernfeld Sozialisation. (Beltz Unterricht.) 1975. 64 Seiten. DM 6,– (62221)
**Aus dem Inhalt:** Leitbilder und Vorurteile – Das „Wesen" von Mann und Frau – Die Doppelrolle der berufstätigen Frau – Die Frau in der Politik.

**Die Frau II**
Materialien zum Lernfeld Sozialisation. (Beltz Unterricht.) 1975. 64 Seiten. DM 6,– (62222)
**Aus dem Inhalt:** Die Stellung der Frau von der Urgesellschaft bis zum Patriarchat – Die Rolle der Mutter in der Gesellschaft – Sexualität und gesellschaftliche Stellung der Frau – Die Diskussion um den § 218.

**Die Familie**
Materialien zum Lernfeld Sozialisation. (Beltz Unterricht.) 1976. 72 Seiten. DM 6,– (62223)
**Aus dem Inhalt:** Konflikte zwischen Eltern und Kindern – Erziehung in der Familie – Historische Entwicklung der Familie – Alternativen (andere Familie, andere Erziehung).

**Die Schule**
Materialien zum Lernfeld Sozialisation. (Beltz Unterricht. 1976. 68 Seiten. DM 6,– (62224)
**Aus dem Inhalt:** Schulpflicht und Auftrag der Schule – Schullaufbahn und Chancengleichheit – Notengebung und Lernbereitschaft – Lehrer-Schülerverhalten – Geschichte der Schule – Mitbestimmung in der Schule.

**Autoren:** Jürgen Belgrad, Dieter Hein, Hertha Hein-Kraufmann, Ludwig Helbig, Peter Knoch, Sylvia Kurze, Hans-Joachim Piechotta, Ingeborg Piechotta-Metzger, Sybille Schilling.

## C. Kopiervorlagen

**Arbeitsblätter zum Lernfeld Sozialisation**
(Beltz Original.) 1976. 36 Kopiervorlagen. DM 65,– (99004)
Die Arbeitsblätter zu den drei Themenbereichen der Materialhefte (sie können unabhängig voneinander verwendet werden) sollen, von der Konzeption des „offenen Curriculum" ausgehend, für die Schüler Anreize und Einstiege sein, aber auch die Überprüfung eigener lebensgeschichtlicher Erfahrung ermöglichen.

# BELTZ

Beltz Verlag, Postfach 1120, 6940 Weinheim